马冰皓 ◎ 著

常见汉字的前世今生

郑州大学出版社

图书在版编目（CIP）数据

常见汉字的前世今生／马冰皓著. -- 郑州：郑州
大学出版社，2025. 2. -- ISBN 978-7-5773-0902-6

Ⅰ. H12-49

中国国家版本馆 CIP 数据核字第 2025GQ8400 号

常见汉字的前世今生
CHANGJIAN HANZI DE QIANSHI JINSHENG

策划编辑	王卫疆	封面设计	王　微	
责任编辑	马云飞	版式设计	王　微	
责任校对	吴　静	责任监制	朱亚君	

出版发行	郑州大学出版社	地　址	河南省郑州市高新技术开发区
出版人	卢纪富		长椿路 11 号（450001）
经　销	全国新华书店	网　址	http://www.zzup.cn
印　刷	河南文华印务有限公司	发行电话	0371-66966070
开　本	710 mm×1 010 mm　1／16		
印　张	18	字　数	195 千字
版　次	2025 年 2 月第 1 版	印　次	2025 年 2 月第 1 次印刷

书　号	ISBN 978-7-5773-0902-6	定　价	58.00 元

找到一个认识汉字、充实词库的万能公式（代序）

今天的人学习古诗文，总是"以今推古"，而不是按照古汉语的字词规律来理解古汉语。任何一门语言都包含三大要素：意思、写法、读音。随着社会的迅猛发展，词汇的含义也被赋予新的含义，发生新的变化。汉语是世界上具有几千年历史的古老而又年轻的语言，词汇的意义同样是千变万化的。以今推古，不能准确地解释古诗文的意思，只能割裂、机械地解释古诗文，曲解古汉语，闹出一系列笑话。

先秦寓言《郢书燕说》讲了这样一个故事：楚国国都郢都有个人写信给燕国的相国。写信时已经是深夜了，烛光越来越弱，写信人渐渐地都看不清字了，他对旁边的仆人说："举烛。"仆人忙把蜡烛举得近一些，烛光亮起来了，郢人继续写信。他写得太专注，竟把"举烛"两字也写进信里了。信写好后，连夜就发了出去。燕国的相国收到了这封信，全篇的意思都看明白了，可是唯独这"举烛"二字疑惑不解。是什么意思呢？相国仔细地琢磨，认真思考，突然若有所悟地惊叹道："我知道了，这'举烛'二字太好了！"旁人不解，他解释说："举烛，就是崇尚光明清正；要倡行光明，就要举荐聪明贤达的人才担重任啊！"后来，燕相就把这封信交给了燕王，并向燕王解释了自己对于"举烛"的理解,燕王深表赞同,非常高兴。他按照燕相对"举烛"的理解,采纳他的建议,选拔贤能人才,治理国家。从此之后,燕国国力蒸蒸日上。国家虽然治理好了,但"举烛"二字的确不是信中的原意,虽然牵强附会,却阴差阳错达到了很好的结果。

换了一个语言环境,对一个词语、一句话的理解、解释就大相径庭。"郢书燕说"这样的好结果太少了,更多的是误读、误解。笔者曾经讲授《沁园春·雪》这首词,讲授之前要求学生查字典、预习这首词,上课主要是在笔者提问、引导下一步一步进行的。当笔者提问一个学生"稍逊风骚"的"骚"怎么读,什么意思时,他回答说这个字他不会读,但是知道是"下流无耻"的意思。原来尚在小学一年级时,有一天他问妈妈"骚"这个字怎么读时,他妈妈告诉他不需要知道这个字怎么读,反正它是下流无耻的意思,但他也不知道"下流无耻"什么意思,再问妈妈时,妈妈非常反感地拒绝了。今天赞颂一个人"引领风骚",一些被赞颂者也有不知道这是夸他文采风流的。

对汉字,我们真的需要刨根问底地学习。

我们必须学好语文,才能阅读能明白,说话有艺术,写作有佳句,考出好成绩。

阅读就是解读所有需要阅读的文章,从中获得各科知识。我们读一篇文章,读后觉得很好,但是到底好在哪里,却说不出一二三四、子丑寅卯来,自然也不能从这篇文章中学会什么技巧,这不叫明白。

说话肯定要有艺术,说话就是言辞,有艺术的话就是"修辞"。修,形容人,就是"邹忌修八尺有余"的"修",身材挺拔,玉树临风,人长得帅气,不是那种弯腰驼背、猥猥琐琐的;形容事物,就是"茂林修竹"的"修",美丽。"修"的"彡(shān)"就是"花纹"。一座宏伟的房屋建成了,还要"雕梁画栋",这个"雕""画",就是"修",修饰。修辞,就是说的话有文采(纹彩),如说一个人长得帅,"玉树临风",这就是比喻,比喻就是修辞的一种。李白表达对大诗人王昌龄的挂念、担忧,说"我寄愁心与明月,随风直到夜郎西",这句诗表达效果很好,就是使用了修辞。明白了"修辞"的重要,以后我们说话写文章,才不会干巴巴、太直白,而要讲究修辞。

一个个内涵丰富的词语,一句句含有修辞的句子,能够完全、准确、巧妙地表达我们的意思。而你的"词库"里有没有这些词语？你的"句库"里有多少优美的句子？如果"理屈词穷"，那么就"语言乏味"，不能完全、巧妙地表达自己的意思。那么怎么建设自己含量很大的词库？怎么才能拥有有无数优美句子的句库？

靠日积月累。

语文，不是一朝一夕能学好的，靠多读、多记、多背、多写。

英语，也是语言学科，如果你连考试卷子上的单词都不认识，那么句子的意思也一定不知道，那就不可能考好。

中国的古典诗文，中间很多字今天已经很少用；即使用了，意思也不是现代汉语中的意思。古汉语中的字词，对于初学者来说，类似英语单词，不认识、不理解就无法学习好。汉语的字词中古今异义、一词多义是学习文言诗文，继承古代文化遗产的巨大障碍。

我们很有必要补充关于古汉语字词的常识，养成"咬文嚼字"的习惯，不怕困难，从识字开始，日积月累，丰富词库、句库，学好语文。

你也可能说，识字嘛，谁不会？你真的不一定会识字，因为你写错过、读错过，还有不理解。

如"修"，你是否忘记过中间一竖？如果我告诉你："修"是个形声字，形旁是"彡（shān）"，表示"修"的意思，而"攸"是声旁，表示它的读音。你还会忘记吗？如果我告诉你，"辞""词"都是形声字，它们的形旁相同，就是"言"（"舌"），而"辛"和"司"就是声旁，你还会搞错吗？

《义务教育语文课程标准（2022年版）》规定，7~9年级能根据语境，借助工具书，认清字形、读准字音、正确理解汉字的意思。在学习与生活中，累计认识3500个左右常用汉字。这个任务绝对不轻松。举个例子，"辞"这个字组成的词语有修辞、辞海、辞别、辞职、辞赋（如《木兰辞》）、辞令等，如果以"辞"这个字有6条不同的意思的标准来计算，我们需要熟知 $6 \times 3500 = 21\,000$ 条，只有熟知这么多意思，才能读懂汉语写成的古诗文和现代诗文的意思。这么多条意思如果一一去记忆，特别是死记硬背，按每学年在校210天计算，我们每天要记忆100条意思，这是多么大的记忆量！我们能完成吗？如果完成了，我们还有吃饭、休息、学习其他学科的时间吗？

必须找到窍门,掌握方法,举一反三,才能事半功倍。

学习语文有一个"万能公式",这个"万能公式"就是,根据汉字的部首来认识、理解、记忆汉字,一个部首下有很多汉字,这些汉字的意思大多与部首有关,认识理解了部首,就可以举一反三,从一到万了。

学习的办法就是从汉字的结构学学起。"汉字的结构学",是笔者"发明"的说法,就是汉字的组成和各条意思之间的关系。用原来的话就是掌握象形、指事、会意、形声、假借、转注这6种造字方法,根据这6种方法去解读汉字。我们在其中尽量发现规律,找到窍门,举一反三,找到乐趣,争取做到轻松快乐地学习语文。这就如同解数学题,每道题的数字不同,但是如果掌握了公式,我们套用公式,所有的题都能解了。

文字就是承载、传递信息的符号。假如你是上古传说中造字的仓颉,你该从哪些字造起?你所造的字,别人可以认识,进而被称为人们的共识——大家都认可你造的字。

你一定从画画开始。如你画了"人"、"手"、"耳"、"目"、"水"、"火"、"土"、"木"、"田"、"口"、"日"、"月"、"马"、"牛"、"羊"、"鱼"、"龟"、"门"(双扇门)、"户"(单扇门)、"象"、"刀"、"羽"(一对)、"龙"、"禾"、"竹"、"弓"、"矢"、"册"(竹简)、"山"、"川"、"云"、"井"、"雨"、"舌"、"牙"、"齿"、"角"、"金"、"石"、"虫"、"贝"、"鸟"、"犬"、"毛"、"丝"、"鹿"、"皮"、"电"、"风"、"衣"、"食"、"行"、"父"、"母"、"儿"、"女"、"出"(嫩芽破土而出,即"屮")、"入"、"立"、"走"、"坐"、"卧"、"东"、"西"、"南"、"北"、"前"、"后"、"左"、"右"、"又"(右手)、"开"、"关"、"车"、"舟"、"戈"、"革"、"瓜"、"果"、"豆"、"麦"等。从图画到符号,汉字完成了第一步符号化,这样,比画画简洁,也比画画快捷。这是第一种造字方法"象形"。

分析以上象形字,你可以发现它们什么特征?

第一,它们大多是名词,为人类生活常见的事物的名字。

第二,它们都是独体字,因为它们都是一幅画变化来的,不可拆分。

第三,这些字往往变成"偏旁部首",成为大多数汉字的一半,或者一部分。如"地""墙"的左旁叫"提土旁",是"土"变化来的;又如"环""玩""班""现"的左旁都是"玉"变化而来的(斜玉旁汉字),都与玉石有关(环,玉石圆环;玩,摆弄,赏玩玉石;班,用刀分开玉石;现,玉石发光,混在普通石头中也能被发现);又如"怀""想""恭"都是心字旁,都与"心"有关。

既然如此,我们又发现了一个规律,就是"怀"和"不"的意思无关,"想"与"相"的意思无关,"恭"和"共"的意思无关,但是与它们的读音有关。

象形,是汉字最早的造字方法,或者叫结构形式。其他的造字法,都是在象形字的基础上产生的。如:表示刀锋,在"刀"内加一点,成"刃";在"木"(树)底部加一横,成"本"(树根),在"木"上加一横,成"末"(树梢,树的末端);在"口"内加一横,成"曰",表示张口说话,在"口"上加一横,成"甘",表示很好的味道——甜味。

第二种造字方法"指事",造的字不多。

第三种造字方法叫"会意",就是两种(个)意思会合在一起,造出新的字,形成了新的意思。会意字不同于指事字,指事字由一个字和一个符号(单独一横或一点)构成,而会意字则是两个字合在一起。如将"人"和"木"合在一起成"休",表示一个人累了,靠着大树休息一下。将"日"和"月"合在一起成"明",表示白天有太阳照耀,晚上有月亮照着,一直很明亮。在"不"下加个"正"字,构成"歪"字,意思是不正的、斜的。将两个"木"并列在一起,构成"林",表示丛生的树木或竹子。将三个"木"合在一起,构成"森",意思是森林。将表示牲畜的"牛"和表示手握棍子的"攵"合在一起成"牧"字,表示放牧。将"马"和表示手的"又"(右手)合在一起成"驭",表示驾驭马车(古人最快的车用马来牵引,两匹马已经够快,三匹马更快;一言既出驷马难追,四匹马还要快;最快的当是八匹马牵引的马车了)。

孔子是一个文化伟人,是他开始倡导并且亲力亲为平民教育,中国古代教育的内容体系就是孔孟之道——儒家思想。学生要学"四书""五经""六艺",四书是指《大学》《中庸》《论语》《孟子》,相当于今天的文化课、思想政治课、品德课、道德与法治课;五经是指《诗经》(文学、思想)、《尚书》(历史、社会制度)、《礼记》(法律、社会制度)、《周易》(哲学、物理、运筹学)、《春秋》(历史学、政治学),简称"诗、书、礼、易、春秋",其实本来应该有六经,还有一本《乐经》,合称"诗、书、礼、乐、易、春秋",但后来《乐经》亡于秦末战火,只剩下五经;六艺是中国古代儒家要求学生掌握的六种基本才能,包括礼、乐、射、御、书、数,礼即礼节(礼仪、法律),乐即音乐,射即射骑技术,御即驾驭马车的技术,书为书法,数为算数。"四书""五经""六艺"是儒家思想的核心载体,是中国传统文化的重要组成部分。

复杂繁多的意思毕竟不是只靠指点、会合就能表达准确的,以上三种造字法毕竟"能力有限",很难表达如"溪""河""江""海""汉""淮""济""浊""清"这些字的意思。而形声造字法就弥补了这个缺陷。形声造字法首先找到表达意思的形旁,如要介绍、说明一种树,这种树不同于别的树,那么先用"木"作为新造字的一部分——形旁,书写出来(也可能是刀刻、熔铸),大家都知道它是树,便于理解和传播,然后再找大家都这么叫它的读音的符号,表示它的读音,这样形旁和声旁合在一起就成了一个新的字。这种造字法运用方便,如表示南方生长的一种树,北方没有,作为文明的中心区域认识这种树较晚,大家叫它"róng",北方人——造字的人先给它找个"木"表示它的类别,然后又找到一个"容"表示它的读音,这就是"榕"。化学家发现了很多化学元素,也都是用这种方法来给新发现的元素取名字的,如有一种液态金属,中国人叫它"水银",化学家给它取名"汞",下半部分(水)表示它的种类,上半部分(工)表示它的读音,这个字反映了当时人们对金属认识的不足——认为金属都是固态的。形声造字法造出的形声字分两个部分,一部分是形旁,今天的正规叫法叫"意符";另一部分叫声旁,正规称作"声符"。

本书将分析各个汉字的结构,寻根索源,厘清汉字结构和意思之间的关系。为了便于读者理解,我们少讲理论,主要用举例分析法说明。

马冰皓

2024 年 8 月

目录

又部字

又（yòu），表示手。象形字。甲骨文字形，象右手形，本义：右手。本"左右"的"右"。从"又"的字多与手的动作有关。后另造一个"右"表示与"左"相对方向。

"左右"两个字的相同部分，即上一横一撇，就是象形字"手"的简化遗存。《说文解字》解释"右"：会意。从口，从又（手）。口手并用帮助别人。本义：右助。这个意义后来写作"佑"。解释"左"：会意。甲骨文字形，象手形。本义：辅佐，从旁帮助。后作"佐"。《说文解字》对这两个字的解释论者大部分赞同，但不赞同把"口"解释为"口"（人的嘴），因为论者认为这两个字是用相同的造字法造出来的，如果"右"的"口"是嘴，那么"左"的"工"又是什么呢？考查原来的字形，"左"字金文字形一横一撇下，上为"工"，下为"口"（甲骨文字形"左右"就画了左右两个手的手形）。古人和现代人一样，右手力量强，左撇子很少，所以"右"能保证把东西提起来，完成一个工作，这就是"保佑"（保：保证）；而左手力量小一些，只能做右手的"辅佐"。因为大多数人在用手拿、提、拉某件东西时，总是对自己的右手有信心，在左右手都空闲时，使用右手做工，并且多次使用，这就是"又一次"的"又"的含义由来。

又部的字，大多与手有关系。

叉，指事字，手里拿一个前端分叉的工具叉东西。点表指事。中国人吃饭用筷子，两根筷子可以叉也可以夹；西方人吃饭用叉子，配用刀。筷子是叉子的"升级版"，显然比叉子更能锻炼人的手。

有，会意。金文字形，从又（手）持肉，意思是手中有物。本义：具有。手中有肉，值得向别人炫耀美食。

友，两只手，代表两个人的手劲往一处使，这两个人同心协力，互相帮助，这样的人才是朋友。《论语·学而》："子曰：'学而时习之，不亦说乎？有朋自远方来，不亦乐乎？……'"前一句说的是学习，后一句表面说的是在交朋友上要用真情有热情，这两句话有什么关系？"子曰"，就是孔子说，对学生说，学生交朋友，交什么样的朋友。孔子这段话应该集中讲学习，实际上这里的"朋"不是"友"，古代"朋"和"友"是两个有一定关系又绝不相同的概念。

友，会意。甲骨文字形，像顺着一个方向的两只手，表示以手相助。本义：朋友。"君子以朋友讲习"，"同门曰朋，同志曰友"。这里就诠释了"有朋自远方来，不亦乐乎"的本来意思。志。意愿、兴趣。"同志"，同样的志趣。

曾经强盛的唐朝走向衰落的转折点是安史之乱。安史之乱引起藩镇割据，各地的节度使独霸一方，唐王朝朝廷只能控制一小部分，经济、军事力量大大缩减。除了这两个原因外，还有一个重要的原因是朝廷里的大臣陷入"朋党之争"。在"朋党"这个词中，"朋"和"党"都是贬义的。而"朋"代表两个"月"（肉、身体，实际上是人的个子）相同、相近（高低、胖瘦差不多）的人（在一起），对一个学生而言，和自己个子高低胖瘦差不多的人，那就是同学了。同学从别的地方来，在老师没有在场的情况下，可以和自己互相讨论、共同学习，这对一个在家里为难题苦思冥想而得不出答案的学生来说，是多么大的喜讯，所以"不亦乐乎"。同学为朋，同志为友。志，志趣。为保家卫国参军，在军队同时服役的是战友；好在一起喝酒的人是"酒友"。不管哪一类"友"，往往能想到一起，手握在一起，干在一起。

形容办一件事非常容易时常说"易如反掌"。"反"，从"厂"从"又"，"又"在这里是"手掌"，手掌一般朝上，翻过来，朝下，就像凸出的山崖朝下罩着，这就是"反掌"。"易如反掌"意思就是"易如翻掌"，但是成语就是固定不变的、约定俗成的短语，不可写成"易如翻掌"。古代士大夫阶层交往，也不乏嫌贫爱富之类。身为小官的杜甫就深有体会，他写道："翻手为云覆手雨，纷纷轻薄何须数。君不见管鲍贫时交，此道今人弃如土。"（《贫交行》）意思是：有些人交友，翻手覆手之间，一会儿像云的趋合，一会儿像雨的纷散，变化多端，这种贿赂之交、势利之交、酒肉之交是多么让人轻蔑愤慨、不屑一顾！

取，就是"百万之中取上将首级"的"取"。战场上你杀死了几个敌人，得胜归来要记功，回到后方要论功行赏，功劳大的得到的赏赐多，功劳小的得到的赏赐就少。所以杀敌多少就是记功重点。你说战场上你杀死了好几个敌人，何以为证？对，割下敌人的左耳，这个就是"取"。"取"字中"耳"是统一规定的左耳，如果割掉的右耳也算数，那就是冒功。统一规定以左耳为数，那就不能冒功了。"取"字是古代"战争文化"的产物，"取"字中"又"是右手，代表手。取，会意字。打败了敌人，消灭了敌方能打仗的男人，那么敌方的妇幼、牲畜都归得胜一方了。敌方的妇女就变成了战利品，"娶"来当女奴。"娶"当然不一定非要消灭对方男子不可，汉初刘邦在对匈奴之战（白登之围）中失败，采取"和亲"的办法，把皇室的女子（公主）献给匈奴单于做老婆，这才不至于被消灭。后来几十年中，汉朝依然采取"和亲"政策和匈奴"外交"，但匈奴依然年年来到汉地抢掠。直到汉武帝刘彻时，经过几十年的休养生息，汉国力强大起来，汉武帝任用卫青、霍去病、李广等，对匈奴发起一系列战争，彻底击败匈奴，被迫的"和亲"才结束。

有，右手拎着一块肉，表示"持有""拥有"。为什么手持有肉算"有""富有"呢？看来中国古代吃上一顿肉是很难的，是是否富有的重要标志。

灰，右手高举火把，把藏有野兽的丛林烧成灰，把敌方的营垒烧成灰。

支，会意字。小篆字形上面是"竹"的一半，下面是手（又）。《说文解字》："从手持半竹。"本义：去枝的竹子。去掉枝叶的竹子（一段）当拐杖，支撑着年迈无力、行走困难的身体，这就是"支撑"；这一段竹子，就是"支"，如"一支笔"。拐杖不一定都是竹子的一段，有的是树木的一段，这一段没有枝叶。没有枝枝杈杈的竹木，才能算得上"一支拐杖"。

只（zhī），繁体写作"隻"；双，繁体写作"雙"。隹（zhuī），短尾鸟的总称。隻，就是手抓住了一只短尾鸟。雙，会意字。从雔，从又，持之。雔（chóu），两只鸟。又，手。本义：手抓住一对鸟。今天的"只"是两个毫不相干的字简化合并而来，在字典、词典中有两个不同的读音：①zhī，繁体为"隻"，今天还有词语"形单影只"保留着"一隻"的意思；②zhǐ，繁体为"衹"，并有祇、秖两个异体字，表示"仅仅""唯一"的意思。

叔，从又（手），从尗（shū）声，尗，芋头。采收芋头后需要用手拾取，这就是"叔"。后来"叔"假借为"父亲的弟弟"（可见"假借"不是一种造字法），其他与"叔叔"意思相关的意思都是假借后发展而来，如"伯仲叔季"。另外认识理解"收"字，可与"纠"字比较。两个字相同有"丩"，这就是它们读音相近。而"收"的"攵"是攴（pū）的变体，攴，像手里拿个棍子敲打。"收"就是拿着武器逼使对方就范（被逮捕），"丩"既表示读音，还有"纠"（用绳子捆起来）

的意思，收，就是"逮捕"。"牧"就是手里高举着棍子、鞭子放牧。攴（攵）就是手里拿着棍子、鞭子的意思。

其他又部汉字，是简化而来，与"手"无关。如"艰难"繁体是"艱難"（联想到"汉"字繁体写作"漢"），"观"繁体是"觀"，"戏"繁体是"戲"。

要说手的神圣，还要算"祭"字。"祭"字是手（右上）把肉（左上"斜月"）放到神圣的祭桌（示：供桌、神龛）上。"又"（手）在"祭"中变形了。不过"登"字上半部分是两只脚的变体。"登"的"豆"是高高的祭台，登上去需要费力气。古代"鄧"是一个国家的名字，这个国家在今天河南邓州一带。"鄧"简化成"邓"，"邓"的"又"，与手无关。

十部字

表示数字十。

古，含有"十""口"两个字的意思。十个人的嘴转述，也就是故事由十代人口口相传下来，表示很久远的事。古，会意字。故事，就是古代的事。远古、上古的事情，当时没有文字记载下来，后来才根据传说写成历史，如《史记·黄帝本纪》《史记·夏本纪》《山海经》等，就是口口相传的历史。故事，就是过去的事。

千，由"十"和"人"组成，人生百年，今天的人说起将来一个人离世之后，委婉的说法是"百年之后"，也就是说一个人的寿命大致是一百年，十个人的寿命当然是一千年，十百为千。千，会意字。

直，也写作"直"，古代人筑墙时，追求墙的直立（不歪斜），所以手中拿一根短棍子，棍子横着，中间拴着一条细绳子，绳子下端拴着一个重物，拿到墙边比照，看一看墙是否直立。这就是"直"的本来意思：不弯曲。直，会意字。同样的情况还有"南"。南，吊钟，上面的"十"也是横木和绳子，下面是钟体，钟在寺庙里一半挂在南边，后来"南"就专指方向。

买比卖少一个"十"。"卖"的"十"由"出"字演变而来，把收来的货物卖出去获得差价，就是卖。买入，卖出。

协，从办，从十。办亦声。办，表示同力。十，表示众多。合起来表示众人同心协力。引申义：和睦；融洽。

什、计、汁，这些字的"十"表示读音。

厂部字

厂（chǎng），像山崖上面的石头伸出，下面可以遮风避雨。今天的厂棚就是这个样子的。

厅，形声字。敞开着。

厦，大厦。厦（shà），敞开式的大房子，像突出的山崖一样。多音字，读另外一个音 xià（厦门），意思与此无关。

原，实际上是"厂＋泉"，断崖下往往是泉水的发源地。原，泉水的发源处，后来变化成"源"，本源，本来的意思。

厚，本义是山陵很厚，后来专指物体的厚度。

厨，"豆"是火塘兼灶台，"寸"是人手，代表厨师，厨师做饭有烟火气，最好在敞开式的房子里。

中国古代大户人家一般是四合院建筑，客厅在朝南的正厅，东西两厢的房子叫厢房，敞开式，室内陈设要简单一些。

匸部字

三框儿，由匚（fāng）和匸（xì）混淆在一起。

匚（fāng），三框儿，方形盛物器。匚部字表示藏匿。

匣，方形藏东西的盒子。

匡，给在田间劳作的男人送饭用的器具，一般用竹篾编成，后来这个字变成"筐"。

匾，写好对一个人，或一家人、一栋房子的赞美之言，用方形的木框装裱好，悬挂起来。

匿，从匚，若声（上古读音与匿声相近）。"匚"表示有所藏。本义：隐藏，躲藏。

区，繁体写作"區"，会意。甲骨文字形。从品在匸中。"品"表示许多物品。"匸"，盛物的器具。本义：收藏。后来表示区别开来，各自在各自的地盘上，这叫区域。

巨，象形字。金文字形，是"矩"的本字，像人持矩形。本义：画直角方形用的工具。今天有"规矩"一词，也就是画圆要用圆规，要不就是胡来；画方（长方形，正方形）要用矩，要不也是胡来，画不成。没有规矩就不能成方圆。"巨"

本身后来变成"巨大的"意思。"距"表示脚下的移动形成的距离，是个形声字。炬、拒，也都是形声字。形声字的意思与声旁（"巨"）无关，推断其意思要根据声旁另外的形旁。

匹，外为"厂"和"一"组成，代表着突出的山崖和地面，"儿"是一块岩石从中断开错落下来的裂痕，沿裂痕断开的两部分是吻合的、匹配的。所以最早的"匹"是"匹配"的意思。一人一马叫"骑"（jì），白居易《卖炭翁》中的"翩翩两骑来是谁"就是这个例子。一人一马是匹配的。后来的"匹"发展成为"布匹"的意思。

匠，由"匚+斤"组成。斤，象形字，就是斧子，斧子有锋利的刀锋，手拿着不方便且不安全，就装在框里随身携带，这种人叫木匠，现在木匠带刀斧等工具依然这样。当然，"匠"由"木匠"扩大成为别的所有的能工巧匠。

医，原来写作"醫"，从匚，从矢，矢亦声。《说文解字》："盛弓弩矢器也。"今天我们说"针砭时弊"，中医治病用的针，最开始是骨针、石针，主要用于刺穴位。这些医疗用具都是颇费工夫自制的，很容易折断，所以也用专门的箱子装好，这个箱子沿用到今天。"殳"（此处读yī），治病时的叩击声。从酉（yǒu）。"酉"，用以医疗的酒。二字各有本义，今用"医"为简体字。本义：治病的人。中医是一门古老的学问，彻底摆脱了巫术，使医巫分开。中医靠针灸、拔火罐等治疗方法治病，至今如此。这些办法很神奇。

卜部字

卜（bǔ），火烧龟甲形成的裂纹。卜部字，多与占卜有关。中国古代的占卜，是预测学。

唐代大诗人白居易有一首诗《放言五首·其三》：

> 赠君一法决狐疑，
>
> 不用钻龟与祝蓍。
>
> 试玉要烧三日满，
>
> 辨材须待七年期。
>
> 周公恐惧流言日，
>
> 王莽谦恭未篡时。
>
> 向使当初身便死，
>
> 一生真伪复谁知？

钻龟，古代钻、灼龟甲，用它的裂纹来卜吉凶。祝蓍，取蓍草的茎来占卜吉凶。蓍，音 shī。

占，会意字。从卜，从口。以口问卜。本义：推测吉凶，即察看甲骨的裂纹或蓍草排列的情况取兆推测吉凶。

贞，会意字。从卜，从貝（甲骨文作"鼎"，后省改为"貝"）。鼎本是食器，这里表火具，即用火具而卜。本义：占卜，侦查，含有"预测"的目的。

卦，形声字。从卜（bǔ，占卜），圭（guī）声。本义：象征自然现象和人事变化的一套符号，供占卜用。

仆人的"仆"，以及"扑""朴""补""赴"等字，读音相近，说明它们都是形声字，相同的部分表示读音，剩余的部分表示意思。"仆"是奴仆，衣服破了需要"补"，赴汤蹈火，赴，赶赴，奔赴。

八（丷、八）部字

八，做部首时可以表示和分解、分散、相反、相背等有关的事物。后来，相背、相反、分别、分开等意思都用相关的汉字表示了，而"八"是假借字，借指数字，一借不还，直到现在。

分，原始人类集体狩猎，猎获的动物要分给本部落的人，这样没有捕获到动物的人（老弱病残）不至于饿死，就可以保证族群的繁衍，这就是"社会化程度高"（非洲草原上的狮子、鬣狗、野犬都是社会化程度稍高的动物，族群繁衍，而独来独往、独自捕猎的猎豹、花豹都时刻面临物种灭绝）。分，用刀将猎物分开。分割成一份一份，要平均、合理，这样的人要大公无私，一般就是部落首领。公，上边是"分开""相背离"的意思，下边是"私"，也就是说公和私是相背离的。

猎物要分，财物也要分，一定量的财物越分越少，那就是"贫"。贫，财物少。今天组成词"贫穷"，贫指没有钱财，穷指身体衰竭没有劲。

盆，是一个盛水的器皿，这个器皿的口是敞开的（分：敞开，大）。盆，会意字。

翁，读音与"公"相近，说明它是一个形声字。原来指一种叫"白头翁"的鸟，它的脖子部位周围有一圈浓密的羽毛。因为老年人头发花白，也用"白头翁"来代指老人。

共，下面的"八"代指两只手把贵重物品高高举起，表示"上供""供奉"。今天这个意思变成了"供"。"共"的意思后来转变成"共享"，例如"共产"。还有"一样""共同"的意思，例如"同甘共苦"。

兴，繁体写作"興"，上面"同"的两旁和下面的"八"都代表人的手，也就是众人的手一起齐心协力把重物高高举起然后放下，这就是古代建筑的打地基、打夯。大家精神饱满，情绪亢奋，齐声喊着劳动号子，兴致勃勃。这就是"兴"。

兵，上"斤"下"手"。斤，斧子，双手握着锋利的战斧，这样的人就是"兵"。

典，上面是"册"的变形，即竹简，代表一册又一册的书，下面是人的双手，双手把一册又一册的书放置在高高的平台上，防止这些书沾上灰尘和受潮，这样的书一定很珍贵，用今天的话来说就是经典。

其，两只手抓住簸箕（jī），扬里面的含有灰尘的粮食（谷物），使灰尘从谷物中分离出来。这个意思后来变成"箕"。原来的"其"被借走当作代词用。

丫，象形字，小女孩头上扎着两个小辫子。

弟，用绳子缠绕着竹竿，竹竿的末端被削成"丫"形，

（竹子内空，壁坚硬）投射出去扎进鱼或者幼兽的身体内，然后拉回来。这种渔猎技术关键在于缠绕绳子时按顺序，否则投射出去时容易散开，这就是"弟"，因为被缠绕的一般是竹子，后来这个意思变成了"第"，就是顺序。原来的"弟"假借表示弟弟。

单，象形字，木头叉子上绑着一块大石头，用来击打野兽。

弟、单，这些字反映了人类远古的生活，后来人类逐渐依靠种植粮食生存，这些反映渔猎生活的汉字的意思逐渐消失。

羊，象形字，意思至今没变化。

养，拿着鞭子放牧牛羊，牛羊都用双角。

前，这个字变化很大，本来"⼞"代表双脚迈在前面，后面是人体（月，即肉，代表身体），现在变得加上了利刀，使人无法识别其本来意思。

酋，下面是"酉"，既表示读音也表示意思——酒。上面为两只手打开酒坛盖子。在远古，人们吃饭总成问题，只有部落酋长才能享用美酒。酋，首领，酋长。首，"⼞"代表头发，下面是眼睛（代表头、面）。

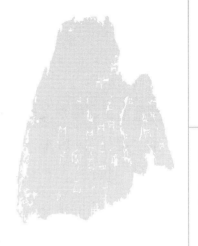

人（亻、入）部字

人（亻、入），做部首时可以表示人及和人有关的动作、行为、称呼、性格、事物等。人，象形字。

入，进入。这类字少，如籴（买米，把米从外边买进家里）。

人（亻）部字，很多与人事有关系。①人的行为，如企（踮起脚尖望、仰望、仰慕、希求）、休（歇息）、俯仰（低下头和抬起头看）；②人的德行，如仁（对人亲善、友爱）、伪（虚伪）、傲（自高自大）；③人际关系、身份，如伯（兄弟排行中的老大）、你（指对方）、僧（和尚，出家修行的男人）。

"人"当声旁，如"认"（动物也会认识，所以"认"不是人类的特长和专有的）。

形容假期中旅游景点的人：人从众。从，一个人跟从一个人（跟着出去玩），引申为听从一个人的（到哪里玩）。众，人很多，很多人拥向景点玩。

仗，形声字，从人，丈声。本义：执，拿着。有人夜里去偷东西，"明火执仗"，点着火把，拿着刀枪，这是"偷"吗？

是抢劫。李白年少时"仗剑去国，辞亲远游"，身佩一把宝剑，离开家乡，辞别父母到处游历。他行千里路读万卷书，所以成了"诗仙"。后来，因为手里拿着武器护身，就有了倚仗。"仗"又引申出"倚仗"的意思。

体，人的本身。会意字。身体本字是"體"，形声字。从骨，豊（lǐ）声。今简化为"体"。本义：身体。古代"体、體"是两个字，"体"是"劣"，又指粗笨。今天这一意思已经消亡，两个字合而为一。

《孟子》："故天将降大任于是人也，必先苦其心志，劳其筋骨，饿其体肤，空乏其身，行拂乱其所为，所以动心忍性，曾益其所不能。"体肤：肌肤。体，肌体。

佑，形声字。从人，右声。字本作"右"，表佑助。因"右"用为左右之"右"，又造"佑"字表示本义。本义：保护；佑助。

介，下半部的两竖代表用皮革做成的护甲（铠甲是金属制作的），人体前后各一片，人体处于两片护甲之中。这就是"介"：介于两者之间。如果你认识两个人，而他们互不相识，你分别向他们介绍对方的名字、身份、职业……这是基本礼仪。

合、会、令、今、禽、舍，这些字的人字头是别的事物演变而来的，与"人"关系不大或者没有关系。

舍，上部分"人"为房子的顶盖，古代的房子多为茅草搭建的，"人"做房子的顶盖，象形。下部分"口"是方形台基，台基以上的是房子横梁、竖柱的省写。"舍"是建在驿道上的高级房子，不是简易的草棚子，草棚子不需要打地基，舍，又称"馆舍""驿舍"。古代的驿道主要职责是传递皇帝、朝廷和各级官府等命令，备有快马，传送命令的人要在驿道旁的"舍"里吃住、歇息，还要换马（驿道），保证以最快的速度把命令、政令传到各处去。有时押解犯人，也需要在驿道旁的"舍"歇脚、住宿、吃饭。按照规定，驿道三十里距离要建一"舍"。"舍"有专职的军人管理，这种军人叫"驿卒"。春秋时楚国和晋国开战，晋国国君晋文公（公子重耳）流亡时，受到楚王的优待。当时楚王问重耳："你若回国当了国君，将怎么报答我？"重耳回答："如果楚、晋两国开战，晋国军队要退避三舍。"后来晋国军队和楚国军队战场上见，晋军果然退避三舍，也就是后退了接近一百里的距离，便是退让。今天旅馆的"馆"字由"館"简化而来，也就是说，旅馆既管住宿，也供饭食。汉字没有简化之前，"舍弃""舍得"的"舍"写作"捨"，表示"舍弃"，这个字和"舍"不是一个字，结果简化时舍弃了"扌"，就与"客舍青青柳色新"的"舍""合住"在"舍"里了。舍得舍得，有舍才有得。这个"舍"，应该写作"捨"。

合，上面的"人"和"一"代表器具的盖子，下面的"口"代表封闭的器具，将盖子盖上，这就是"合"。

令，古代的命令主要是军事命令，皇帝（或者诸侯王）给自己在外领兵打仗的将军下命令，要用虎符。虎符是一尊老虎雕塑，一半在国君手中，另一半在将军手中。国君给将军下命令时，使者带着虎符的一半到军中，先把两半虎符合在一起，证明自己是奉国君的命令而来，给将军下命令的。这个"令"就是把两半虎符合在一起，吻合则证明是一只老虎雕塑分割开的，也就证明了命令的真实。符，符号。军事命令的符号用老虎雕塑，象征着将军的勇武、军队的强大。

会，繁体写作"會"，上面的"人"和"一"代表器具的盖子，下面的"口"代表厨具兼餐具，类似今天的火锅。"丷"代表切得很细的肉，放在火锅里短时间就能熟（今天的羊肉卷也切得很薄、细）。这个厨具被搬上餐桌，里面有汤，有细肉，下面还有燃烧的木炭（"曰"的"口"和一横代表燃烧室和木炭）。加工的程序是，先在厨具里加上水，下面加上燃烧的木炭，再把切好的细肉放进去，最后盖上盖子。盖盖子，就是"會"，目的是防止热气散失，防止炭灰落到汤里。由此看来，"会"就是合上盖子的意思，今天叫"会合"。原来的意思由"脍"来承担，成语"脍炙人口"就是火锅肉和烤肉串都很合口，好吃。"会合"引申为"聚会"，不再是东西合在一起（盖上盖子）。人"开会""运动会""舞会"，因为要开会，所以就有"会见"。开会、聚会，正是谈事情的好机会，"机会"由此而生。谈事情，目的是要说服对方，使对方理解、领会主动谈事情一方的意图，于是"会"又有了"理解""领会"的意思。至于说"会"的"能够、擅长"的意思，完全是假借"会"来表示的。假借，表面上是造字法的一种，其实没有造新的字。"会"还有"总计"的意思，表示这个意思时，读kuài，如"会计"，就是总计在一起来算账。"脍炙人口"的"脍"，也读kuài。"烩面"，读音同"会面"，但是"烩面"的"面"是"麵"简化而来，"会面"的"面"，是象形字。"面"的甲骨文字形里面是"目"字，外面表示面庞（正面）。"面"，在古代指人的整个面部"正面，有眼睛的一面"。"脸"是魏晋时期才出现，而且只指两颊的上部（侧面），唐宋口语中才开始用"面"代指整个脸——以部分代全体，包括正面和侧面。本义：脸。"脸面"的"面"字没有简化。

仓，储存粮食的建筑物，"人"字形房顶，便于雨水下落，防潮。

伞，上面的"人"代表伞的伞顶，下面的"丷"是"人"的倒写，代表人在伞下面躲避。也有考查说"丷"是两个人，代表多个人。伞遮风挡雨，至今意思变化不大。在清代，地方官离任的时候，这个地方的绅商都得表示一点儿挽留的意思，比较通行的方式是送"万民伞"，意思是这个父母官，像伞一样遮蔽着一方的老百姓。收到的伞越多，这个官越有面子。如果在这个官被撤职或者降职的时候，当地还有人送伞，甚至拦轿挽留，说明这个官绝对是个清官或者好官，而且当地人也是有情有义的百姓。"万民伞"上缀有许多小绸条，上书赠送人之名字。

勹部字

勹（bāo），象形字，象人体弯曲形，表示体中有所包裹。本义：胞衣，胎儿在母体中的胎盘和胎膜。后来作"包"，今天作"胞"。作部首，称为包字头或者句字头。

勹部字与"包裹""弯曲"有关。

勾，本作"句（gōu）"，弯曲。如：勾垂（弯曲低垂）；勾着背；勾曲。吴，作为地名，原来称"句吴"，指今天江苏苏州吴中区、吴江区一带（原称"吴县"）。笔者考查"句吴"有两个原因，一个原因是吴越语发音总是带"句"前缀，如"句吴""句践（勾践）""句容（江苏镇江下辖市，南京东南，县名来源于茅山山脉的屈曲蜿蜒之势）"。另一个原因就是吴地河水曲曲弯弯，后来有吴王阖闾开始取直水道。

以"勾""句"合成的汉字有沟、够、购、钩、构、狗、够、苟、佝、拘（多音字）等，显然，沟、钩、佝是会意字，其余的有待一一考察。

勺，象形字。本义：古代舀酒器，后来泛指舀东西的器具，有柄。中国古代计量单位：一石等于十斗，一斗等于十升，一升等于十合，一合等于十勺，一勺等于十撮，一撮等于十摸。都是十进制，一石大约为二十公斤左右不等。韩愈《马说》："马之千里者，一食或尽粟一石。"

旬，类似一个钩子的循环，即古代的日历计时器，十天为一旬，"旬"古代的字形上为"十"，下为"勹"（表示一周），中为"日"。

匀，"旬"的十天，每天相等。"匀"取"旬"的"相等"义，中间是两块金属（二，即两块矿石），也取"旬"的读音，搬运过程中钩子要构成封闭的结构。这样的金属矿石一定很重，要均匀分开。它的重量，叫"匀"，后来加"金"字旁，构成"钧"，千钧、万钧，意思是很重、很大的重（力）量。千钧一发，是很危险的。

句，甲骨文字形像两根绳子拴在"口"（方形钉）上，方形钉保证了缠绕的绳子不会旋转打滑。这样绳子就不会变直，也得到了固定。"句"的本义是"弯曲"。现在"句"指由词语组成能表达一个完整意思的话。

包，会意字。小篆字形，外边是"勹"。中间是个"巳"（sì，胎儿佝偻着的样子）字，"象子未成形"。"勹"就是"包"的本字。本义：胎衣、包裹。后来"包"字的意思太多了，"胎衣"的意思由另造的"胞"来承担。"包"由"包裹"引申为"包容""包含""包涵"等意思。

匍匐，两个形声字组成一个词，意思是弯曲着身体在地上爬。

匈，从勹，凶声，即胸膛，胸部包有脏器。后来用"匈奴"代指北方少数民族，另造"胸"指胸部。

匊，会意字，从勹从米，弓身（躬身）捧着米（代表谷物）。后来用"笑容可掬"的"掬"代替匊。"菊"，多指菊花，一圈花蕊向内弯曲着。

匋，从勹从缶。缶，瓦罐，秦国人用它做乐器（见《渑池会》）。匋，泥做成瓦罐坯子放进窑里烧制，即"陶"，就是烧制陶器。窑是一种内空的烧制室，把陶坯包裹好才能烧制成。这个烧制室口很小，需要躬身才能进去，所以"匋"还有"弯曲着身子"的意思，这一意思保存在"淘""掏"等字中。

儿部字

　　儿（ér），繁体写作"兒"。象形字，象小孩头盖骨未完全闭合之形。本义为小孩（不分男女），后来专指青少年男子、儿子。儿，本义是人，所有儿部（儿字底）字与人有关。

　　先，会意字。甲骨文字形上面是"止"（脚），下面是"人"，意思是脚已走在人的前面。本义：前进，走在前面。《论语·先进》："子曰：'先进于礼乐，野人也；后进于礼乐，君子也。如用之，则吾从先进。'"孔子说："先学习好礼乐而后再做官的人，是（原来没有爵禄的）平民；先当了官然后再学习礼乐的人，是君子（贵族）。如果要选用人才，那我主张选用先学习好礼乐的人。"这句话表现了孔子的平民思想。孔子本身就是一个平民教育家。

　　凶，繁体写作"兇"。"兇"是会意字，从儿（人），在凶下。本义：不吉利。《说文》：凶，恶也。象地穿交陷其中也。也就是说，人掉进陷阱里了，很凶险。

　　党，形声字。指有相同信仰、政治主张的人组成的宗派。今天还有"党派"一词。《论语·卫灵公》："子曰：'君子矜而不争，群而不党。'"孔子说："君子庄重而不与别人争执，合群而不结党营私（不为了个人利益拉帮结派）。"孔子这句话后来发展成为"君子群而不党，小人党而不群"，意思是：君子合群而不与人结党营私，小人与人结党营私而不合群。

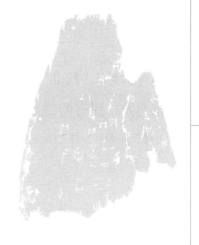

匕部字

匕（bǐ），象形字，象长柄短勺（前段）形，表示古代的一种取汤的餐具，即汤勺。汤勺弯曲着，像一个人身体躺在地上。

匕部字与取食器具有关系，也与这个器具的形状有关系。

旨，会意字。甲骨文字形。上象"匕"（bǐ），即匙形，下面是口，以匙入口，表示味道好。"口"隶变为"日"。从甘，匕声。本义：味美。后来"旨"变成"话"（话从口出），如"圣旨"。

"匙"有两个读音，一个是 chí，如"汤匙"，舀汤用的小勺子，又名"调羹"；另一个是 shi，如"钥匙"，古代钥匙长柄。

死，歹部，会意字。小篆字形右边（匕）是人，左边是"歹"（è），残骨，指人的形体与魂魄分离。本义：生命终止。"匕"在这里象人形。同样的还有"北"字，表示两个人向着相反的方向走去，就是"背"，背道而驰。也表示人体的背部，如"追亡逐北"，要追逐打仗被打败、逃跑的人，当然看着他的背追赶。"败北"就是失败了，逃跑了。后来"北"假借来指北方，原有的"北"的意思由"背"来承担。"背"下的"月"，是"肉"。

几部字

几（jī），象形字，象古人席地而坐时凭靠的凭几形。几，古时的一件家具，上面放置一些物品。

凭，会意字。从几，从任。几，矮而小的桌子。任，凭借。本义：倚靠。李后主有词句"独自莫凭栏，无限江山，别时容易见时难，流水落花春去也，天上人间"，词句中的"凭"用的是原义。

凳，有腿没有靠背的坐具。

中国古代人席地而坐，当然条件好的地上要铺上席子之类的垫衬。汉魏时期开始坐在"床"上，这个"床"是坐具而不是卧具。"徐孺下陈蕃之榻""卧榻之侧岂能容他人酣睡？"表明卧具叫"榻"，今天住进宾馆，还很文雅地说下榻在宾馆。

另外一个"几"字从"幾"简化而来，"幾"本来是"细微的迹象"，假借为数词，相当于"几乎""差不多"，如"几近崩溃"。又假借为数词，用来表示数目的多少（二至九），此时读jǐ，表疑问。

机、肌、饥、讥等字是形声字，它们的"几"，原为"幾"。象形字"几"自古至今字形变化很小。

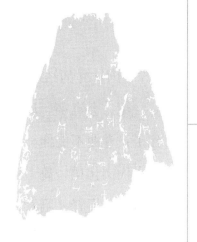

冖部字

冖（mì），象形字，小篆字形象覆盖物体的巾形，本义"覆盖"。作为部首，俗名秃宝盖儿。冖部汉字大多与"覆盖""遮蔽"有关系。

冠，会意。从冖，用布帛蒙覆。从元（人头），从寸（手）。意思是：手拿布帛之类的制品加在人的头上，即"冠"。本义：（戴）帽子。古人很在乎"礼"，穿戴就是"礼"的重要部分，正式场合都要"衣冠楚楚"。古人的帽子形式多样，花样翻新，比今天爱美的女士的帽子花样还要多。帽子当然不仅是为了防寒保暖，戴帽子主要是一种"礼貌"。有成语"冠冕堂皇"，冕指中国古代帝王及地位在大夫以上的官员们戴的礼帽，后专指帝王的皇冠，可组词语加冕、卫冕（卫护帝王头上的皇冠，喻维护帝王的最高统治权力或保持体育竞赛中的上届冠军称号）。冕，上面是"冖"和"二"。"二"代表头发和头盖。"冒"上面也是这样。冒，会意字。小篆字形。上为帽子，下边"目"是眼睛。本义：帽子。后来"冒"的意思增加，原有"帽子"这一本义再造"帽"来承担。"冕"和

"冒"因这样的结构，常常被写错。

冤，会意字。从兔，从冖。"冖"表示覆盖。兔子被覆盖住了，卷曲不能伸。后来意思变化为蒙受冤屈不能申冤。在中国古代文化里，兔子也是弱者形象，常常蒙受冤屈。以上是现有的权威解释。笔者考察了"冤"的小篆字形，认为是"捕捉兔子"的意思。即使这样，工具"冖"也是"覆盖""使……蒙受"的意思。

写，繁体字"寫"，是"放置物品"的意思，与"冖"无关。

军，会意字。金文字形，从车，从勹（bāo，包裹）。表示用车子打包围圈的意思。古代打仗主要靠车战，驻扎时，用战车围起来形成营垒，布防成战车阵，以防敌人袭击。本义：围成营垒。从《左传》《国殇》等先秦典籍来看，古代战争主要是战车对阵。后来位于北方的赵国的国王赵武灵王吸收北方游牧民族的作战经验，变车阵战为骑兵战。毫无疑问，车阵战重在防御，而骑兵战重在灵活的攻击战和退却，攻守兼备。清朝初年，清帝国和准噶尔汗国展开了一系列战争，而准噶尔汗国的军队主要采取"驼阵"战。"军"保存了中国古代战争的形式，今天的"车"已经变成了坦克。

冗，从宀，从儿（人），人在屋下，无田事也。无所事事不干农活的人就是闲散人，这样的人是多余的。"冗"后来的意思是：冗长、多余、无用。这个字的"冖"是从"宀"变来的。为什么这样变？图省事，不烦冗。下面的"几"也是

"儿（人）"变来的，为什么这样变？无理由，以讹传讹，将错就错。

冥，会意兼形声字。小篆字形，从日，从六，冖声。日，太阳，日数十，十六日而月始亏，幽暗也。本义：昏暗。冥王所在的王府，就是昏暗的阎王殿。冥与"阴间"搭上关系后，原来的"蒙着东西，昏暗不清"再造"暝"来担当。

卪部字

卪（jié），象形字，象人跪踞臣服之形，隶变为"卪"，本义是跪，也指膝盖。假借为符节，后作"節"，简化为"节"。

卪（㔾）和阝（在左，读阜）、阝（在右，读邑）相像，卪（㔾）称作单耳刀或卷字底。

印，会意字。甲骨文字形左是手爪，右象跪着的人，合起来表示用手按人使之跪拜。小民只有在官面前才被摁着下跪，能证明官员身份的就是印，本义：官印。看过《水浒传》的读者一定还记得，林冲、武松等"罪犯"脸上被"打了金印"，实际上就是刺了字。脸上刺字叫黥（qíng）。这里的"印"，是痕迹的意思。

却，形声字。从卪，谷（què）声。卪，像人下跪的样子，即腿骨节屈曲的样子。从"卪"与脚的活动有关。本义：退。在官府或者金銮殿，一个臣下被命令退下时，要从原来跪的地方站起来，但是腿还要弯曲着（代表仍然对官员施礼），面对着官员慢慢退下，退到门口才可以转过身子离去。这个动作叫

"却"，退却。"却"后转身，这个意思发展成转折连词"却"，意思表相反，转折、但是。

即，甲骨文字形左半边是摆在餐桌上的饭菜，右半边是一个人跪（半跪、跽）下来，即将开始吃饭。即，表示即将开始。既，小篆字形左半边是摆在餐桌上的饭菜（残羹冷炙），右半边表示人已经吃完，抹着嘴，心满意足地离开了，"既"表示"已经完成"。用英语的时态来解释："即"是将来时，"既"是完成时。"即"组成"即将""即使"（未来不一定）等词语，"既"组成"既然"（表示已经完成了）等词语。

男儿膝下有黄金，屈膝的大礼，只有对待上级或者父母；对待战胜自己的敌人，一般不会屈膝下跪；这样的品格，叫"气节"。中国古代主流思想——儒家思想，把"气节"推崇到至高无上的境地。南宋末年三杰——文天祥、陆秀夫、张世杰三个人都有气节。文天祥写下《过零丁洋》《正气歌》等家喻户晓的诗词，宁死不屈，即使再难，宋灭亡后仍然不投降。崖山海战南宋战败，大臣陆秀夫背着少帝赵昺投海自尽，许多忠臣追随其后，十万军民跳海殉国。张世杰闻讯后埋葬了皇太后，带领最后的南宋军民战斗到最后，败亡。这就是"气节"。节，即"节操"。早在战国时期，儒家思想的代表人物孟子就说过："富贵不能淫，贫贱不能移，威武不能屈，此之谓大丈夫。"这话就是对"气节"的精准解释。文天祥在《正气歌》中称颂"苏武节"，就是"威武不能屈"。苏武是西汉时期有气节的代表人物。至今，苏武牧羊的故事，以各种文艺作品形式流传着。

節，在这里使用了比喻义。竹子是一种宁折不弯的植物，是中国士大夫、文人雅士眼中的"四君子"（梅兰竹菊）之一。竹子中空，节与节之间有竹节，即使竹子折断，节还保存完好。这像极了中国人提倡的气節。

卷，形声字。从卩，juǎn、juàn 声。本义：屈膝。把一本书（竹简制成）卷起来，就是使坦直的页面弯曲成圆筒。杜甫《闻官军收河南河北》"漫卷诗书喜欲狂"就是这个意思。

在"爷"字中，"卩"是声旁，表读音，"父"表意义。《木兰诗》中"军书十二卷，卷卷有爷名"的"爷"，表原义"父亲"。

阝（在左，读阜）部字、阝（在右，读邑）部字

阝（在左），是"阜"字变形而来，音、义同"阜"。阜，象形字。甲骨字形象山崖边的石磴形，用以表示地势或升降等意义。阜作左边偏旁，楷书写成阝。本义：土山。

阝（在左）部（左耳刀部）字大致可分为两类：①土山、丘陵、建筑物，如阿、陆（高而平的地方）、陵、陂、阪、隅、隘、防、陛（宫殿的台阶）、除（台阶）、阶、院；②与土山、丘陵有关的登降动作、高低性状，如陟（由低处往高处走）、降（由高处往低处走）、陷、陨、隆、隔、险、阴（山北水南无阳光的一面）、阳（山南水北向阳的一面）。

阝（在右）是"邑"变化而来，音、义同"邑"。邑，会意字，从口从巴（蜷曲的人），合在一起表示一座城里拥挤住下很多人。毫无疑问，人拥挤住在城里，是因为有城墙保护着自身安全。"邑"本义城市和居民，偏指城市。阝（在右），像人的耳朵，被称作右耳刀。

右耳刀部的字，多与城市、行政区划、地名以及在地名基础上产生的姓氏有关。如郑、郭、都、鄙、邻、郊、郢、邗、邯、邹、邺等。

以下举几个"熟悉而又陌生"的例子给予说明。

陶渊明有诗句："死去何所道，托体同山阿。"意思是死去又有什么可怕的呢？把我的身体埋葬在高山之上（与高山同存）。阿，形声字。从阜，可声。本义：大的山陵，大的土山。鲁迅先生笔下的"阿猫阿狗"的"阿"，属于发语词，做前缀，无实在意义。

阪，形声字。从阜，反声。词典解释：阪，同"坂"。本义：山坡。"西部歌王"王洛宾创作的《达坂城的姑娘》的"达坂"，在天山南坡，地势陡峭。

隅，形声字，从阜，禺（yú）声。"阜"是小土山，适宜筑房子而居，因而从"阜"的字有的与建筑有关。隅，本义：山水弯曲边角处。后来引申为"墙角"，如"一人向隅，举座不欢"，那个人有委屈和难处，大家坐在一起时，本来有说有笑，谈笑风生，可是只有他（她）对着墙角抹眼泪，使得在场的人都不欢愉。"失之东隅，收之桑榆"，比喻起初在某一方面有所失，后来在另一方面有所得。东隅，东墙角，太阳从那里升起；桑榆，栽种在院子西边的树木，傍晚时分太阳光从树枝间穿过来，代指傍晚。

隘，形声字。指两边都是难以翻越的山，而中间有个垭口，这个垭口就是唯一的通道，这样的地方叫"关隘""隘口"。著名的关隘如居庸关、娘子关、潼关、函谷关等。

除，形声字。从阜，余声。从"阜"，表示与地形地势的高低上下有关，本义：宫殿的台阶。后来表示"被授予什么官职"，也用"除"，如文天祥《指南录后序》："予除右丞相兼枢密使，都督诸路军马。"文天祥可真是"受任于败军之际，奉命于危难之间"。除，当上，被授予。"除"的其他意义都是后来发展的。

郑，是周平王东迁时从陕西迁到河南郑州西部荥阳的一个国家——郑国，后来荥阳成了天下郑姓的发源地。陈，在今天的周口淮阳，春秋时这里是陈国，后来也成了陈姓的发源地。郢，春秋时楚国国都。邶，周代一个国家的名称，记载在《诗经·邶风》里。这些字本义表示地名。

如果你发现了带有左耳刀或者右耳刀的字，你可以用以上组词规律去考察它。

刀部字

刀（dāo），象形字。甲骨文、小篆象刀形，隶定为"刀"，本义为刀，用于切、割、削、砍、刺、铡等的工具，引申为古代一种兵器。

作为部首，称刀部。

附形部首"刂"是"刀"的变体，在字的右边，因像竖立的刀，故称立刀或立刀旁。

附形部首"勹"与"刀"形近，称刀子头、斜刀头。"负"是部中常用字，故又称负字头。

部中的字多表示与刀有关的事物、性状或动作，如刃、利、刚、切、割、削、刺、刻、剪、劈。

作音符构成形声字，如叨、忉、叨、召、氘、钌。

刃，指刀锋，指事字。这样的字自古至今变化不大。"忍"字中，"刃"作声符。

切，形声字。从刀，七声。本义：用刀把物品分成若干部分。《诗·卫风·淇奥》："有匪君子，如切如磋，如琢如磨。"意思是高雅的君子文采斐然，学问切磋更精湛，品德琢磨更良善。切、磋、琢、磨：治骨曰切，象曰磋，玉曰琢，石曰磨。（加工骨器叫"切"，加工象牙叫"磋"，加工玉器叫"琢"，加工石器叫"磨"）"切、磋、琢、磨"四个字都是形声字。切磋，本义是加工玉石骨器，先切开，然后打磨，引申为讨论研究学问；琢磨，本义是玉石骨器的精细加工，引申为学问道德上钻研深究。如你对同学说："明天我们到围棋室里，好好切磋切磋。"还有你说："这个事让我先琢磨琢磨，然后回答你。"切磋就是相互探讨、共同进步；琢磨是独立思考，仔细研究。汉语中这样的词语比比皆是，词义的丰富和转变让人目不暇接、眼花缭乱，这里我们管中窥豹、略见一斑。原来"切磋""琢磨"这些词历史悠久，且焕发着表达的活力。

由"切"作声符的字有"窃"，今天往往和"盗"连用。鲁迅写了一篇著名的短篇小说《孔乙己》，长期选用在中学语文教科书里，《孔乙己》用典型的人物形象揭露了封建科举制度对中国古代知识分子的毒害。孔乙己是一个嗜书如命的知识分子，可惜他"连半个秀才也没有捞到"。他学的都是一些毫无用处的"文化"，如"'回'字有四种写法"之类，让他在别人面前显摆。他没有实际上的生存能力（没有任何劳动技术），万幸的是"写一手好字"，就替别人抄抄书，可是他抄着抄着"连人带笔墨书籍一起失踪"，也就是把书籍文具偷跑了。这样的心理疾病被一些无聊的狠人当面揭穿——"我昨天还看见你偷了何家的书，吊着打"，孔乙己当时无地自容，没有一丝读书人的尊严，他用"窃书不能算偷，读书人的事，能算偷么"来为自己辩护。毫无疑问，孔乙己在玩文字游戏，"窃"和"偷"是完全相同的意思，结果到他嘴里变成了"读书人的事，是'窃书'，不算偷"。其实"窃"字繁体写作"竊"，就是老鼠等"虫"打洞（穴）偷吃米，简化后"米"被简化掉了，"窃"字由会意字变成了一个形声字。打洞来偷就是"窃"，不是设卡拦截、雁过拔毛——那叫公开抢劫。偷窃，就是不敢公开地窃取别人的财物（"米"——食物，后来扩大为一切财物）。有一个成语叫"窃窃私语"，就是几（两）个人悄悄、低声说话，他们说的话不敢公开。在英语中"窃窃私语"是"whisper to one another"，其中"whisper"是个贬义词。

偷，形声字。从人，俞声。本义：苟且；马虎。例如杜甫《石壕吏》里老妇人对来抓丁上战场的"吏"说，自己的三个儿子在战争中死了两个，"存者且偷生"——活着的那一个马马虎虎还算活着，说不定明天也会战死，现在只能活一天算一天，不敢想明天。可见"偷"本来的意思并不是"窃"，后来发展成"偷，盗也"。"盗"，原来的意思是"盗窃"，上半部的"次"是"羡慕"的"羡"的下半部。"羡"，看到别人吃羊肉（美食），馋得直流涎水（次，涎水），于是"盗"，盗取别人碗（皿）中的美味。"窃"的是米，"盗"的是羊肉等美味，说白了都是为了生存。

别，会意字。从冎（guǎ），从刀。"冎"，《说文解字》："剔人肉置其骨也。""别"的小篆形体，是一个表示用刀剔骨头的会意字。本义：分解。后来发展为"分离、分开"，又发展为"分别"，再发展为"离别"。字形为"别"的字为多音多义字。

"制"字有两个来源，其一，原来写作"製"，就是裁缝衣服。后来"製"由"製衣"发展到"製造"其他东西。裁缝，第一步就是"裁"，就是"剪裁"。剪裁，就要用刀子，所以"製"字中有剪刀，也有布料。裁缝，先裁后缝，第一步，就是"初"，初，就是动剪刀剪裁。明白"初"的最初含义，那就不会把衣字旁（衤）混淆成示字旁（礻）了。中华民族是特别勤奋、特别耐劳、生存能力特别强的，成千上万海外华侨华人当初漂洋过海到异乡他国时，身无长物，靠"三把刀打天下"——裁缝的剪刀、开餐馆的菜刀、给人理发的剃头刀，甚至今天还是这样。其二，原来就写作"制"，并未简化。①表示"拟定"，如"制定"；②"制度"，名词；③用强力来限定，如"制裁"。

刍，chú，上面的"ク"是"又（手）"的变形，不是刀，下面的"彐"是"艸"的变形（左旋转），会意字，意思是薅草、用手拔草。这里拔草是为了给牲畜吃（而不是为了除草），后来用"刍"来表示拔的草。家畜中牛是农民的主要生产力，也是典型的反刍动物。自谦（谦虚）的人也把自己的见解说成"刍见""刍议"。新文化运动中文学改良（白话文运动，后来发展成为文学革命）的发起者胡适，是学贯东西的学者，他写的《文学改良刍议》1917 年 1 月发表在陈独秀主编的《新青年》杂志上，陈独秀写了《文学革命论》、鲁迅写了《狂人日记》也紧接着发表在《新青年》上，这样揭开了"文学革命"乃至新文化运动的序幕。胡适的《文学改良刍议》和陈独秀的《文学革命论》，正像这两篇文章的题目一样，表明了他们对新文化运动的态度。雏，幼鸟，如"鸡雏"。在"雏"字中，"刍"合成字义，也标明读音。后来把年轻、阅历少的人说成"雏儿"（就是"小鸡子"），表明对一个人的轻视和嘲笑。"雏"具有"幼小的，还未成型的"意思，如说陕北革命根据地就是新中国的雏形。除了"雏"字外，很多含有"刍"的字，"刍"只做声旁，如"邹"，一个古老的国家的名字，在今天的山东，后来邹国人以"邹"为姓。

危险的"危"字，小篆字形上面"勹"是人，不是刀，中间（厂）是山崖，下面腿骨节形（㔾）表示弯曲下垂的腿。会意字：人在山崖上，表示很高（后来表示危险）。本义：在高处而畏惧。李白《蜀道难》："噫（yī）吁（xū）嚱（xī），危乎高哉！蜀道之难，难于上青天！"这里的"危"就是"高峻"的意思，也有人把它解释为"危险"，山高路险，这样也可以说得通。可见，"危"用今天的科学名词"恐高"来注释，再精确不过了。李白《夜宿山寺》："危楼高百尺，手可摘星辰。不敢高声语，恐惊天上人。"显然，楼可以登上，尽管很高，但是安全的，不是今天的"危桥"的"危"的意思。学习李白这首诗，不能根据今天的语言来理解"危楼"。当然，因为高使人恐高，就产生了"畏惧"的意思，也产生了"危险""危及"的意思。

"免",会意字。金文字形下面是"儿（人）",上面象人头上戴帽形,是冠冕的"冕"本字。由于假借为"免除"义,另造"冕"字。假借义:免除,避免。"兔"是个象形字,象踞后其尾形。本义:哺乳类动物,通称兔子。早期的"免"和"兔"字有天壤之别,今天太像了。

力部字

力（lì），象形字。甲骨文、金文、小篆象耒形，隶定为"力"，本义为古代的一种翻土农具。用耒翻土需用力，故引申为力量。

作为部首，称力部。有的在字的下边，又称力字底。

力部字，可以分为以下几类：①表示力气，如劣、幼、男、劳、动、劲、势、加；②表示尽力去做，如勤、勉、务；③表示功绩，如功、勋；④表示协同、助人，如办、协、胁、助；⑤表示字的读音（声旁）。

力量少为"劣"。劣，会意字，就是弱者。莎士比亚的名著《哈姆雷特》中有一句名言："女人啊，你的名字就是弱者。"这句话是王子哈姆雷特发现自己的母亲（王后）嫁给了害死自己父王、夺取父王王位的叔叔时，感叹说的。国王被其弟弟害死，王后不明真相，为了继续拥有权势，就嫁给了小叔子，哈姆雷特的母亲确实显得暗弱——没有识别能力（少力），渴求强力相助，所以就成了强力的男人的附庸，这使得哈姆雷特非常讨厌她。但不仅仅是西方不同情"劣"的弱者，东方也不全同情。诸葛亮《出师表》中说，他带着大军北伐曹魏后，后方负责守卫的兵力，要交给向宠将军来管，如果那样，一定能使"行阵和睦，优劣得所"，就是军队上下团结一致，力量强大的和"劣"的将士都能发挥作用，人尽其才物尽其用。在这句话里，"劣"是"优"的反义词。诸葛亮一生大智大勇，出将入相，是强大的；他辅佐的刘禅则是"扶不起的阿斗"。一个蜀汉皇帝，竟然被后人以乳名呼之，显示了后人对他"劣"的失望、蔑视、嘲讽。可是试想一想，刘禅的父亲刘备生于草莽之间，崛起于军阀混战的乱世中，何其强大！而刘禅生于军阀之家，长于深宫之中，能力从何而来？刘禅的暗弱无能在某种程度上来说是身为父亲的刘备、身为"相父"的诸葛亮造成的，不完全是他自己的错。《三国演义》叙述：刘备在夷陵之战中被东吴击败，逃到白帝城的永安宫，在那里"白帝托孤"，把一个"孤儿"托付给诸葛亮。

"幼而失怙曰孤"，"幼"，会意字。从幺（yāo），从力。幺，小。年幼力小。本义：幼小。那么多大年纪算"幼"呢？《礼记·曲礼》给了一个年龄标准："人生十年曰幼。"《仪礼·丧服》对"子幼"的注释给的标准是："谓年十五以下。""失怙"，就是父亲死了的委婉说法。怙，形声字。从心（忄），古声。本义：依仗，凭借。父亲没了，母亲体弱无力，生存都没了依靠，更不用说心灵了。自古以来有四种人是弱者，需要照顾——"老而无妻曰鳏。老而无夫曰寡。老而无子曰独。幼而无父曰孤。此四者，天下之穷民而无告者"。这还是孟子的话，可见孟子是一个充满同情心的善良而博爱的人，他的情怀足以让他彪炳史册。可是史籍记载，刘禅生于207年，223年"白帝托孤"时，他已经16岁了。生逢乱世，他在刀光剑影、烽火连天中长大，在223年当上皇帝时还被视作"失怙"的"孤儿"，简直太小看他了。他当皇帝时，诸葛亮当丞相，大权在握，东拒东吴，南征孟获，七出祁山（秦岭），对曹魏发动了一系列的攻击，在外征战了12年（病死在前线的五丈原），造成蜀汉后方生育率降低到最低程度（青壮年男子都在前方打仗），劳动力匮乏，兵源枯竭，天府之国的蜀汉缺乏粮食。这种情况下蜀汉政局稳定，这些政绩都是怎么取得的？诸葛亮死后，刘禅凭着偏安一隅、人口锐减的国力，又使蜀汉政权延续了30年，这难道不能说明刘禅也很有能力吗？

"男儿有泪不轻弹"，好男儿志在四方，男子，从来就是强者的代名词。"男"字，《说文解字》解释道："男，丈夫也。从男从力，言男用力于田也。"这里的"力"就是"耒"，耕地的工具。男子在田间是劳动力，在战场上是战士，"三男邺城戍"，"可怜无定河边骨，犹是春归梦中人"。崇尚武力的欧洲有一句名言："战争，让女人走开。"战争也是男人的专利。从社会分工上讲，男人既要在田间耕田，又要在战场上厮杀。幼年时读《基督山伯爵》，知道复仇故事的主角是一个"伯爵"，后来才了解"伯爵"这个爵位是和东方中国对应的。《礼记·王制》说："王者之制禄爵，公、侯、伯、子、男，凡五等。"西周的社会等级分别为天子、诸侯、卿大夫、士、平民、奴隶六个阶层。天子凌驾于所有人之上，是周朝社会等级的最高级别。但是由于"普天之下莫非王土"，难以管理，于是天子将其国家的土地划分区域，将区域内的所有土地以及人民划分给各个诸侯来管理，这就是分封制。诸侯又可以再分为"公、侯、伯、子、男"。因为天子所分封的土地也有大小之分，即使同样都是诸侯，由于分得的土地大小不一样，其实际的社会地位也是不一样的。各个诸侯之中，由于宋国是商代王朝的后裔，因此地位是最高的公爵（如宋襄公）；侯爵分别有齐（如齐侯）、鲁、卫；郑（如郑伯）、曹等是伯爵；楚、吴为子；地位最低的是男爵许国。许，在今天的河南许昌一带，存国 600 年，但是个小国。

"劳"，会意字。小篆字形，上面是焱（yàn），即"焰"的本字，表示灯火通明；中间是"冖"字，表示房屋；下面是"力"，表示用力。夜间劳作。本义：努力劳动；使受辛苦。夜以继日地劳动，当然很疲劳，这就是"劳"的本义。"或劳心，或劳力。劳心者治人，劳力者治于人"，孟子的这段话，曾经被批判为剥削论的基础，但是按实际情况想一想，"劳心"（脑力劳动）"劳力"（体力劳动）这两种劳动是质量不一样的、价值不一样的。科学的发展产生的对社会生产力的增强和经济发展的推动，是显而易见的，也是不容置疑的。这里的"劳"，是"使用……劳动"的意思。

动，繁体写作"動"，形声字，本义是"发力""发动"。发动是要用力的，一旦发力，物体（发力的手臂、受力的物体）的位置就要变化，这样"动"就和"静"成了反义词。"动静"，两个反义词合成一个新的词语，一般表示声音。"动"后来也有了"使动用法"，即"使之动"。孟子是一个民本思想家，也是一个人才学专家。一个人想成才，必须经过磨炼，正所谓"宝剑锋从磨砺出，梅花香自苦寒来"，所以青年人就不要怕困难，不要回避困难。每克服一个困难，你就增强了一分自身的能力，增强一分自信。"故天将降大任于是人也，必先苦其心志，劳其筋骨，饿其体肤，空乏其身，行拂乱其所为，所以动心忍性，曾益其所不能。"上天是公平的，将把"治国平天下"的大任交给所有的青年人，但是到底谁能担当得起？一个无能者，一个因为无能而自卑者，是不可能担当得起上天降给的"大任"的。上天要把"大任"交给的人，不是普普通通的人，而是人才。交给大任之前，一定先要使他心意苦恼，筋骨劳累，使他忍饥挨饿，使他身处贫困之中，使他的每一行动都不如意，这样来激励他的心志，使他性情坚忍，增加他所不具备的能力。"动心忍性"，使他的内心惊动，使他的性格变得坚韧不拔。青年是从少年来的，少年时代是不是被家长"含在嘴里怕化了，捧在手里怕摔了"，如果是那样，孩子就已经输在起跑线上了，反倒是"穷人的孩子早当家"。青年，是从 16 岁算起，是继续上学，还是走上社会打工？其实两者都可以。选择打工的人不要满足于"吃青春饭"换来的一个月三五千元，而要磨炼自己，使自己成为能工巧匠，这样依然可以成才。上学的人更不能浑浑噩噩，如果因为逃避打工而上学，最终将一事无成。学习是个非常吃苦的差事，是"动心忍性，增益其所不能"的必要措施，选择上学，又害怕吃苦，同样学不好，必然一无所长，一事无成，担当不起上天交给的重任。动脑、动手、动身、动眼是最好的养身办法。

"势"，形声字，本义是权力、权势。有权就有势。法兰西第一帝国皇帝拿破仑是一个纵横欧洲的军事家，他统帅法军曾经多次以少胜多、以弱胜强打败欧洲列强组成的反法联盟。有一天他骑马率军翻越阿尔卑斯山，他扬起手里的鞭子对身后绵延不断的将士说："看，我比阿尔卑斯山还要高。"鲁迅先生谈及此事说，他忘了身后那么多法军将士，如果没有他们，有两三个意大利士兵上来就可以把他俘虏了。实际上没有意大利士兵敢来捉他，因为法兰西皇帝手中拿有权杖。"权"，繁体写作"權"，从木从雚。本义：黄花木，因其坚硬、难以变形，被用于秤之杆、锤之柄、拄之杖。秤代表着公平，往往是解决纠纷的评判权，属于今天的法院；锤子是打击别的人或者事物的，代表着强力、暴力，当法官敲下法锤后，被判决的案子就要强制执行了；一些上位者总是拄着拐杖，他们的拐杖用的木头坚实、耐久、给力，就是他们的权力的象征。

冂（门）部字

冂（jiōng），表意字。金文、小篆象征国家都城的边界，隶定为"冂"，本义为都城的远郊。《说文解字》："冂，邑外谓之郊，郊外谓之野，野外谓之林，林外谓之冂，象远界也。"学习时，注意"冂"和"边界"的关系。

作为部首，因象框形，部中"同"是常用字，故称同字框。

附形部首"冂"是"周"的外框，称周字框。

冇（mǎo）。方言用字，表没有。使用方言字，在文学作品中，常常以此突出语言的地方色彩。这个字南北方各地读音各异，表现出说话人的质朴。

冈，会意字，繁体写作岡，"岡"本义山脊。岗，山脊，山岗，很多处"冈""岗"混同。但"井冈山"不要写作"井岗山"。清朝初年，有位姓蓝名子希的人，为避战乱，迁徙到井冈山五指峰下一块小平地安家立寨。由于这里四面环山，地形好像一口井，村前有一条小溪流过，客籍人称溪为江，遂名此地为井江。因村庄依山向江建造，这村子也就叫作井江山村。后因客籍人口音"江"与"岗"谐音，又把这个村子称为井岗山村。而后又有黄氏迁居此地，居住了一段时间后，觉得村子不是建造在山头上，而是建在山脚下，就把井岗山村的"岗"字去掉了"山"字，称作井冈山村。于是便有了井冈山这个地名，五指峰也就被称为井冈山主峰。

同，会意字，从甲骨文和金文以及小篆"同"的字形来看，都是四只手抬起一好似担架之物，寓意通过口令、号声协调一致、共同前行。劳动是上古人类最基本的生活现实，诗歌便从这里生发。最初萌芽形态的诗歌应当就是劳动歌。《淮南子·道应训》讲："今夫举大木者，前呼邪许，后亦应之，此举重劝力之歌也。"这里说的"邪许"是劳动号子，是伴着劳动节奏而生发出来的歌呼，"最原始的歌唱中的歌词常常仅是同一呼声或同一言词的重复"（柯斯文：《原始文化史纲》）。同一个曲调，相同的节奏，决定了劳动的协同一致，这样才能"举大木"。

大同市，古称云中、平城、云州。唐玄宗天宝元年（742年），改云州为云中郡。唐肃宗乾元元年（758年），改云中郡为云州。唐武宗会昌三年（843年），以云、蔚诸州为大同道，罢属河东，置都团练使，治云州。咸通十年（869年），置大同军节度。唐朝改"云中"为"大同"，寄托了历代统治者的政治愿望。关于"大同"，早在春秋时期，《礼记》给了明确的诠释："大道之行也，天下为公，选贤与能，讲信修睦。故人不独亲其亲，不独子其子，使老有所终，壮有所用，幼有所长，鳏寡孤独废疾者，皆有所养。男有分，女有归。货恶其弃于地也，不必藏于己；力恶其不出于身也，不必为己。是故谋闭而不兴，盗窃乱贼而不作，故外户而不闭，是谓大同。"用今天的话来说，就是：①人人都能受到全社会的关爱。"不独亲其亲，不独子其子"，每个人都能推己及人，把奉养父母、抚育儿女的心意扩大到其他人身上，使全社会亲如一家。"老有所终，壮有所用，幼有所长"，对各种年龄段的人群都要做出合适的安排。对"鳏寡孤独废疾者"这五种人要实行生活保障，更充分地体现了全社会的关爱。②人人都能安居乐业。"有分"，就是有稳定的职业，能安心地工作；"有归"，就是男女婚配及时，有和乐的家庭。古代男耕女织，妇女在家也要从事蚕桑，这样才能丰衣足食。以上两个方面主要是就物质生活说的。③货尽其用，人尽其力。"货恶其弃于地也，不必藏于己"，这是说人们珍惜劳动产品，但毫无自私自利之心，不会将它据为己有；"力恶其不出于身也，不必为己"，人们在共同劳动中以不出力或少出力为耻，都能尽全力地工作，却没有"多得"的念头。这主要是就人们的思想观念说的，因为只有树公心、去私心，才能达到货尽其用、人尽其力的境界。

可见，"大同"这个政治理想的具体内涵是：平等、互爱、互助、协同、团结、无私。大同社会，是中国古代的乌托邦。

网，象形字，"网"中"冂"好似用树枝搭起的门框子，网内交叉笔画就是人们编织的网状物。"网"，捕鸟兽的叫"网"，捕鱼的叫"罟"（gǔ）。笼统地说，两字没有不同。本义：捕鱼鳖鸟兽的工具。两千多年前，孟子曾说过："数罟不入池，鱼鳖不可胜食也。"（《孟子·梁惠王上》）意思是，不要用细密的渔网在池塘里捕捞小鱼，这样才会有更多的鱼。孟子早在战国时代就提出了生态保护、可持续发展的理念，难能可贵。网，甲骨文到秦汉的简书都是一个象形字（也是一个独体字）；秦汉时人们又创造了"綱"这个形声字，意思相同。今天简化后的"网"恢复了早期汉字的形象的特点。与"网"并称的"罗"就不是这样了。

甩，近代新造字。楷书甩从用，将中间一竖右弯，表抛出。早期白话也写作摔。

"周"是"雕"的本字。甲骨文"周"字形像钟体上雕满乳突形，表示雕刻细密。金文"周"在甲骨文"周"的下面加义符"口"，这是因为青铜时代把法律和命令发布在钟体上，不易消失、湮灭。周，由"雕刻细密"引申指完备，如周全、周密、周到等。还用作朝代名称，姓。历史上的"周"原本是一个部落的名字，在今陕西省宝鸡市扶风、岐山一带。三千多年以前，居住在豳（今陕西彬州市，旬邑县西南一带）的姬姓部落，由于经常受到戎狄的侵扰，在其首领古公亶父率领下，举族迁徙，"止于岐山下"，定居周原，建立了岐邑（邑，就是城），经古公亶父、季历、文王（姬昌）三代在这里励精图治，国力日强。姬姓是华夏族最古老的姓氏之一，显然产生于母系氏族社会时期。八百年后，东周灭亡，很多贵族依然以国名为姓，这就是周姓。很有意思的是，当初部落首领古公亶父应该把部落首领的王位传给大儿子泰伯——就是太伯，意思是老大（"太"，就是"大"，"太伯"就是"大伯"）。可是这个部落首领很喜欢他的孙子姬昌，用今天的话来说就是隔代亲，爷爷有把王位传给孙子的想法，这是不符合当时的"惯例"的。他的大儿子泰伯和二儿子仲雍（仲，老二）看出父亲的想法，借着上山采药给年迈的父亲治病的名义"离家出走"到了吴地——就是今天的江苏苏州、吴兴一带，在那里建立了国家，以地名为国名，称吴国。吴越争霸，吴王夫差的国家被卧薪尝胆的越王勾践灭掉，国民四散逃走，为了纪念故国，吴国贵族以"吴"为姓。又过了几百年，东周被秦国灭掉，东周的贵族以"周"为姓，实际上吴、周这两个姓来源于姬姓。这其中主要史实写在《诗经》《左传》《史记》里。

当年古公亶父把王位传给三儿子季历（季，老三，或者是"小"的意思），季历把王位传给儿子姬昌，姬昌和他的儿子姬发趁商王朝（殷商）和东夷部落（后羿的部落）打仗的机会，会合天下诸侯在孟津（盟津，盟，结盟；津，渡口）渡过黄河，灭掉都城在朝歌的殷商政权，建都镐京（今天西安），建立了周王朝。姬发死了，王位应该传给他的儿子姬诵，就是周成王，可是当时的周成王还是个小孩子，不能管理国家大事。周武王姬发小弟周公旦，就是姬叔旦（叔是排行，旦是名），是姬昌的第四个儿子，采邑（生活来源地）在周，封地在曲阜。周公旦的儿子伯禽是鲁国的第一代国君。周武王另外一个弟弟召公奭（姬奭，采邑在召，也叫邵，在今陕西岐山西南；

封地在蓟，就是今北京一带。姬奭因此被称为召公，他的儿子姬克管理着封地，就是后来的燕国），和周公旦一起暂时代为管理周成王的天下，这就是周召共和。尽管周公、召公没有占有周成王天下的意思，但是他们的兄弟管叔（姓母亲太姒的姓，名鲜，周武王、周公、召公的同母弟弟，封地在今天郑州市的管城区）、蔡叔（姬处，周武王的另一个弟弟，蔡国的第一代国王）和霍叔（周文王姬昌与太姒所生第八子，霍国国王。霍国在今天山西霍州一带）认为周公、召公要占有周成王的天下，就联合起来准备叛乱。周武王的这三个弟弟当时主要负责监督商纣王帝辛的儿子武庚，称为"三监"，武庚趁机挑唆"三监"，发动了叛乱。周公东征，平定了叛乱，杀死了管叔鲜，灭掉了管国；流放了蔡叔，由蔡叔的儿子管理蔡国；杀掉了霍叔，灭掉了霍国。周公后来把天下交给了成年的周成王，表现出少有的高风亮节。因为周公是鲁国的始祖，所以被孔子称赞，被后世奉为儒家的代表人物。远古的《尚书》记载了他的政治品格和丰功伟绩。

厶部字

厶（sī），表意字。小篆用向内环绕的字形表示"以自我为中心"，隶书及以下定为"厶"，本义为"自私，利己的"，后作"私"。作为部首，因像三角形，称三角。用作"私"字的偏旁，故又称私字边。常见的私字旁字如么、云、允、台、县、矣、参等。

大家知道"公"的意思就是大公无私、公而忘私。"公"上的"八"就是"相反""背离"的意思。《将相和》中讲到蔺相如在外交上为赵国立下了大功，赵王封官"位在廉颇之上"。一个文臣竟然比战场上与秦国奋力厮杀的大将廉颇的官位还要高，廉颇心里不平衡了，传出话声称一旦见到蔺相如一定当面侮辱他。可是蔺相如总是避开廉颇，别人问他是不是怕廉颇，蔺相如解释道："强秦之所以不敢加兵于赵者，徒以吾两人在也。今两虎共斗，其势不俱生。吾所以为此者，以先国家之急而后私仇也。"这就是大公无私的蔺相如，他让气度较小的廉颇羞愧万分，主动上门负荆请罪。公私分明，公和私就是截然相反的两种处事方式。从原始社会到奴隶社会，就是从公有向私有的转变。"私"字的本来意思是禾苗、庄稼，后来转化成"私有的"，不能被别人夺取的，甚至是不能让别人看见的"隐私"。今天，大数据支持下的购物、广告平台，无时无刻不在窥伺你的隐私。"私语"就是别人不在场的情况下说悄悄话，例如《长恨歌》里叙述安史之乱后返京（长安）的唐玄宗思念贵妃杨玉环，思念之切以致生活中处处可见杨贵妃的影子。这时有"临邛道士鸿都客"，一些用方术骗人的道士适时而来，自称"能以精诚致魂魄"，当然太上皇就要付给一笔不菲的酬劳了。这伙骗子拿到酬劳后，到山东半岛的周边，接近"瀛洲"（传说中的海上仙山，实际上是海市蜃楼）游山玩水逛了一大圈，回到长安编造了杨贵妃没有死，而是到了海上仙山成了女神。为了证实自己的谎话是真实的，骗子们说出了玄宗和贵妃的隐私："七月七日长生殿，夜半无人私语时。在天愿作比翼鸟，在地愿为连理枝。"太上皇唐玄宗一听，深信爱妃向道士们透露了自己和爱妃在长生殿里的誓言，于是"天长日久有时尽，此恨绵绵无绝期"。唐玄宗当皇帝的后期，整天沉溺于他和杨贵妃的私情中，把国家大事交给口蜜腹剑的李林甫，以及杨贵妃的堂兄弟杨国忠等奸臣手里；边防则交给地方节度使，包括安禄山这样的"豺狼"手里，招致了安史之乱和后来的藩镇割据，国家由盛到衰，颓势再也无法挽回。这是"因私废公"。

"么""幺"在甲骨文中是同一个字，是蚕丝的简化，蚕丝是细小的，"幺"就是"小"的意思。巴蜀一带称美女为

"幺妹"，除了拉近和美女的关系外，还暗含美女芳龄二八，正值青春年少。至于被称为"幺妹"的女子的年龄到底多大，那就不必深究了。

么、云、允、台、县、矣、参等字的"厶"都是其他字形讹变而来的，与"私"无关。

常见汉字的前世今生

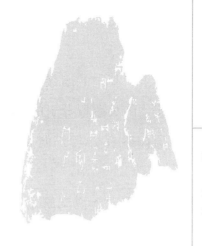

廴部字

　　廴（yǐn），表意字。小篆从彳，末笔延长，表示长行，即连续行走或行途绵长，隶定（隶书定形）为"廴"，本义为远行。作为部首，称建之旁，因"建"是部中常用字，又与"之"字形相近，故名。

　　常见廴部字有廷、延、建等。

　　建，会意字。从廴，有引长的意思，从聿（意为律，用笔写下来的）。本义：立朝律。立下规章制度成立一个邦国，这样的本义后来成"建立"一切（特别是建筑物）的意思。我们常说的"封建"一词，实际上是"建封"：设置爵位，分封诸侯。后来，这些诸侯的食邑（封地，收入所在地）成了国中之国的诸侯国。周天子在灭掉殷商后，把国家的土地分封给自己的亲属和有功之臣。春秋战国时代的诸侯国都是周天子分封的。秦末农民大起义灭掉秦王朝后，项羽自封为"西楚"的楚王——楚国国王。后来他又建都彭城（在今天的徐州）。他分封刘邦为"汉王"，汉王的封地在秦岭以南的汉中一带。刘邦打败项羽夺取政权后，仍然叫"汉王"，也先后分封了许多诸侯王，其中的诸侯王在汉文帝时发动了"七国之乱"，从那时起，中央政权分封的诸侯国的相对独立地位被削弱。以后历朝历代还有分封，但是诸侯国很少对中央政府的权威构成威胁了。

延，《说文解字》："延，长行也。按，字亦作'誕'。""彡"为"彳"，即街衢之类的大道，"延"的"彡"内部分为"止"，就是脚。"延"是个会意字，会"走很长的路"的意思。后来引申为"延长"。古代因为修路的物力条件限制，路不可能像今天的高速公路一样一直是直的，大部分路是曲折蜿蜒的。"蜿蜒"一词指路斗折（斗，dǒu，北斗七星，斗折，以北斗七星形状排列）蛇行、绵延悠长。"延"还有"延请、邀请"的意思。古代贵族家庭重视教育，"延师"专门教育子弟。"（余人）各复延至其家，皆出酒食"，桃花源里的人淳朴好客，把因打鱼而闯入桃花源的人请到家里，好酒好菜招待。

鲁迅是中国现代文学的奠基人，原来的中学语文教科书选文最多的作者是鲁迅。鲁迅的文学作品被一些"纯艺术者"贬低为"只有薄薄的三本短篇小说"。这是因为在中国这个封建思想非常"厚重"的国度里，反封建是民族发展、文明进步的第一要务。鲁迅的小说、杂文因其内容主题的"忧愤深广"，具有强烈的批判性和深刻的思想性而独占鳌头。鲁迅文学作品中有自我认识、自我解剖的思想；鲁迅不仅是一个文学家，而且是一个思想家，他的文学作品不仅仅艺术价值极高，而且有深厚的思想价值。请看他的杂文《灯下漫笔》的片段：

所谓中国的文明者，其实不过是安排给阔人享用的人肉的筵宴。所谓中国者，其实不过是安排这人肉的筵宴的厨房。不知道而赞颂者是可恕的，否则，此辈当得永远的诅咒！

这文明，不但使外国人陶醉，也早使中国一切人们无不陶醉而且至于含笑。因为古代传来而至今还在的许多差别，使人们各各分离，遂不能再感到别人的痛苦；并且因为自己各有奴使别人，吃掉别人的希望，便也就忘却自己同有被奴使被吃掉的将来。于是大小无数的人肉的筵宴，即从有文明以来一直排到现在，人们就在这会场中吃人，被吃，以凶人的愚妄的欢呼，将悲惨的弱者的呼号遮掩，更不消说女人和小儿。

这人肉的筵宴现在还排着，有许多人还想一直排下去。扫荡这些食人者，掀掉这筵席，毁坏这厨房，则是现在的青年的使命！

这些似乎过了头的批判性文章，包含了他对中国历史的高度概括和精准总结。这段文字中把《狂人日记》等小说的思想概括为"扫荡这些食人者，掀掉这筵席，毁坏这厨房，则是现在的青年的使命！"

在这里，鲁迅用了"人肉筵宴"这样一个词，到底是"宴席"还是"筵席"？"筵"和"宴"有什么区别和相同之处？筵，形声字，上形"竹"下声"延"，筵是古时铺在地上供人坐的垫底的竹席。古人席地而坐（直接坐在地上），设席不止一层。紧靠地面的一层称"筵"，筵上面的称"席"。"筵席"

相当于今天出游者的野餐。席子是竹篾或芦苇、草编制而成的。天子诸侯的席有刺绣镶边，"席"故从巾。席用来招待广大宾客，故从"庶"（庶，众多，这里省略了"灬"）。《周礼·司几筵》的疏："初在地者一重，谓之筵。重在上者，即谓之席。"可见"筵"是隔开地面的，"席"是摆放食品的。后来席子上了床，也铺在地上供坐卧，反映了用"筵席"招待宾客时条件的简陋。到了"宴"时，大餐就在房子里进行了。"宴"是形声字，从宀（mián），妟（yàn）声。"宀"表示房屋，"妟"是"安"的意思，也有表意作用。宴，本义：请人吃饭喝酒，聚会在一起喝酒吃饭。

朝廷，原来指皇帝接见大臣、办公议事的地方，后来引申为这个统治集团。廷，形声字。从廴，壬（tíng）声。廴，即"彳"，走路，行动。朝廷是大臣和皇帝处理政务的地方。战国时，弱于"虎狼之国"秦国的赵国，明知道秦国用十五城换取赵国的和氏璧的外交辞令是骗局，但是畏惧强大的秦国，还是派大臣蔺相如带上和氏璧到了秦国。蔺相如用计揭穿了秦王的骗局后，对秦王说："和氏璧，天下所共传宝也，赵王恐，不敢不献。赵王送璧时斋戒五日。今大王亦宜斋戒五日，设九宾于廷，臣乃敢上璧。秦王度之，终不可强夺，遂许斋王日，舍相如广成传舍。""设九宾于廷"，这里的"九宾"，应该是在秦国的各个诸侯国的外交人员。蔺相如这样，让秦王用十五城换取和氏璧这个事得到了各国使节的公证。廷，无疑是大庭广众，除了"地点"，还有"人员"。所以，庭，地点；廷，地点+人员。

古代在"京"（都城）的官员，往往在朝廷定期举行"朝会"，古代称臣见君为朝、朝拜，君见臣为会，合称朝会。朝会，不是在朝（朝，多音多义字，这里读 zhāo，早上）举行的会见。

干部字

干（gān），象形字。甲骨文、金文、小篆象有丫杈的木棒形，有的在丫杈的两端或中间绑上石头，隶定为"干"，本义为上古先民的原始猎具或武器，绑上石头，增加了打击力量。引申为盾牌（古代用来挡刀箭护卫身体的兵器）、触犯、干涉、牵连等，假借为天干（甲、乙、丙、丁、戊、己、庚、辛、壬、癸的总称，古代用作表示次序的符号）。

干部字有刊、邗等。

"干"读 gān 时又是"乾"（gān，用于乾燥、乾净、喝乾等）的简化字，读 gàn 时又是"榦"（gàn，用于树榦、榦线、榦部等）的正体字。

简单总结如下：①干，读 gān，武器。②假借作"天干"。③"乾"的简化字。④"榦"的正体字。其中①②的"干"为象形字。

所谓"正体字"，就是相对于"异体字"而言，是"正规的字体"。在几千年发展演变的过程中，某些汉字出现了不同的写法，为了汉语的规范，国家语言文字委员会规定了这些汉字的正规写法。也就是说"榦"（读 gàn）是异体字，过去也有人这样写；"干"（读 gàn）是规范的写法。鲁迅先生讽刺科举考试制度下呻吟的孔乙己的学问，如"回字的四种写法"，除了写作"回"外，其他三种都是异体字。再如有人把"耳闻目睹"的"睹"写作"覩"，"覩"这个写法在古籍中很常见。有人把"山峰"的"峰"写作"峯"，"够"写作"夠"，"并"写作"並""竝"，"村"写作"邨"，"群"写作"羣"，等等，这里不一一举例。"眼泪"的"泪"，是个会意字，而"涙"（"泪"的异体字）是个形声字。现在出版的古籍中，还有大量的异体字，我们不需要像孔乙己一样去钻研它，如果深入学习古汉语、搞古籍整理，需要了解相关知识。

提到东晋大诗人陶渊明，马上让人联想起他笔下"世外桃源"的美好，"采菊东篱下，悠然见南山"的超然。事实上陶渊明正如鲁迅所说的，并非浑身"静穆"，也还有"精卫衔微木，将以填沧海。刑天舞干戚，猛志固常在"（《读山海经·其十》）之类的"金刚怒目"式的作品。陶渊明的作品里充满的是对当时黑暗动荡的社会现实的抨击。精卫填海，复仇东海；刑天被砍了头，仍挥舞着盾和斧，勇猛的斗志一直常在不衰。刑天：古代神话人物。据《山海经·海外西经》，刑天与天帝争斗，天帝砍掉了他的头（这就是"刑天"这个名字的由来），刑天乃以乳为目，以脐为口，挥舞着盾和斧。干戚，盾牌和大斧。在这里"干"又从进攻用的武器发展为防御性的武器——盾。戚，大斧。刑天为炎帝近臣，自炎帝被黄帝败于阪泉，刑天一直伴随左右，居于南方。据可靠的历史资料，黄帝是一个神人，而炎帝是很多代南方的帝王（部落酋长）的统称，也就是说有很多代炎帝，其中就有蚩尤。刑天不甘心失败，他一人手执利斧和盾牌，直杀上中央天帝的宫门之前。黄帝亲自披挂出战，双方杀得天昏地暗。刑天终于不敌，被黄帝斩下了头颅。黄帝把他的头颅埋在常羊山里。没了头颅的刑天却突然再次站起，把胸前的两个乳头当作一双眼睛，把肚脐当作嘴巴，左手握盾，右手持斧，向着天空猛劈狠砍，战斗不止。刑天身上有的是"固常在"的"猛志"，不服输，不屈服，这就是陶渊明所称颂的精神。这种精神恰恰是中华民族最宝贵的精神财富。南宋末年的三杰——文天祥、陆秀夫、张世杰，即使失败了也不屈服。1275 年，元朝兵马进攻宋朝，陆秀夫任职的军队——南宋李庭芝部分崩离析，幕僚（参谋人员）纷纷辞职，唯独陆秀夫与李庭芝誓死抗敌，而后陆秀夫被推荐给朝廷，官至礼部侍郎。1278 年初，南宋益王赵昰死，群臣多欲散去，陆秀夫勉励群臣，再立 8 岁的卫王赵昺为帝，改元祥兴，任左丞相，与张世杰同执朝政。1279 年，元张弘范攻崖山，宋军大败。陆秀夫自知复国无望，遂驱妻子入海，自负帝昺投海死。崖山之战的另外一位指挥者张世杰在崖山战败后，凭着残兵败将继续抗元，不久战死。早在一年前文天祥在崖山东边的珠江口伶仃洋上被元军俘虏，元军头目要他劝降张世杰、陆秀夫支撑的南宋小朝廷，他用《过零丁洋》这首千古名作回答了元朝统治者：

辛苦遭逢起一经，干戈寥落四周星。

山河破碎风飘絮，身世浮沉雨打萍。

惶恐滩头说惶恐，零丁洋里叹零丁。

人生自古谁无死？留取丹心照汗青。

因为自小立下报效国家的志向，一介儒生的文天祥读书应试，到日薄西山的南宋朝廷里当官。随后的"辛苦"都因"一经"——那份考试卷而引起。作为文臣的文天祥坚持抗元，到被俘虏时已经四年了，其间多少大臣、武将纷纷投降，而他宁死不屈。"干戈"，在这里用武器代指战争。干为防御武器，戈为进攻武器，均为古代兵器，因此后以"干戈"用作兵器的通称。后来引申为战争。干和戈是古代常用武器，"干"指盾牌，上古时期、秦称"盾"，山东六国（齐、楚、燕、赵、魏、韩）称"干"。"戈"指进攻的类似矛的武器。

"干"由武器发展为使用武器触犯对方、冒犯对方，今天说"与你何干"，就是我做的事冒犯你什么了！冒犯，很多是冲撞，冲。豪气干云，就是豪气直冲云霄。杜甫《兵车行》里有"哭声直上干云霄"句，写了被拉壮丁上战场的家庭的哀痛、绝望，"干"就是"冲上"。"干"由"冒犯"又引申为干涉、干预，强力介入别人的利益中。之所以"干"，绝大部分是有所图的，"干"又引申为"求取利益"。马中锡《中山狼传》中，介绍迂腐的东郭先生："时墨者东郭先生将北适中山以干仕"，墨家的信徒东郭先生将要往北到中山过去求取一官半职。"干"，求取。

"干"原义是武器，武器有数量，拿着武器的人数目的多少直接决定战斗的胜负。所以往往说"那一干人"，那一干人就是有攻击性的一群人。"干"在这里又变成了量词。

《国风·魏风·伐檀》中有"坎坎伐檀兮，置之河之干兮"句，河之干，就是河岸上。这里的"干"是假借字（字义与本义无关）。同样，"天干"中的"干"也是个假借字。天干地支说，源于中国古代对天象的观测。最初天干日有十天，称为"天干日"，还有十二天"地支日"。简化后的天干地支："甲、乙、丙、丁、戊、己、庚、辛、壬、癸"称为十天干，"子、丑、寅、卯、辰、巳、午、未、申、酉、戌、亥"称为十二地支。十天干和十二地支依次相配，组成六十个基本单位，两者按固定的顺序相互配合，组成了干支纪元法。天干地支的发明影响深远，至今依旧在使用天干地支，用于历法、术数、计算、命名等各方面。天干地支与阴阳五行学说相通，构成了中国古代复杂的哲学体系中的重要部分。

写作"乾"的字，在没有简化前是两个字，其中一个就是"乾坤"的"乾"（qián）。乾坤，为道教文化术语，一指《周易》的乾卦和坤卦；二指天地；三指日月；四指阴阳，刚柔；五指国家，江山，天下；六指局势，大局。清朝皇帝爱新觉罗·弘历死后，庙号"高宗"，清高宗在位时一直使用的年号为"乾隆"，寓意"天道昌隆"。另一个"乾"读gān，就是"乾净""乾燥"，这两个词今天简化后写作"干净""干燥"。

毫无疑问，这里的"乾"与"乾坤""乾隆"的"乾"意思毫无关系，仅仅是写法相同。三国时蜀汉后主刘禅的名字，往往被人错读为"liú chán"，正确的应该读作"liú shàn"。毫无疑问，古籍中没有汉语拼音注音，可是后人怎么断定读"liú shàn"呢？那是因为刘备的这个儿子正式取名以前，刘备还认了一个"义子"，取名"刘封"。可见当时的刘备立下宏图大志，总有一天恢复汉家天下，自己到泰山上去封禅。佛教有一个支系叫"禅（chán）宗"，是一个大的宗派，这是佛教在中国广泛传播之后形成的。"封禅"的"禅"和"曲径通幽处，禅房花木深"的"禅"，是两个字，仅仅是写法相同。"乾净""乾燥"简化为"干净""干燥"，和"乾坤""乾隆"彻底撇清了关系。我们由此知道"干净""干燥"中的"干"，繁体为"乾"，和"化干戈为玉帛"的"干"没有意义上的关联。

"干"读作 gàn，组成"树干""主干""干部"等词语，这其中最难理解的是"干部"这个词，因为它是一个外来词，一般指国家机关、军队、人民团体中的公职人员，担任一定的领导工作或管理工作的人员。"干部"一词来自日语，本是日语中的一个汉字词，字面意思是"骨干部分"。日语的"干部"一词是日本人根据法语"cadre"一词意译成的。法语"cadre"一词的本义是"骨骼"，引申指在军队、国家机关和公共团体中起骨干作用的人员。孙中山等革命者曾经流亡日本，在他们的著作中引入了"干部"一词，这对于汉语来说是"二手进口"的音译结合的译词（翻译中有音译，如"沙发"，也有意译，还有音译结合的译法）。孙中山等革命者的引入，使得"干部"这一带有革命性的词语迅速流行开来。在此之前的封建时期，公职人员有"公人""老爷"等称呼。"干部"这个词迁徙的历史分明后，理解起来就不应该像理解"主干"一样去拆分。这和不能拆分"沙发"一词一样。

"干"也作音符构成形声字，如肝、竿、赶、杆、秆、馯、罕、汗、旱、奸、轩、岸、刊、邗。这些字中的"干"，仅仅表示读音。"刊"字是中国古代雕版印刷的遗存。中国古代的印刷术，极大地促进了书籍的推广、文明的传播，在中华文明史上功不可没。雕版印刷的"版"就是"板"，今天的"出版"不写作"出板"，是指板材上已经雕刻了文字，不容易改动。今天仍然有很多人在雕刻，如印章，就是雕版印刷。显然，雕刻的印章不容易被伪造，"刊发"后具有防伪性。"刊发"的意思是公开出版并在社会上发行（当作商品，具有知识产权）。

邗（hán），中国古代的一个国家，在今天的江苏扬州一带，春秋时吴国北扩，灭掉了这个古国，"邗"就成了一个地名。中国古代的"超级工程"京杭大运河，就是在吴国的运河——邗沟的基础上发展而来的，邗沟是春秋时吴王夫差为争霸中原，引江水入淮以通粮道而开凿的古运河，也称邗水、邗江、邗溟沟等。就像万里长城不是一天修筑成一样，大运河也不是一个朝代挖掘而成。站在今天的角度去看万里长城，那是"超级工程"中的国防工程；而大运河，则是"超级运输工程"。

春秋时吴国都城在"吴"——今天的江苏苏州一带。楚国大臣伍子胥的父亲、兄长都被昏聩的楚平王杀掉，伍子胥逃至与楚国争霸的吴国，投靠公子光（姬光）门下，策划刺杀吴王僚，后公子光当上了吴王——吴王阖闾。公元前514年，伍子胥官至吴太宰，掌握了吴国的军事大权。为了解决江南水乡的陆上运输困难，公元前506年，伍子胥与孙武等人在柏举（地名）击败楚军主力，长驱攻入楚都郢。因为楚国在吴国的西边，吴王阖闾伐楚时，伍子胥建议开挖一条运河运输粮食，东通太湖，西入长江。吴王接受此议，并任命伍子胥负责此事。开挖的运河叫"胥溪"——以伍子胥的名字命名。伐楚战争胜利后，为了与北方霸主争霸中原，吴国又开掘了邗沟。公元前496年，吴王阖闾病亡，夫差继位。夫差联合鲁国，在鲁国北方的艾陵大败强大的齐国。艾陵之战，邗沟的运输给吴国军队提供了强有力的后勤保障。关于春秋五霸第一种说法是指齐桓公、宋襄公、晋文公、秦穆公和楚庄王，此说见之于《白虎通·号篇》。第二种说法是齐桓公、晋文公、楚庄王、吴王阖闾、越王勾践，此说见之于王褒的《四子讲德论》。从大运河开凿历史来看，第二种说法是有实证的。而殷商在周朝的遗存宋国（在今天商丘一带），是国小力弱的，昏聩的宋襄公不可能成为霸主。秦始皇统一六国后，为了苏杭一带的陆路运输，在胥溪的基础上开挖了江南河。受吴国运河的启发，开挖了沟通岭南的灵渠。隋朝隋炀帝时大幅度扩修"运粮河"，并贯通至都城洛阳且连涿郡（今天的北京一带），隋重新疏浚秦朝时的江南一段运河，定名江南河，北起京口（今江苏镇江市），东南经丹徒、丹阳、常州、无锡、苏州，绕太湖之东，直达余杭（今浙江杭州市）。元朝疏浚大运河时，弃洛阳而取直至大都（在今北京）。这就是京杭大运河。从邗沟的开挖算起，大运河的开凿到现在已有2500多年的历史。今天，大运河在江苏、浙江段，包括古老的邗沟，还发挥着水运的作用，扬州以北，经过淮安到通州的大运河，成了南水北调一期工程的重要一段，以至于南水北调的二期工程——中线工程，从丹江口水库引水到京津一带，被沿线的居民称为"运河"。

邗，这个古老的国家，因为大运河而没有湮灭在历史长河中。

工部字

　　工（gōng），象形字。甲骨文、金文、小篆象曲尺形，即古代画直角或方形的工具，隶定为"工"，本义：曲尺等工具，引申为工匠。

　　部中的字有的跟做工有关系，如"功（用力做工）、巧（做工的技能）"。

　　常见的工部字有巧、功、左、巩、攻、贡、汞、巫、项等。

　　汞，一种金属元素，是唯一的液态金属，呈银白色，俗称"水银"。尽管古代中国对水银的金属属性没有认识，但是残暴的统治者很早就会用水银杀人，在殉葬和刑罚中多次采用这一手段。

　　巧，形声字。从工，丂（kǎo）声。"巧"字的"工"有精密、灵巧义。本义：技艺高明、精巧。今天我们常用这一本义，如：能工巧匠。明末魏学洢《核舟记》选入中学语文教科书，第一句："明有奇巧人曰王叔远。"通读全文，发现在一个小小的桃核上，王叔远给人们刻画了苏东坡、黄鲁直等人游赤壁，写下千古名篇《前赤壁赋》的优美意境，可见王叔远的"巧"。如此雕塑，放在今天，借着高倍显微镜，读者一定能看到《前赤壁赋》的创作情景。王叔远的雕刻技艺，巧夺天工，空前绝后。

很荒唐的是，中国古代一向看不中王叔远这类人的艺术，而把这类艺术创造看作"奇技淫巧"。奇技淫巧，指过于奇巧的技艺或器物。含贬义。正因如此，被视作"正史"的"二十四史"里没有留下王叔远的名字。闻名世界的赵州桥的设计建造者李春，是世界建筑史上第一位桥梁专家。关于李春的记载，历史上几乎无法找到。今天我们知道赵州桥是李春这样一位能工巧匠建造的，是唐中书令张嘉贞著《安济桥铭》中的一句话："赵州洨河石桥，隋匠李春之迹也，制造奇特，人不知其所为。"中国古代的大师级工匠，留在人们记忆里的还有个鲁班，但留在典籍里的，也有他为残暴的楚王制造攻城略地的云梯的记录。

巧，一个美好的字眼，在汉字典籍中并非全部是褒义。如上文说的"奇技淫巧"，还有"花言巧语""巧言如簧"等。巧言如簧，形容花言巧语、能说会道，出自《诗经·小雅·巧言》："巧言如簧，颜之厚矣。"用今天的话来说就是：你说的比唱的好听，可见你脸皮是多么厚！孔子是春秋末期的大思想家、大教育家，是中华民族的文化圣人，是中国历史上的文化高峰，即使如他，也对"巧"充满偏见。《论语》是他的"授课本"，清楚地记载了他的话。他有一天对学生们说："巧言令色，鲜矣仁。"在这句话中"令"就是"美好"的意思。整句话的意思是："花言巧语，（伪装出）一副和善的面孔，这种人很少是仁德的。"在孔子看来，那些"巧言令色"之人，善于察言观色，见机行事，八面玲珑，讨人喜欢。这种行为带有一定的欺骗性，多半是小人未达到不可告人的目的而做出来的。作为智者，孔子对这种行为有着深刻的认识，所以提出了"巧言令色，鲜矣仁"的观点。笔者不否认孔子的观点，但是总在思考孔子说这句话的语言环境：刚刚碰到一个动机不纯的巧言令色者，使他的"仁道"宣讲失败了。这个人有权势，有影响力，对着声名鹊起的孔子保持了应有的尊重，但是没有倾听他的宣讲，更没有施行他的仁道。试着想一想，在春秋末期那个霸道盛行的时代，孔子讲的"仁道"是没有市场的，对一个个诸侯王讲仁道，就是对牛弹琴，甚至差于对牛弹琴。对牛弹琴是牛听不懂高雅的音乐，也是演奏者的迂腐、搞笑；孔子所面对的诸侯王是懂得仁道的，关键是内心深处不愿意施行仁道，当孔子千里迢迢找上门去宣讲"仁道"时，他们是不愿意听的。这样有人"巧言令色"打发了孔子，有人故意用美女妖艳的表演气走孔子，更有甚者让孔子吃了闭门羹，还有人讽刺、挖苦孔子。孔子周游列国的过程充满着失败和挫折，相比而言巧言令色的人还给足了孔子的面子。比起后几种人，巧言令色的接待，还要好些吧？那种对孔子恶语相加者、暴力驱赶者，有"仁"吗？无论怎么说，因为孔子在中国文化史上的地位，使得"巧言令色"被打上了浓厚的贬义。

工部字

当然，《诗经》诞生的春秋时期和后来的战国时期是百家争鸣的时期，关于一个事物的定性常常是截然相反的。关于"巧"，《诗经·魏风·硕人》这样写一个贵族少妇："手如柔荑，肤如凝脂，领如蝤蛴，齿如瓠犀，螓首蛾眉，巧笑倩兮，美目盼兮。"意思是：她的手像春荑好柔嫩，肤如凝脂多白润，颈似蝤蛴真优美，齿若瓠子最齐整。额角丰满眉细长，嫣然一笑动人心，秋波一转摄人魂。"巧笑倩兮，美目盼兮"就是"一笑倾人城，再笑倾人国"。在这则故事中，"巧"是美好的。前文说的"巧言如簧"的人，无一不是演说家，而不是满脸写满蛮横无理的粗俗之人。

"左"，与"右"相对。会意字。甲骨文"左"字形像手，上面代表手指，下面代表手臂，整个字代表人的左手。金文在象形字的基础上（下面）加上了"工"，成了一个会意字，意思是人手拿着木工的曲尺等工具。本义：左手。今天还在使用的成语"左右开弓"，本义是左右两只手都能够射箭。如果我们"咬文嚼字"，就能准确地解释这个成语里的"左右"就是指左右两只手，而不是向左、向右开弓。"左"由"左手"引申为"左边"，成语"左右逢源"出自《孟子·离娄上》：

君子深造之以道，欲其自得之也。自得之，则居之安；居之安，则资之深；资之深，则取之左右逢其原。故君子欲其自得之也。

这段话的意思是说：身为君子，按照一定的方式深造，为的是自己能真正有所得。真正有所得，知识就牢固了；知识牢固，积累得就越来越深厚；积累得越深厚，就像地下的泉水，掘到深处，到处都是取之不尽、用之不竭的水源，就能运用自如，左右逢源。因此，君子最在意的是自己是否真正得到了收获。孟子以此来告诫人们不要总是炫耀自己，切实获得知识才能获得真正的实力；功夫深，做起事来才能得心应手。

"左右逢源"本义是说学习的，真正能学得知识的人，能够温故知新、举一反三、融会贯通。孔子说"君子不器"，是说君子不能像器具那样，作用、才能仅仅限于某一方面，很多是活学活用的综合性人才。后来"左右逢源"这个词逐渐贬义化，好像混得顺风顺水的人都是工于心计、长袖善舞一样。这耐人深思。

"左""右"是面向南而言的。抗金英雄辛弃疾是"历下名士"（历下，今山东济南。古有"历下名士多"的盛传），家乡失陷后长期流落南方，"醉里挑灯看剑，梦回吹角连营"，报国无门。他在《满江红·倦客新丰》里宣称："不念英雄江左老，用之可以尊中国。"意思是：不要顾虑江南英雄年纪大了，任用他照样可以打败敌人，使其向中国称臣。江左，就是江南，也就是"如今思项羽，不肯过江东"的"江东"。这里的"江"是指长江。唐代诗人说："江东子弟多才俊，卷土重来未可知。""多才俊"的"江东"，就是南宋退守的长江南岸的苏杭。江东，是指长江从芜湖到南京这一段微偏向东北流，南京一带就成了"江东"，如果面向江的上游，南京一带就是"江左"。辛弃疾所说的英雄，是勇敢地对抗北方曹操的孙仲谋一类人。辛弃疾登上北固山的北固楼，慨叹道："千古江山，英雄无觅孙仲谋处。"是的，面对着金国如狼似虎的军队，南宋小朝廷只记得望风而逃，哪里有孙仲谋这样的英雄呢？有道是：英雄怀英雄，惺惺惜惺惺。辛弃疾本人，写《满江红·倦客新丰》时就是"尚能饭"的廉颇，也像陆游一样"僵卧孤村不自哀，尚思为国戍轮台"。

马中锡《中山狼传》中说，东郭先生面对跃马挺枪，左右开弓追杀野狼的赵简子，"引避道左，以待赵人之过"，意思是退避到道路的侧旁，好让赵简子和他带领的打狼队伍过去。古人尚右，尊崇右边。蔺相如陪着赵惠文王出席了渑池会，面对着强敌秦国，蔺相如有勇有谋，针锋相对，挫败虎狼一样的秦国，维护了赵王的尊严。回到赵国后，赵惠文王以为蔺相如立了大功，"拜为上卿，位在廉颇之右"，也就是说官位比大将廉颇的还要高。古人总是自称自己是正宗嫡传，贬斥"旁门左道"，旁门左道，不是正道。《礼记·王制》："执左道以乱政，杀。"意思是以旁门邪道扰乱政令的人，要处以死刑。"左"在这里引申为"邪""偏""错误的"。在封建君主专制的淫威下，连被皇帝贬斥也要"谢主隆恩"，不敢说自己遭受独裁的昏君强加的不公正的待遇。唐宪宗沉迷于佛事，以最隆重的礼仪来"迎佛骨"，大臣韩愈上表劝谏，结果是被昏聩的皇帝贬官至几千里之外的潮州。韩愈在被贬斥的路上写下了著名的言志诗《左迁至蓝关示侄孙湘》：

> 一封朝奏九重天，夕贬潮州路八千。
>
> 欲为圣明除弊事，肯将衰朽惜残年！
>
> 云横秦岭家何在？雪拥蓝关马不前。
>
> 知汝远来应有意，好收吾骨瘴江边。

贬官了，流放了，还要说自己升迁了，不过是"左迁"！另外一大诗人白居易触怒了皇帝，被贬官流放到"江州"当了"司马"，他在《琵琶行（并序）》里写道："元和十年，予左迁九江郡司马。"这样的文字游戏，掩盖的是被贬斥的无奈。

"左"的本义是"手拿着曲尺等工具"，那一定对"完工"有帮助。于是"左"有了褒义："辅助""帮助"。这个褒义后来变成了"佐"，当然，"右"也有褒义"佑"。古人常说一个人"有王佐之才"，就是能够帮助"王"治国平天下。"左"是"辅助""帮助"别人，大功告成之日，功还是要归于被辅佐的人，而提供帮助的人，功劳就被淡化了，甚至只是一个"佐证"。有的人靠着自己的努力完成了一件"大功"，还要归功于"上天保佑"。

法国大革命初期，1789 年 5 月，国王召开三级会议，贵族与僧侣坐在右边，第三等级代表坐在左边。其后，国民会议召开时，主张民主、自由的激进派坐在左边，保皇派、保守派坐在右边，无形中形成左右两派。19 世纪，欧洲国家的议会也以议长座椅为界，分左右两派就座。后左派、右派即逐渐成为政党派别政治上激进或保守的代名词。西方的政治文化传入中国后，中国的政党中也有了"左派""右派"之分。

任何人都生活在他特有的生活环境中，都有从众心理。所谓"从众心理"，就是"跟着好人学好人，跟着巫婆跳大神"，近朱者赤，近墨者黑，孟母三迁，为的就是孩子有一个好的受教育的环境。"巫"，象形字。甲骨文字形像古代女巫所用的道具。小篆象女巫甩两袖舞形。本义：古代称能以舞降神的人。《说文解字》说："巫，祝也。女能事无形，以舞降神者也。象人两褎（xiù，即'袖'）舞形。与工同意。古者巫咸初作巫。凡巫之属皆从巫。武扶切。"大意是：巫，就是巫祝。一般是能沟通、接待神祇，并能凭借歌舞使神祇降临的女子。像人两袖起舞的样子。与"工"字构形同义。古时候，巫咸初作巫术。大凡巫的部属都从巫。《说文解字》所说的"古者"，指的是夏商周三代及以前。"祝"字，甲骨文字形像个大头鬼，字符特别强调其头部很大，和身体不匀称，可见这是个象形字。到了篆书时，这部分简化成了"兄"，又在左旁加上"示"表示供桌，而那个大头鬼神职人员则跪在供桌前，嘴里念念有词，向神灵祷告祈福。巫咸，上古名医、商王太戊（第十代商王）辅佐。一作"巫戊"，卜辞上记作"咸戊"。看来，"工"在"巫"中表示"辅佐""辅助"。据说巫咸长于占星术，善用筮卜（用一种"神草"来占卜），是商王朝的神权统治的代表人物。（这一现象在西方中世纪很常见，即神职"国师")以巫祝之方法愈疾病,反映当时巫术与医道结合于一身的情况。《楚辞》记有"巫咸将夕降兮"。王逸注为"巫咸,古神巫也"。在古代,巫是一个崇高的职业。相传黄帝出战时,要请巫作筮,预测战争的胜负。据说巫峡之名便来源于巫师巫咸。关于巫咸其人,《史记·封禅书》载,殷太戊时有巫咸,除此诸如《庄子》《离骚》等书中都有巫咸,东晋郭璞《巫咸山赋》中注"巫咸以鸿术为帝尧医",此巫咸又成了唐尧时代人;有传说他是神农氏的使者,民间传说他是鼓的发明者;据说他是用筮(一种草)占卜的创始人;也有传说他测定过恒星,是个占星家,被视为中国最早的天文学家。

总之,"巫"是会施巫术的人的通称;或专指以装神弄鬼替人祈祷为职业的人。古代施术者女称巫,男称觋(xí)。《后汉书·皇后纪上·和帝阴皇后》:"有言后与朱共挟巫蛊道。"唐李贤注:"巫师为蛊,故曰巫蛊。"巴金小说《家》《春》《秋》(合称《激流三部曲》),多次写请巫师驱魔治病的情节。

在人类社会早期,人类对自然的强大力量抱有一种神秘感,巫就自然而然产生了。《史记·滑稽列传》记载了巫婆为河伯娶妇(把年轻女子沉入河中,谎称是为河神娶媳妇),以求取风调雨顺。这一伤害老百姓的举动,被地方官西门豹发现。西门豹命令把这些神职人员投进河中去请"河伯",自此魏国邺地的巫再也不为河伯娶妇了。

唐代韩愈《师说》中说,"巫医乐师百工之人,不耻相师",看来巫医这种职业还代代相传,具有严格的师承关系。

韩愈是个不信神鬼的"狂人",连皇帝"迎佛骨"都敢上表劝阻,却把"巫医"和"乐师""百工"并称。然后又说,"巫医乐师百工之人,君子不齿",尚且能互相学习。"巫医乐师百工之人",从逻辑上看,是一类人,没有官职,地位不高,既非农,也非商,"君子"瞧不上他们,这是这句话的第一层含义;第二层含义是,这类人都是"工",有技术专长,不过巫医、乐师是"百工"中突出的,应该另立门庭。可见,当时"巫医"这个职业还是有市场的。古籍证明,"医"是从"巫"中分化而来的。笔者理解为:巫用心理疗法,医用望闻问切的诊疗法,心理疾病和生理疾病是相通的。

唐代大诗人杜甫的《秋兴八首》是他晚年的重要作品。他称赞庾信:"庾信文章老更成,凌云健笔意纵横。"(《戏为六绝句》)就像前文提到辛弃疾称赞孙仲谋一样,是惺惺相惜。这句诗完全可以改成"老杜文章老更成,凌云健笔意纵横"。请看《秋兴八首·其一》:

玉露凋伤枫树林,巫山巫峡气萧森。

江间波浪兼天涌,塞上风云接地阴。

丛菊两开他日泪,孤舟一系故园心。

寒衣处处催刀尺,白帝城高急暮砧。

关于巫山巫峡,杜甫写了很多。其实早在战国时期,就有楚辞作品和神话传说写到巫山巫峡。巫峡是长江三峡中间的一段峡谷，上有瞿塘峡，下有西陵峡。巫峡的名字来自巫山。战国时屈原之后著名的辞赋作家宋玉在《高唐赋》里说，楚国先王在梦中和巫山神女幽会，醒了后明白自己的艳遇是一帘春梦，但楚王清楚记得巫山神女对他说："妾在巫山之阳，高丘之阻，旦为朝云，暮为行雨，朝朝暮暮，阳台之下。"其实"巫山十二峰"包括神女峰，常年云遮雾绕，没有揭开神秘的面纱。这就是巫山神女虚无缥缈，神秘莫测的原因。"巫山"之名源自上古时代今山西晋南一带的宗教神话"巫咸山"。屈原《楚辞·九歌》有十一篇：《东皇太一》《云中君》《湘君》《湘夫人》《大司命》《少司命》《东君》《河伯》《山鬼》《国殇》《礼魂》，是楚地巫师祭拜神灵的"赞美诗"。"山不在高，有仙则名；水不在深，有龙则灵"，楚地高山大川，传说中巫山中有仙，江水（长江之水）有龙了。楚地有太阳神，有山神，有湘江女神，有河伯……可见楚地的"巫文化"的普遍了。

"工"也作"音符"构成形声字，如攻、巩、汞、贡、红、虹、讧、邛、缸、杠、江、豇、项。其中"扛"是个多音多义字，容易读错、用错、理解错。"扛"，形声字，读 káng，意思是"用肩膀承担"，军歌《说句心里话》中唱道："你不扛枪我不扛枪，谁保卫咱妈妈？谁来保卫她？谁来保卫她？"这句中的"扛"就是这个意思。当敌人来了，热血男儿扛起枪就上了战场，保家卫国。"扛"读 gāng，意思是"两手对举以托重物"，注意怎么"扛"东西：①两只手，没有限定是一个人的双手；②举起。西楚霸王项羽"力能扛鼎，才气过人"

（《史记·项羽本纪》），看来《垓下歌》里唱的"力拔山兮气盖世"的夸张是有基础的。大部分鼎是青铜合金制造的，青铜合金一般是铜和铅的混合，金属铅的比重很大，为 11.345 g/cm^3。比重是一个物理名词，是指在 4 摄氏度环境下，相同体积的某种物质与水的重量的比，可以简单理解为单位体积的某种物质的重量。也就是说同等体积下，铅是水重量的 11.345 倍。《后汉书·费长房传》注："两人对举为扛。"一个体重很重的人受伤了，需要运走救治，两个人把他扛到车上。笔者读中国现代文学史，文学史讲到叶绍钧（叶圣陶）以教育界为题材，创作了长篇小说《倪焕之》，这部小说被文学评论家沈雁冰（茅盾是沈雁冰创作小说时用的笔名，他本来是个文学评论家）誉为"扛鼎之作"。"扛鼎之作"是指作者所有作品中，最能代表他的写作水平和写作风格的、最有分量的、最受广大读者推崇的、影响力最大的作品，比喻文学作品在社会上的影响广大，意义深远。

土（士）部字

　　土（tǔ），象形字。甲骨文、金文象地面上突起的土堆形，小篆字形稍变，隶定为"土"，本义为土壤，引申为土地。作为部首，称土部。有的在字的左边，又称"提土旁"；有的在字的下边，又称土字底。

　　土部中的字多表示与土地或土有关的事物，大致可分为六类：①土的种类，如地、壤、块、埃；②地形，如堑、坎、垅、埂、塘；③泥土制的器物，如型、埙；④建筑物，如城、塔、坛、墓、基、墙、壁、堤、堰；⑤疆界、区域，如境、塞、域；⑥与泥土有关的行为，如培、埋、壅。

　　附形部首"士"，金文是象形字，象斧形，本义为斧子，引申为古代掌管刑狱的司法官，假借为男子的称呼。因"士"与"土"形近，故合并为一个部。

　　当代散文家秦牧写了一篇讴歌土地的文章，这里引用充满激情的文章开头：

　　我们生活在一个开辟人类新历史的光辉时代。在这样的时代，人们对许许多多的自然景物也都产生了新的联想、新的感情。不是有无数人在讴歌那光芒四射的朝阳、四季常青的松柏、庄严屹立的山峰、澎湃翻腾的海洋吗？不是有好些人在赞美挺拔的白杨、明亮的灯火、奔驰的列车、崭新的日历吗？睹物思人，这些东西引起人们多少丰富和充满感情的想象！

然后，秦牧的笔触一转，引出土地，也就是他讴歌的对象：

这里我想来谈谈大地，谈谈泥土。

当你坐在飞机上，看着我们无边无际的像覆盖上一张绿色地毯的大地的时候；当你坐在汽车上，倚着车窗看万里平畴的时候；或者，在农村里，看到一个老农捏起一把泥土，仔细端详，想鉴定它究竟适宜于种植什么谷物和蔬菜的时候；或者，当你自己随着大伙在田里插秧，黑油油的泥土吱吱地冒出脚缝的时候，不知道你曾否为土地涌现过许许多多的遐想？想起它的过去，它的未来，想起世世代代的劳动人民为要成为土地的主人，怎样斗争和流血，想起在绵长的历史中，我们每一块土地上面曾经出现过的人物和事迹，他们的苦难、愤恨、希望、期待的心情？

字里行间，洋溢着秦牧对土地的热爱。

著名作家巴金写过一篇深情的文章——《愿化泥土》，文章表达了自己对祖国的热爱，对故乡的想念，对乡土的深情回忆。末了，巴金写道：

我家乡的泥土，我祖国的土地，我永远同你们在一起接受阳光雨露，与花树、禾苗一同生长。

我惟一的心愿是：化做泥土，留在人们温暖的脚印里。

当代著名诗人艾青，在国土沦陷、中华民族身处生死存亡的时刻，满含着眼泪，高喊："我在这土地"——

假如我是一只鸟，

我也应该用嘶哑的喉咙歌唱：

这被暴风雨所打击着的土地，

这永远汹涌着我们的悲愤的河流，

这无止息地吹刮着的激怒的风，

和那来自林间的无比温柔的黎明……

——然后我死了，

连羽毛也腐烂在土地里面。

为什么我的眼里常含泪水？

因为我对这土地爱得深沉……

这些作家不谋而合，讴歌土地！

从原始森林里走出、茹毛饮血的猿人，开始依靠采集植物

土（土）部字

的果实生存，后来学会了种植。从那时起，土地就成了他们的"地母"，成了他们的生命维系，生活在这块地上的人，视土地为命根子。种植土地的农民，被统治阶级褒奖，农业成了历代统治者公认的"本"，而商业等行业是"末"，手工业则是"奇技淫巧"，可见"土"在人们心目中的地位。笔者幼时在农村生活，每逢大年初一，"守年庚"的庄户人家都要在起床的第一时间，到大门外，对着门前池塘叩拜——对岸是一个土地庙，每家每户的家长都在祈求新的一年风调雨顺、五谷丰登。直至现在，很多村子，包括人口流失殆尽的村子，村头总有一座土地庙，庙里点着蜡烛，放着供品，供奉着泥塑的土地爷。

《说文解字》解释："土，地之吐生物者也。"许慎的解释说明了"土"读音的来历，很通俗、形象。"土"字的本义是"泥土"，后来引申为"土地"，如"领土""国土"；由此，引申为"家乡"，如"故土""乡土"；地球上土地辽阔，每块土地都有自己的特色，由此引申为"本地的"，如"土特产""土语"。

人类从茹毛饮血的猿猴时代进化到今天，成为大千世界的主宰，发明创造是功不可没的。中华民族为人类贡献的四大发明——造纸术、印刷术、指南针、火药，无不和"土"有关。其中的活字印刷术，最开始"布衣毕昇"用火烧"燔土"来制造字模，再排版印刷，这比雕版印刷制版容易得多，成本低廉得多，使用起来修改灵活得多。中国古代炼丹师用硝石、硫黄和木炭炼丹，发明了火药，硝石和硫黄直接从泥土中取得。中国和西方贸易的陆上道路被德国地理学家李希霍芬称为"丝绸之路"，有人把中国通过东南沿海通向西方的海上贸易大道称为"海上丝绸之路"，实际上"海上丝绸之路"运输的是瓷器。西方把中国叫作"China"，据说就是"瓷器"。瓷器在古代中国对外贸易中占有重要地位，给中国创造了很多"外汇"。做工精美、艺术价值很高的瓷器，是用一种特殊的陶土烧制而成的。今天，中国瓷器依然很有市场，瓷器出口依然创汇很大。勤劳智慧的中华民族凭借着泥土，给人类文明做出了巨大贡献，这是世界上其他民族所没有的。笔者曾经到江苏省的宜兴市，看到那里出产的紫砂壶是饮茶用的珍品，价格较高而又畅销，不禁感慨宜兴人焉能不富裕。

自从有了国家，就有了"疆土""领土"的概念；自从有离开家乡，就有了"故土"的意思。"疆"也是土字旁形声字，"畺"表示读音。领土是一个国家的象征，是神圣不可侵犯的。"圣"字也是土部字，意思是"最崇高的，对所崇拜的事物的尊称"。秦牧散文《土地》里有这样一段：

过去，多少劳动者为了土地而进行了连绵不断的悲壮斗争！当外国侵略者犯境的时候，又有多少英雄义士为保卫它而英勇地献出了生命！在我国福建沿海地方，历史上就流传着许多可歌可泣的保卫土地的抗敌爱国故事。在明末御倭和抗清的浪潮中，那里曾经进行过保卫每一寸土地的激烈斗争。有的地方，妇女的发髻上流行着插上三支短剑似的装饰品，那是明代妇女准备星夜和突然来袭的倭寇搏斗的装束的遗迹。有的地方，从前曾经流行过成人死后入殓时在面部盖上白布的风俗，那是明朝遗民羞见先人于地下、一种激励后代的葬仪。这些风俗，多么沉痛，多么壮烈！在我国的湛江地方，有一座桥梁被命名为"寸金桥"，就寓有"一寸土地一寸金"的意思，这是用来纪念当年抵抗帝国主义侵略的民族英雄们的。土地的长度和面积计算单位可以用丈，用公里，有亩，用公顷，然而在含有国土的意义的时候，它的计算单位应该用一寸、一撮来衡量。因为它代表一个国家的主权，一寸土都决不容侵犯，一撮土都是珍宝。这里，我想到了我们中国的整个版图，在我们这一代人的手里，一定要使它真真正正地完整无缺……

由于土与人们生活息息相关，被先民列为"五行"之一，行，基本物质，相当于"元素"。提土旁汉字家族"人丁兴旺"，本书只是选取其中一些有着鲜明个性或代表性极强的汉字作简略介绍。

人们常把国家称为"江山社稷"，一个国家有江有山，这个很容易理解。"社稷"是两个庙，一个是土地庙——社，一个是谷神庙——稷。土地庙里供奉的是土地神，即在《西游记》里唐僧一行每到一地要问询的那个白胡子神仙。"社"这个字是会意字，从示从土。本义：土地神。对社神的崇拜，源于古人对土地的崇拜。土地是人类居住生活的场所，是人类获取生存资料所需（衣、食、住等）最重要的源地。对人们赖以生存的自然物质进行崇拜是原始崇拜的重要内容，我国先民早就有对土地的崇敬和膜拜。"燕子来时新社，梨花落后清明"，春社是最为古老的汉族传统民俗节日之一。在商、周时，春社是男女幽会的狂欢节日，而后来则主要用于祭祀土地神。春社的时间一般为立春之后的第五个戊日，约在春分前后。又有官社、民社之分。民社为农历二月二日，俗称"土地公公生日"；官社日期不变，祭祀为国家祀典，在社稷坛举行。古代春社日，官府及传统民间皆祭社神祈求丰年，仪式中有饮酒、分肉、赛会、妇女停针线之俗。官社庄重肃穆，礼仪繁缛，而民社则充满生活气息，成为邻里娱乐聚会的日子，同时有各种娱乐活动，有敲社鼓、食社饭、饮社酒、观社戏等诸多习俗，是传统民间不可多得的热闹节日。春社祈求土地神，秋社酬谢土地神。秋社定在立秋后第五个戊日。从"春社""秋社"来看，在民间，土地庙和谷神庙应该合二为一了。"社会"一词即起源于民社时的聚会活动。

中国是农业国，统治阶级也重视农业，在北京设置"社稷坛"。社稷坛位于北京市东城区西长安街天安门西侧，始建于明永乐十八年（1420 年），是明清两代皇帝祭祀土地神和五谷神的地方。社稷坛与太庙相对，分别位于天安门的一左一右，体现了"左祖右社"的帝王都城设计原则，主体建筑有社稷坛、拜殿及附属建筑戟门、神库、神厨、宰牲亭等。社稷坛早期是分开设立的，称作太社坛、太稷坛，供奉社神和稷神，后逐渐合而为一，共同祭祀。

南宋爱国诗人陆游，一生"位卑未敢忘忧国"，但是昏庸的"临安"（朝廷承诺这里临时安身，等蓄积力量后直捣黄龙，收复汴京）朝廷没有给他上战场杀敌、光复失地的机会，一再贬谪他，使他大部分时间生活在民间。他因此也写了很多关于民间生活的诗，《游山西村》就是其中著名的篇章：

> 莫笑农家腊酒浑，丰年留客足鸡豚。
>
> 山重水复疑无路，柳暗花明又一村。
>
> 箫鼓追随春社近，衣冠简朴古风存。
>
> 从今若许闲乘月，拄杖无时夜叩门。

腊酒，说明是上一年酿造的酒，上一年一定是个丰收年，酿造了美酒，到现在就是陈年老酒了。山西村这一年的春社上，农家户户喜笑颜开，脸上还留着上一年的丰收喜悦，手里端出最丰盛的酒菜，身上披着节日盛装，敲锣打鼓，热闹非凡。首联渲染出丰收之年农村一片宁静、欢悦的气象。农家酒味虽薄，待客情意却十分深厚。一个"足"字，表达了农家款客尽其所有的盛情。"莫笑"二字，道出诗人对农村淳朴民风的赞赏。颔联"山重水复疑无路，柳暗花明又一村"，路途曲折遥远，山重水复，但柳暗花明，树木浓荫，鲜花盛开，仿佛可以看到诗人在青翠可掬的山峦间漫步，清碧的溪流在曲折中汩汩穿行，草木愈见浓茂，蜿蜒的山径也依稀难认。"柳暗花明"，正在迷路、迷惘之际，突然看见前面花明柳暗，几间农家茅舍，隐现于花木扶疏之间，诗人顿觉豁然开朗。其喜形于色的兴奋之状可以想见。此联展示了一幅春光明媚的山水图；下一联则由自然入人事，描摹了南宋初年的农村春社画卷。你吹着箫，我击着鼓，结队欢庆，春社祭日已经临近，布做成的衣衫，最普通的帽子，简朴的古风仍然存在。苏轼《蝶恋花·密州上元》说："击鼓吹箫，却入农桑社。"到宋代还很盛行。而陆游在这里更以"衣冠简朴古风存"，赞美着这个古老的乡土风俗，显示出他对吾土吾民之爱。尾联这两句从胸中自然流出：但愿从今而后，能拄杖乘月，轻叩柴扉，与老农亲切絮语，此情此景，不亦乐乎！一个热爱家乡，与农民亲密无间的诗人跃然纸上。

田园诗，大家熟悉的是东晋大诗人陶渊明，他的《归园田居·其一》写道：

> 方宅十余亩，草屋八九间。
> 榆柳荫后檐，桃李罗堂前。
> 暧暧远人村，依依墟里烟。
> 狗吠深巷中，鸡鸣桑树颠。
> 户庭无尘杂，虚室有余闲。

墟里，村落，多指几近荒废的村落。"墟"，形声字，左形右声。这个义项，今天夸张成"废墟"一词。柳宗元《童区寄传》写两个人贩子劫持了一个小孩，"布囊其口，去逾四十里之墟所卖之"。这里的"墟"就是华南地区的"圩"，人口较多，形成了集市。汉字中表示地名的，往往带有浓厚的地方特色，如"屯"，往往是河北（含）以北的村子名，而"湾"说明这个地方是水乡，"圩"这个字作地名，多数在南方。"圩"字，读 xū，也读 wéi，会意字，也是形声字。篆文从土从于，"于"表示迂回曲折，兼表声，这个读音发生了变化，一时让人们难以认读，有人误读。"圩"是"围""墟"的分化字，因而存有两个读音。读"围"时，表低洼地区围绕房屋、田地等修建的防水堤岸，即"圩子"，也叫"围子"。读"墟"时，方言用字，意思是集市。我国南方很多地方把赶集叫作赶墟。"墟"有两个意思：一是指有许多人家聚居而现在已经荒废了的地方，如废墟。二是同"圩"，土围子中的村庄。

墟镇主要是南方地区（湘、赣、闽、粤、桂）的叫法。现代人也写作圩（xū）镇。南方人称一个特定的地方的集市叫某某墟（圩）；一般每个月固定的几天为集市贸易的时间，叫"墟日"。墟镇是指人类商业交易、集市的地方，天长日久形成居民较为集中、商业较为发达、服务功能较为健全的小城镇、街道。今天，这些圩镇都成了古建筑比较集中的古镇，大多是旅游景点。这些古镇都是既有历史厚重感，又有美丽风景的旅游景点。在中国的江淮地区，有些地方地势低洼，就在村落的周围高筑墙，形成土围子，一方面防水，另一方面成了拱卫村落的障碍物，在一望无际的大平原上，这些有土围子的村落易守难攻。例如"碾庄",当地都叫"碾庄圩(wéi)"。碾庄圩是江苏省徐州市邳州市下辖镇,北边紧邻鲁南台儿庄,西南接近徐州。

"去"字,土部,甲骨文字形上面是"人",下面是"口",表示离开家门口,即离家。金文的字形跟甲骨文相似。"去"字的本义是"离开",如"去国怀乡",意思是"离开国都,思念故乡"。在这里"国"是"国都","去国"就是离开国都,离开朝廷,和"左迁"一样是被贬谪的委婉说法。被贬谪,当然就想到奸臣当道,君主昏聩,再干下去也不能有所作为,所以干脆告老还乡,享用自己家乡的鲈鱼炖莼菜。"去世"是"死去"的委婉的说法。离开后便拉开了距离,由此引申为"距离、差别",如"相去不远";又引申为"除掉、减掉",如"去掉""去皮"。此外,还引申为"往昔的、过去的",如"去年"。

分开很久的朋友一见面,总是说"久违了",每逢此时,笔者总是联想到"违背"这个词,而这里的"违"就是"离别、分开"的意思。《说文解字》解释:"去,人相违也。"李白《宣州谢朓楼饯别校书叔云》开篇写道:"弃我去者,昨日之日不可留;乱我心者,今日之日多烦忧。"意思是:弃我而离去的昨日,一去不复返,早已不可挽留,后悔也晚了;但使我心情烦乱的今日,令人烦忧的多多。唐代文学家柳宗元一生坎坷,被贬到永州,写了《捕蛇者说》和《永州八记》等著名篇章,《捕蛇者说》写道:永州之野产异蛇,这种蛇很毒,

"触草木，尽死"，碰上的草木都全枯死，"以啮人，无御之者"，如果咬了人，也一定死掉，没有能抵抗蛇毒的。但是这种蛇的药用价值极高，可以"去死肌，杀三虫"，发生病变，肌肉腐烂，用这种蛇做的药可以去掉腐肉，伤口慢慢愈合，药可以杀死人体内很多寄生虫。课文《两小儿辩日》写道："一儿曰：'我以日始出时去人近，而日中时远也。'"意思是：我认为太阳刚出来时距离人近，太阳到中午时距离人远。"去"在这里是"距离"的意思。

"寺"，土部，下半部分是"寸"，"寸"就是手（是指离手掌下一寸处，引申为分寸）。双手是用来干活的，而"土"是"止"逐渐演变而来的。"止"，脚，一脚在前一脚在后就是迈开双腿"走"（"走"上半部分的"土"和下半部分都是"止"变化而来），"寺"会意"去（之）干活、办公的地方"，在此基础上又发展为"办公的官署"。"之"作动词就是"去"，如"吾欲之南海"，那个四川边沿的和尚要到南海（南海紫竹林，传说观世音菩萨修行的地方，在今天浙江舟山）去朝圣，虔诚引发了决心，决心引发了干劲，终于成功。"之"就是"寺"的读音来源。如阅读古代典籍，总会遇上"太常寺""鸿胪寺""大理寺"等官署名称。笔者初遇，总认为和宗教活动有关，实则不然。"太常寺"是封建社会中掌管礼乐的最高行政机关，秦时称奉常，汉景帝六年（前 151 年）改称太常。汉以后改称太常寺、太常礼乐官等。最终在北齐时定名为"太常寺"，此后一直沿用此称呼。"太常寺"是唐代九寺、明代五寺之一，可谓是九卿之首，作为礼乐之司，是国家礼仪制度的重要组成部分。华夏民族是礼仪之邦，所以太常寺也是最重要的职能部门。鸿胪寺，中国古代官署名，主掌外宾、朝会仪节之事，为九寺之一，唐代中央主管民族事务与外事接待活动及凶丧之仪的机关，政令仰承尚书省礼部。《明史·职官志三》："鸿胪（寺）掌朝会、宾客、吉凶仪礼之事。凡国家大典礼、郊庙、祭祀、朝会、宴飨、经筵、册封、进历、进春、传制、奏捷、各供其事。"大理寺，相当于现代的最高法院，掌刑狱案件审理，长官名为大理寺卿，位九卿之列。秦汉为廷尉，北齐为大理寺，历代沿袭这一名称，唐代为九寺之一，明清时期与刑部、都察院并称为"三法司"。清末新政改称为大理院，民国初年北洋军阀政府亦袭此名，为当时的最高审判机关。古代朝廷发现大臣"作奸犯科"，那就"移送司法机关"，交大理寺审理。大理寺中上班的人按级别被称为：大理寺卿，大理寺少卿，大理寺丞，寺正。大理寺所断之案，须报刑部审批。这么重要的权力机关，办公、司法都要有规矩，有法度，用今天的话来说就是"有法可依"，不能失去分寸，这也是"寺"下的"寸"的意思。

"寺"成了佛教"出家人居住的地方"，如享誉全球的少林寺，就是一个佛教圣地。"少林"是当地的地名。还有"相国寺"等寺院。在这里办公就是"做佛事"，"法度"就是清规戒律。其实叫"相国寺"的寺院远不止一处，《西厢记》里张生和崔莺莺相见、结为良缘的寺院也叫"相国寺"，信奉佛教的日本也有"相国寺",但只有北宋的皇家寺院相国寺叫"大相国寺"。今天的人们除了少林寺、相国寺之外,知道的可能还有寒山寺。寒山寺是因为张继的一首《枫桥夜泊》才广为人知:

月落乌啼霜满天,江枫渔火对愁眠。

姑苏城外寒山寺,夜半钟声到客船。

促使很多国人知道寒山寺的,还有一首叫《涛声依旧》的流行歌曲,以及一篇题为《不朽的失眠》的散文。寒山寺在"上有天堂下有苏杭"的苏州城外运河旁。千年以来为人所知还是落第秀才张继落榜后的那夜"不朽的失眠",因为诗歌艺术的高超和意境的优美,人们不再把关注点集中在寒山寺到底是一座什么寺院了。寒山,是一个高僧的法号。古人给今人创造了很多经济增长点,如今的寒山寺游人如潮,香火缭绕,寺内钟声时时响起,让人回想起的不是张继的落榜,而是经济的繁荣、旅程的放松。

中国"土生土长"的宗教是道教,"道家"与"道教"既相互联系又有区别。习惯上有时也称道教为道家、黄老。严格来说,二者不完全是一回事。"道家"是指先秦诸子百家中以老庄思想——老子、庄子的思想为代表的学派,战国秦汉之际盛行的黄老之学又把黄帝和道家联系起来。道家思想理论以"道"为最高范畴,主张尊道贵德,效法自然,以"清净无为"法则治国修身和处理鬼神信仰,处理人与自然之间的关系,因此被称作道家。黄帝、老子、列子、庄子、鬼谷子都是道家人物。这些人物都有著述:黄帝的《黄帝内经》,老子的《老子》又叫《道德经》,列子的《列子》,庄子的《庄子》,鬼谷子的《鬼谷子》。道教是宗教实体,产生和兴起于东汉后期,那时是道家的老子、庄子离世几百年之后了。"道教"的意思即"道"的教化或说教,或者说就是信奉"道"的宗教,是通过精神形体的修炼而"成仙得道"的宗教。道教有其独特的经典教义、神仙信仰和仪式活动,而且还有其宗教传承、教团组织、科戒制度、宗教活动场所。道教徒叫道士,如张道陵、张角、张梁、张宝、张鲁、葛洪、吕洞宾、杜光庭、陈抟、王重阳、丘处机、张三丰……广义的道士就是信奉道教的人,如数学家祖冲之,书法家王羲之,"诗仙"李白,药物学家李时珍。

《黄帝内经》是一本中医经典,所以黄帝被尊为中医学的创始人,这也是后世道教领袖张角等人利用行医,聚拢信徒发动黄巾军大起义的历史渊源。《道德经》是一本讲"道"的哲学经典,笔者认为其充满哲理又十分深奥。《列子》的作者列御寇是郑国圃田人。《鬼谷子》是一本谋略书,属于"成功学"名著,它一直为中国古代军事家、政治家和外交家所研究,现又成为当代商家的必备之书。它所揭示的智谋权术的各类表现形式,被广泛运用于内政、外交、战争、经贸及公关等领域,其思想深深影响今人,享誉海内外。笔者童年时看的

"皮影戏"（如《说唐》《薛刚反唐》）中，鬼谷子俗名王禅，是仙山上的神仙，他的弟子下山参与战争，往往无往而不胜，有时弟子受挫，王禅老祖还要亲自下山帮助弟子。道教徒很多会炼丹，《西游记》中的"太上老君"就是老子的神话形象，他的八卦炉就是炼丹的，炼出的仙丹法力无边。道士炼丹是为了炼制出使人长命百岁的仙药。葛洪是东晋时期道教理论家、著名炼丹家和医药学家。所著《抱朴子》继承和发展了东汉以来的炼丹法术，对之后道教炼丹术的发展具有很大影响，为研究中国炼丹史以及古代化学史提供了宝贵的史料。科学家屠呦呦带领科研团队研发了治疗疟疾的青蒿素，青蒿素提取法发明的灵感来自葛洪的《肘后备急方》里面"青蒿一握，以水二升渍，绞取汁，尽服之"，也就是说将一把青蒿泡在 2 升水中，然后取汁再服用。

道士修炼的场所叫"道观（guàn）"，白云观、回龙观、紫阳观比比皆是。紫阳观就是紫阳真人的道观，"真人"就是修仙得道的道士。李白也信奉道教，也是广泛意义上的道士，他号青莲居士。"居士"就是居家信奉道教的道士，苏东坡号东坡居士，说明他也是广泛意义上的道士。

洛阳白马寺是佛经传入中国的第一个寺院。寺院，是佛教徒吃斋念佛的地方。到寺院里修炼的男信徒叫"和尚"或者"僧人"，女信徒叫"尼姑"。和尚的寺院也叫"庙"，"庙"字繁体是"廟"，上面的"广"和"店""府""庭"相同，下面的"朝"表示读音。现代汉语一般称佛教寺院为寺，但也有人称佛教寺院为庙，如俗语"跑得了和尚跑不了庙"。尼姑出家修行的地方叫"庵"，"庵"和"庙"意思相同，但是里边的佛教徒性别不同，佛教教规是绝对禁止寺庙里的和尚和庵里的尼姑"串门"的。历史上著名的僧人当属唐僧了。"唐僧"是一个不正规的称呼，其中的"唐"是指他是唐朝的，"僧"标明他的身份，唐朝的僧人很多，例如僧一行（俗名张遂），他是一个天文学家；再如鉴真和尚，他六次东渡日本，弘扬了佛法和中华文化。唐僧法号玄奘，是唐朝著名的三藏法师，东亚地区佛家历史上最伟大的译师。唐僧俗姓陈，本名祎（yī），出生于河南洛阳洛州缑氏县（今河南省偃师区南境），高僧、学者、旅行家，与鸠摩罗什、真谛并称为佛门历史上的三大翻译家，唯识宗的创始者之一。史书记载，玄奘到西天取经，往返十七年，旅程五万里，所历"百有三十八国"，带回大小乘佛教经律论共五百二十夹，六百五十七部。归国后受唐太宗召见，在长安（今天的西安）大雁塔下的弘福寺和慈恩寺潜心翻译佛经。二十年间，先后译出大小乘经论共七十五部一千三百三十五卷等。他还曾把《老子》和《大乘起信论》译为梵文，传入印度；他将入印路途见闻撰写为《大唐西域记》十二卷。"天竺"即古印度，是佛教的发源地，可是佛教传出后，这一地区只有尼泊尔信仰佛教，印度信仰印度教（婆罗门教），巴基斯坦信仰伊斯兰教。古印度的语言文字梵文，保存在传入中国的佛经里和玄奘译的《老子》等译作里，是世界语言的"濒临灭绝物种"。

伊斯兰教和基督教、佛教并称世界三大宗教，唐朝时传入中国。伊斯兰教和基督教对中国古代文化影响没有道教、佛教的大。由唐诗"南朝四百八十寺，多少楼台烟雨中"，可见佛教的兴盛。清朝中期的太平天国起义领袖洪秀全等人创立的"拜上帝教"，就是吸收基督教教义而改造形成的宗教信仰。

东南亚很多地方，华人文化色彩很浓，例如当地信奉"孔教"，供奉孔子牌位，让我们感到儒家文化的巨大渗透力。但是"儒教"不是宗教。另外很多地方建有关帝庙，供奉"关帝"。"庙"本是供祀祖宗的地方。汉代以后，庙逐渐与原始的神社（土地庙）混在一起。随着佛教的传入，后代的佛教寺院也称庙。关帝庙是一个道观，关帝即三国时的关羽。中国内地很多地方有"山陕会馆"，里面也供奉关帝，关帝是会馆的主神。关羽死时被追谥为侯，到北宋末年，始封为"公"（关公），元代封"王"，明时封"帝"。明清两代，对"关帝"之信仰已不是某教之范围，而列为国家祭祀要典，民间对"关帝"信奉也非常流行。对于百姓而言，关公之崇拜价值，首先在于他是义气之神，他的义薄云天，他的坚贞不二，使得结拜金兰者都要在他圣像前，学习桃园结义。这些都在很大程度上推动了对关羽的崇拜与信仰。明清时代在外经商的"江湖人"，因为关山难越，因为江湖风高浪急，不容易回家，把钱财托付给结拜兄弟捎回家，甚至拜托兄弟照顾远在万里外的家人，是绝对可靠的。

细小的土飘在空中叫"尘"，"尘"繁体写作"塵"，甲骨文形体中间有三只小鹿，最上面一只小鹿的左右两侧各有一个"土"字，整合在一起表示鹿群奔跑引起的土灰。小篆中减少了一个"土"，把剩余的一个"土"移到了三只小鹿的下面，更形象地表明了鹿群奔跑扬起尘土。隶书减少了两个"鹿"，只保留一个"鹿"字。"尘"字的本义是"尘土"，行路的踪迹与尘土有关，由此直接引申为"踪迹"，如"步人后尘"。古典文学中常见到"尘网"一词，古代人们将当时的社会看成是束缚人的"罗网"，所以，"尘网"是指当时的社会。唐代诗人王维《渭城曲》写道："渭城朝雨浥轻尘，客舍青青柳色新。劝君更尽一杯酒，西出阳关无故人。"清晨，渭城客舍，自东向西是一直延伸、不见尽头的驿道，客舍周围、驿道两旁是柳树。大唐帝国的西域边陲战事不断，戍边的将士从这里出发到阳关以西，也有"问边"的官员从此处到边疆去。从长安西去的大道上，平日车水马龙，尘土飞扬。而这次送别的时候，朝雨乍停，天气清朗，道路显得洁净、清爽。"朝雨"在这里扮演了一个重要的角色。早晨的雨下得不长，刚刚润湿尘土就停了。"浥轻尘"的"浥"（yì，润湿）字，在这里用得很有分寸，显出这雨压住尘而不湿路，恰到好处，仿佛天从人愿，特意为远行的人安排一条轻尘不扬的道路。平日路尘飞扬，路旁柳色常会笼罩着灰蒙蒙的尘雾，一场朝雨，才重新洗出它那青翠的本色，所以说"新"，又因柳色之新，映照出客舍青青来。这样的环境送西出阳关的朋友，冲淡了生离死别的悲伤之情。佛家、道家又把人世间称为"尘世"，把是是非非的人世间称为"红尘",在佛家、道家的观念里,只有天国才是安静的、干净的、没有纠纷的,"红尘"不是神仙修养身心、羽化登仙的地方。还有人把灰尘等同于垃圾,常常喻庸俗肮脏或指庸俗肮脏的事物。如把在青楼的女子称为"风尘女子"。"风尘女子"的"风尘"原指没有固定的生存之道,地位低贱,只好飘零在不干净的地方。通俗地说,风尘女子泛指娼妓,以卖笑、色相、出卖肉体来谋生的女子。本来,娼和妓是分开的,妓通"技",妓是以歌舞、特艺专长知识等技艺手段来谋生的女子;娼本作"倡",指从事歌舞演艺的女子。后来"娼妓"的实质发生了变化,意思也发生了变化,指出卖肉体为生的女子。元代大剧作家关汉卿有著名剧作《赵盼儿风月救风尘》,讲述花花公子周舍利用手段骗娶风尘女子宋引章,婚后又对其百般虐待。和宋引章有"八拜之交"的干姐妹赵盼儿为救助姐妹宋引章,以风月手段智胜恶少周舍,最终救出宋引章并使其与安秀实结为夫妇的故事。赵盼儿是妓女形象中最优秀的典范。她作为被封建社会压迫的女性,却坚忍不拔、气宇不凡,在斗争中表现出机智、善良、正义的特点。在中国文学人物的画廊里,赵盼儿是一朵引人注目的奇葩,集中了被压迫阶级的许多优秀品质,焕发出动人的艺术魅力。

"城"字金文字形左边中间的圆圈表示城围,上下是两座相对而立的城楼,右边是利刃朝左的斧头的形象,整合在一起的意思是用武器保卫城池。小篆的形体将金文中的城郭进行简化,用"土"字代替。"城"字的本义是"城墙"(古代的城邑四周都建有防御的高墙）。"城"和"郭"含义并不相同。当两个字分开使用时，"城"是指内城，"郭"是指外城；当两个字连用时，即"城郭"指的是城市。现在"城"多用来指城市、都市。我们所说的"城府"，多用来比喻人的心机多而难测。

《孟子》说："三里之城，七里之郭，环而攻之而不胜。夫环而攻之，必有得天时者矣，然而不胜者，是天时不如地利也。城非不高也，池非不深也，兵革非不坚利也，米粟非不多也，委而去之，是地利不如人和也。"这段话中的"城"指内城，即有围墙围成的城。围墙是一座城的防御工事，在北京、西安、开封、南京等古老的城市，还可以看到保存很好的古城墙。"三里之城，七里之郭，环而攻之而不胜"，攻城的一方的军事力量非常强大，四面包围着城，显然已经占领了外城——郭，但是即使如此，城还是久攻不下，因为守城的一方躲在城墙内，退可守，进可攻，进退自如，保存了自己，消耗了敌方。尽管他们以少敌多，与敌斗争中的时机很差，不占"天时"，但是他们占据了"地利"，依然不可战胜。这里的"城"外还有"池"，即护城河。今天叫护城河，实际上不是一条河，而是城墙外一圈池塘、壕沟，深可没顶，穿着铠甲的战士是不能涉水而过的。所以《孙子兵法》的《谋攻》篇说："故上兵伐谋，其次伐交，其次伐兵，其下攻城。攻城之法，为不得已。"意思是：上等的军事行动是用谋略挫败敌方的战略意图或战争行为，其次就是用外交战胜敌人，再次是用武力击败敌军，最下之策是攻打敌人的城池。攻城，是不得已而为之，是没有办法的办法。

土部字中，"坛"比较常见而又特殊。"坛"繁体为"壇"，形声字，从土，亶（dǎn）声。本义：土筑的高台，用于祭祀、会盟等。古人没有扩音器，号召众人往往要登上高台，而这些高台往往是用土临时堆建的。文学家、历史学家司马迁花费了毕生心血，写成了我国第一部纪传体通史《史记》，要"藏之名山，传之后世"，是"史家之绝唱，无韵之离骚"。这个中肯而又著名的评价是文学家、思想家鲁迅给的，深入思考这一评价可以看出《史记》是一部历史书（"史家"的），也是一部优秀的、具有强烈抒情色彩的文学著作（"绝唱""离骚"都强调其抒情色彩）。历史著作是叙事的，但历史学家不能是没有思想、观点、感情的，《史记》具有强烈的人民性和抒情色彩，突出表现在它对下层人民抱着同情、肯定、歌颂的态度，如对不堪忍受压迫、揭竿而起为天下唱（倡，首倡）的陈胜、吴广。在大泽乡，陈胜、吴广等九百多个走投无路的戍卒"为坛而盟"，斩木为兵，揭竿为旗，建立了反抗暴秦的张楚政权。"为坛而盟"意思是修建个台子，在上面宣誓结盟。当时"会天大雨，道不通"，九百个戍卒滞留在大泽乡，不可能修建一个设施豪华的主席台，"坛"只能是个土台子。这个土台子也不能容纳全部的九百人，只能是推举的代表站上去。就是这九百个人燃起了反抗暴秦的熊熊烈火，天下云集响应。

陈胜、吴广领导的农民起义失败了，响应他们的项羽、刘邦两支起义军最终推翻了暴秦的统治。尽管项羽在起义中居功至伟，但是楚国贵族出身的他再次将统一的封建国家引向诸侯国群立的分裂状况。项羽自称西楚霸王，把对他有一定威胁的刘邦分封到秦岭南麓的汉中。刘邦到汉中后，听信萧何的建议："王必欲拜之，择良日，斋戒，设坛。具礼，乃可耳。"登坛拜将，重用别人不看好而被萧何月下追回的韩信。今天在陕西汉中市，拜将坛成了一个重要的旅游景点。这里的"坛"要比陈胜、吴广"为坛而盟"的坛高大、宽广、醒目得多。在汉初三杰——萧何、张良、韩信的鼎力支持下，刘邦打败项羽，统一全国，国家再次走上统一的封建帝国的道路上。

"坛"除了会盟、拜将外，还用来祭祀。北京著名的景点天坛、地坛、日坛、月坛、先农坛就是紫禁城外围著名的"五坛"。天坛，原名"天地坛"，位于北京市东城区，始建于明永乐十八年（1420 年），距今已经有 600 多年的历史，是明清两代皇帝"祭天""祈谷"的场所，是中国现存最大的古代祭祀性建筑群。天坛公园设计从选位、规划、建筑设计等方面均依据中国古代《周易》中的阴阳、五行等学说，体现出了中国古人对"天"的认识。天坛公园两重环墙的南部为方形，象征地象；北部为圆形，象征天象，寓意"天圆地方"，此墙因此俗称"天地墙"。天坛公园主要建筑圜丘坛、祈年殿、皇穹宇都采用圆形平面，而祈年殿、圜丘坛的砖砌外墙则为方形，同样象征"天圆地方"。天坛公园的圜丘坛和祈谷坛同建在天坛内坛中，圜丘坛是举行"祀天大典"的地方，因此位于内坛南部，即天神所在的方位；祈谷坛是祈祷丰收的场所，因此位于内坛北部。天坛公园祈年殿以圆形、蓝色象征天，殿内大柱及开间又分别寓意一年的四季、二十四节气、十二个月和一天的十二个时辰，以及象征天上的星座、恒星等，处处"象天法地"。

"坛"是高出地面的建筑，常常引人注目，这条意思引申为广为人关注的文艺、体育园地。如体坛、文坛、诗坛、排坛、乒坛、影坛等。

"圯"在《现代汉语词典》中，就有孤零零的一条解释：yí〈书〉桥。这让笔者想起一则尊师重教的故事：圯上老人。《史记·留侯世家》这样记载：

良尝闲，从容步游下邳圯上。有一老父，衣褐，至良所，直堕其履圯下，顾谓良曰："孺子，下取履！"良愕然，欲殴之。为其老，强忍，下取履。父曰："履我！"良业为取履，因长跪履之。父以足受，笑而去。良殊大惊，随目之。父去里所，复还，曰："孺子可教矣。后五日平明，与我会此。"良因怪之，跪曰："诺。"五日平明，良往，父已先在，怒曰："与老人期，后，何也？"去，曰："后五日。"五日鸡鸣，良往，父又先在，复怒曰："后，何也？"去，曰："后五日复早来。"五日，良夜未半往。有顷，父亦来，喜曰："当如是。"出一编书，曰："读此则为王者师矣。后十年兴。十三年孺子见我济北，谷城山下黄石即我矣。"遂去，无他言，不复见。旦日视其书，乃《太公兵法》也。

唐代大诗人李白的诗《经下邳圯桥怀张子房》写道：

　　　子房未虎啸，破产不为家。

　　　沧海得壮士，椎秦博浪沙。

　　　报韩虽不成，天地皆振动。

　　　潜匿游下邳，岂曰非智勇？

　　　我来圯桥上，怀古钦英风。

　　　唯见碧流水，曾无黄石公。

　　　叹息此人去，萧条徐泗空。

　　李白是一个才华横溢的诗人，他斗酒诗百篇，特别崇拜文能治国武能安邦的贤士，也非常看不起"白发死章句"的"鲁叟"，对汉初三杰之一的张良则非常崇拜，这首诗是感怀秦时张良袭击秦始皇遭通缉，隐匿于下邳（pī，下邳即今天江苏北部山东南部一带）一事。张良，字子房，是战国末年韩国大贵族后裔，他的祖父、父亲先后为韩国五个国君任相国。秦灭韩后，张良立志为韩国报仇，弟死不葬，拿出全部家产求客刺秦王，重金聘请一个大力士，制造了 120 斤的大铁锤。公元前218 年，张良与大力士埋伏在博浪沙（河南原阳县）狙击东巡的秦始皇，但大力士的铁锤误中秦始皇的副车。秦始皇大怒，全国通缉刺客，张良更换姓名隐匿下邳。隐匿下邳期间，张良遇到了圯上老人黄石公，发生了历史上著名的圯桥进履的故事。故事的大意是：张良曾在闲暇时从容步行游玩到下邳桥上，有一位老翁，穿着粗布衣，走到张良的跟前，直接把自己的一只鞋扔到桥下，回头对张良说："小子，下去把鞋取来！"张良十分吃惊，想打老翁，但因为他年纪很大，便强忍怒火，下去取回鞋。老人说："给我穿上！"张良想既然为他取回了鞋，又何必计较，便跪下来替老人穿。老人伸出脚让他把鞋穿上，笑着离去。张良大为惊奇，凝视着老人离开的身影。老人离开大约一里，返身回来，说："你这小子可以教导。五天后天亮时，和我在这里相会。"张良感到惊异，跪着说："好。"第五天天刚亮，张良就去了。老人已先到了，生气地说："跟老人家相会，反而后到，为什么呢?"老人离去，说："五天后早点相会！"五天以后鸡刚叫，张良就去了，老人又先到达，又发怒说："这么晚到，为什么呢?"老人离去，又说："五天以后再早点来。"五天以后，张良还没到半夜就去了。过了一会儿，老人也到了，笑着说："应当像这样才对。"老人说着，拿出一本书，说："读这本书可以做帝王的老师了。今后十年（你）将建立（一番事业），十三年后你将在济北见到我，谷城山下的黄石就是我了。"说完就离开了，再没有说别的话，也不再出现。第二天张良看那卷书，原来是《太公兵法》。张良感到很惊奇，常常反复地诵读它。

《太公兵法》是兴周灭纣的姜子牙写的兵法。知识就是力量，读《太公兵法》使得张良成为一个军事谋略家。刘邦评价汉初三杰说："运筹帷幄之中，决胜千里之外，吾不如张良；镇守国家，安抚百姓，不断供给军粮，吾不如萧何；率百万之众，战必胜，攻必取，吾不如韩信。"张良运筹帷幄，决胜千里，成为后世人的楷模。坯上赠书的是黄石公，是和鬼谷子一样神秘的人物。张良尊重黄石公，让他成为汉帝国开国元勋。张良后来被封为留侯，封地在翻越秦岭的褒斜古道（蜀道之一）上，今天这个地方叫留坝县，因汉高祖刘邦为汉中王时，传说曾在此修坝建汉王城，故名"刘坝"，后因"刘""留"同音，将"刘"传为"留"，称为"留坝"。留坝县也是张良功成身退隐居之地，有目前中国规模最大、保存最完整的祭祀张良的祠庙——张良庙。

"幸"，土部首，列入土部首实属不幸。"幸"字意思比较丰富：①意外地得到成功或免去灾害。如我很幸运，一切顺利，得到了意外的成功和好处；免除了意料之内的灾难和失败，如幸免于难。②幸福。如得到意料之外的荣誉，我很荣幸。③我因此很高兴、欣慰。如"幸甚至哉，歌以咏志"。④希望（能继续得到意外的成功和好处）。可见以上各项意思都息息相关，学习时只要"咬文嚼字"，弄准确"幸"的意思是不难的。

"幸"字还与皇帝扯上了关系。皇帝（甚至诸侯王）是封建时代的地位最高者——至尊，财产最多——"普天之下，莫非王土；率土之滨，莫非王臣"，所以和他拉上关系，那就是最荣幸的了。皇帝到一个地方，叫"巡幸"某地；皇帝宠爱某一个大臣，叫"幸"。例如在屡次外交活动中为赵国立下汗马功劳的蔺相如，在面临廉颇的挑衅时表现出退让、忍让，下属问他是不是胆小怕事，蔺相如说：我忍让廉颇是"先公家之急而后私仇也"，我在外交场合上公开回击强暴的秦王，说明我胆大、不怕死；我"幸于赵王"，有权有势，但是我不与廉颇计较。皇帝看上某一个嫔妃或者宫女，也叫"幸"。《阿房宫赋》里写道："妃嫔媵嫱，王子皇孙，辞楼下殿，辇来于秦，朝歌夜弦，为秦宫人。……雷霆乍惊，宫车过也；辘辘远听，杳不知其所之也。一肌一容，尽态极妍，缦立远视，而望幸焉；有不见者，三十六年。"亡了国的诸侯国王侯的宫妃、女儿、孙女住进阿房宫里，等待着秦始皇的宠幸。当一辆车经过，她们就要看看是不是皇帝来了，有的三十六年也没见到皇帝一面，更不用说被皇帝宠幸了。

古代的文人大部分是"入世"的，也就是建言献策、忧国忧民，具有很强大的家国情怀。中国古代战乱频仍、人民流离失所的改朝换代阶段，往往是文学创作繁荣的时代，例如战国末期的屈原的创作、东汉末年的建安文学（"建安"是东汉最后一个皇帝汉献帝的年号）、南北朝时的乐府民歌、"国破山河在"时的唐诗……清代著名诗评人赵翼（你可能知道他的"江山代有才人出，各领风骚数百年"的诗句）曾经作《题遗山诗》评论这一现象：

> 身阅兴亡浩劫空，
>
> 两朝文献一衰翁。
>
> 无官未害餐周粟，

有史深愁失楚弓。

行殿幽兰悲夜火，

故都乔木泣秋风。

国家不幸诗家幸，

赋到沧桑句便工。

    元遗山就是金代诗人元好问。元好（hào）问（1190—1257），字裕之，号遗山。金朝末年至大蒙古国时期文学家、历史学家，也是宋金对峙时期北方文学的主要代表、文坛盟主。他擅作诗、文、词、曲。其中以诗作成就最高，其"丧乱诗"尤为有名；其词为金代一朝之冠，可与两宋名家媲美。金亡后，元好问随金朝大批官员被俘，并被关押两年。这期间，他痛心金国的沦亡，并为了以诗存史，勤奋编辑金国已故君臣诗词总集《中州集》。以"中州"名集，则寓有缅怀故国和以金为正统的深意。元太宗十一年（1239）秋，因其诗文名气颇大，元朝大臣耶律楚材倾心接纳元好问。可五十岁的元好问已无意出仕为官，其年重回家乡隐居，并交友游历，潜心编纂著述。

    诗作的大意是：亲身经历过国破政亡，山河易主的大劫难，为修订两朝文献已把自己熬成老翁。入元不仕，有如伯夷叔齐不食周粟的气节，时常忧心故国的文献像楚人失弓一样遗毁（指珍贵的东西丢失了）。幽兰轩宫殿悲凉的夜里，闪烁着荧荧鬼火，故都燕京的乔木在瑟瑟秋风中如泣如诉。国家的不幸却成了诗人的幸事，在饱经沧桑后，诗句也变得工整，富有深蕴的情感。

国家不幸诗家幸，这是多么沉痛的自我解嘲啊！杜甫的"三吏""三别"取材于战乱中骨肉分离、野有饿莩，年迈的父母儿子战死、孙子无人照管的惨剧，这就是诗家的幸事？

"堡"，意思好理解，就是读音容易混淆，要格外小心。堡，读 bǎo 时，保卫，从土形从保作堡垒用，如碉堡、地堡、桥头堡等。这个兼表声，读音一般人错不了。堡，读 bǔ 时，一般以"堡子"身份出现，堡子，指围有土墙的城镇或乡村，也泛指村庄。为了区别于防御工事，读音也略作变化。堡多用于比县小、比村大的地名，大体相当于镇。瓦窑堡，是陕北名堡，享有"天下堡，瓦窑堡"之誉。以瓦窑堡会议而全国知名，有"瓦窑堡革命旧址"。瓦窑堡街道地处子长市区、市人民政府所在地，是子长市的政治、经济和文化中心。在这里，刚刚结束长征的中国共产党召开了一次至关重要的会议——瓦窑堡会议，解决了遵义会议没有来得及解决的政治策略问题，制定出适合新情况的完整的政治路线和战略方针，确定了抗日民族统一战线的总政策和军事战略，实现了党的政治路线的转变。堡，读 pù 时，多用于地名，相当于"铺"，五里铺、十里铺等"铺"字，有的地区写作"堡"。此处本来就是铺，指古时的驿站。古代设置驿站的地方后来多发展成为村镇，所以"驿、铺"后来多用于地名。其中的"铺"又写作"堡"，是为了与店铺的"铺"相区别的结果。"五里堡"这个地名在河南的郑州市、周口市、许昌市、南阳市，山东的潍坊市、济宁市都有，就是郑州当地人，也少有人能读准"五里堡"这个地名。可以想象，这个"堡"距离城市中心位置只有五里远。

"基"字甲骨文的字形上面为"土"，下面是一个"其"（箕）字，"箕"里面装的是土，意思是起土打地基开始筑墙。金文的字形将"其"移到了"土"的上方，但其字义并未发生变化。"基"字的本义是"打地基开始筑墙"，现在泛指"建筑物的根脚"，如"地基"；又进一步引申为"根本的、起始的"，如"基本""基业"；此外，"基"还可以引申为"根据"，如"基于某方面的考虑"。

"疆"的甲骨文字形是两块"田"上下错开排列，表示地有界线。金文的字形中，右边是两个"田"字，而"田"字的上中下有三条横线，突出界线；左边有一张"弓"，是丈量田地的用具，表示划定田界是要丈量的。"弓"是木制的丈量土地的工具，两端长度五尺，做成弓形方便携带和使用。小篆的字形与金文相似，只是"弓"里多了一个"土"字，表示与"土"有关。"疆"字的本义就是"边界"，由此，引申为地域、领域，如"疆土"。"疆"还有"极限"的意思，如"万寿无疆"。

"块"的甲骨文字形"凷"外面看起来像筐子的形状，中间是"土"字，意思是用筐子装土。小篆字形"塊"的左边是"土"，表形旁，右边是"鬼"，表声旁，变成了形声字。"块"字的本义是"土块"，由此引申为"成疙瘩或成团的东西"，如"土块儿"。"块"也可以用作量词，用于表示块状或某些片状的东西，如"一块地""两块糖"。也可表示整体的一部分。古代的货币很多是金属制造的，因为金属本身珍贵，有价值，一大块金属制成小块的，"一块钱"表示常用的一块货币。

"块垒"一词最早见于《世说新语·任诞》："王孝伯问王大：'阮籍何如司马相如？'王大曰：'阮籍胸中垒块，故须酒浇之。'"阮籍心怀不平，经常饮酒浇愁。后来经常用"块垒"这个词来表示心中愤懑，有郁结（气郁结成块），这些成块的不良情绪不好化解，所以总用酒来稀释、消解。阮籍（210—263），字嗣宗，陈留尉氏（今河南省开封市）人，三国时期魏国诗人，竹林七贤之一。门荫入仕（凭着自己的高贵的出身当官），累迁步兵校尉，世称阮步兵。崇奉老庄之学，政治上则采取谨慎避祸的态度。三国归晋，魏国的政权被司马氏夺取，感恩曹魏的人被司马氏当作笼络的对象，笼络不成给予迫害。阮籍最好的朋友、竹林七贤之一的嵇康被司马氏借口杀掉。阮籍心中愤懑，仇恨司马氏，特别反感司马氏的笼络，但又害怕自己也像嵇康一样被司马氏借口杀掉，所以更加郁闷，也变得非常谨慎，由一个率性而为的诗人变成一个"终日不开一言"的酒徒。钟会是司马氏的心腹，曾多次探问阮籍对司马氏夺取曹魏权力的看法，阮籍都用醉醉的办法避而不答，获免。司马昭本人也曾数次同他谈话，试探他的政见，他总是以发言玄远、口不臧否（不评价）人物来应付过去，使司马昭不得不说

"阮嗣宗至慎"。司马昭还想与阮籍联姻，阮籍竟大醉60天，使事情无法进行。阮籍不经常说话，却常常用"白眼""青眼"看人。对待讨厌的人，用白眼；对待喜欢的人，用青眼。《晋书》记载：

籍嫂尝归宁，籍相见与别。或讥之，籍曰："礼岂为我设邪！"邻家少妇有美色，当垆沽酒。籍尝诣饮，醉，便卧其侧。籍既不自嫌，其夫察之，亦不疑也。兵家女有才色，未嫁而死。籍不识其父兄，径往哭之，尽哀而还。其外坦荡而内淳至，皆此类也。时率意独驾，不由径路，车迹所穷，辄恸哭而反。尝登广武，观楚、汉战处，叹曰："时无英雄，使竖子成名！"登武牢山，望京邑而叹，于是赋《豪杰诗》。景元四年冬卒，时年五十四。

在阮籍所处的时代，"礼法"把人际关系变得非人性、伪饰、做作。小叔子和嫂子说话就有违礼法！阮籍的大嫂有一次回娘家探亲，阮籍和她见面送别，就有人讥笑他。阮籍说："礼法难道是为我设的吗？"阮籍的邻居是一个卖酒的漂亮少妇，阮籍常常到少妇那喝酒，醉了就躺在少妇身边。阮籍不觉得有什么要避嫌的，少妇的丈夫看见了也不怀疑什么。有户军人的女儿有才华也漂亮，没出嫁就去世了。阮籍不认识她父亲、兄长，却径直前去吊唁，哭够了才回家。阮籍就是这样一个外表坦荡、品性真诚的人，所作所为都是这个样子。有时自己驾车，想去哪儿就去哪儿，不走正路，车没法走了，便痛哭返回。王勃《滕王阁序》中说"岂效穷途之哭"，就是说怎么能像阮籍一样到了穷途末路，无力地痛哭？阮籍曾经登上广武（在河南荥阳北），这里是项羽和刘邦长时间对峙的地方，他远眺楚汉争战的地方，叹息说："当时没有英雄，让小子（指刘邦）成名了。"在他看来，项羽是个顶天立地的大英雄，心地没有奸诈，力拔山兮气盖世，也没有赢了一个市井"无赖"刘邦。阮籍整天心里痛苦着，但是又无人诉说，景元四年冬天五十四岁时就去世了。可见他心中的"块垒"最终也没有被酒浇开，他借酒浇愁愁更愁，最终被"块垒"夺去了性命。

土部字中，"塞"（sāi）甲骨文字形上面"宀"表示房子，中间部分表示一堆杂七杂八的东西，下面有一双手，会意，表示堵住房子的门口——当然是权宜之计，防止野兽或者别人进入屋内。小篆字形下面加"土"，表示最后用土封住，"塞"的本义：堵塞。《诗经·豳风·七月》："五月斯螽动股，六月莎鸡振羽，七月在野，八月在宇，九月在户，十月蟋蟀入我床下。穹窒熏鼠，塞向墐户。嗟我妇子，曰为改岁，入此室处。"意思是："五月蚱蜢弹腿叫，六月纺织娘振翅，七月蟋蟀在田野，八月来到屋檐下，九月蟋蟀进门口，十月钻进我床下。堵塞鼠洞熏老鼠，封好北窗糊门缝。叹我妻儿好可怜，岁末将过新年到，迁入这屋把身安。"《七月》是一首反映周代早期的农业生产情况和农民的日常生活情况的诗歌。豳，读作 bīn，周部落的先祖公刘（后稷的曾孙）带领部落迁徙到豳，"豳"又作"邠"（bīn），在今陕西旬邑西南一带，相当于甘肃省宁县、正宁，陕西彬州、旬邑县一带。《诗经》三个部分：风、雅、颂，"风"就是周朝的各地民歌。今天说作家、画家到各地去采写，叫"采风"。蚱蜢、纺织娘、蟋蟀都是昆虫，它们的大腿快速振动，发出响声。当冬天要来临时，这些昆虫都知道钻入屋子内越冬。老鼠这个害虫更可恶，可以说是作恶多端。对付这些害虫，要"塞（sāi）向墐（jìn）户"，塞，就是用杂物或者土堵住；向，象形字，窗户；墐，用泥土涂塞；户，门。窗户和门都有害虫特别是老鼠出入的漏洞。今天生长在城市里的孩子是没有见过老鼠自由出入的门窗的，更不用说纺织娘、蟋蟀等昆虫。贾谊在《过秦论》中写陈胜："然陈涉瓮牖绳枢之子，氓隶之人，而迁徙之徒也……"陈涉不过是一个用破瓮做窗子、用绳子系着户枢的贫穷人家子弟，是当过雇农供人役使的人，而且是被征发戍边的人；就是这样一个出身的人，带领一帮走投无路的"迁徙之徒"，竟然反抗灭掉六国、一统天下的秦始皇建立的秦王朝！破瓮做窗子，通风透气透亮，废物利用；用绳子绑着门转轴，非常简单，勉强可以开门。这样的门窗，怎么能把无孔不入的老鼠挡在屋子外边？

内燃机做功的"活塞"，堵住瓶口的"塞子"，"塞"依然读 sāi。在阻塞、闭塞、搪塞、敷衍塞责、茅塞顿开等词语中，"塞"读 sè，意思就是"堵塞"。这就是语言的属性：社会约定俗成。闭塞，因为进出的"门"长期关闭，交通不便，和外界的信息交流很少。敷衍塞责：马虎，不认真，表面上应付；

塞责：推脱责任；指工作不认真负责，表面应付了事。搪塞，敷衍塞责，不负责任。如中国古代有个"外科"医生，救治一名战场上中箭的武士，他拿一把剪刀把露在体外的箭杆剪断，然后说：治好了，作为一名"外科"医生，我尽职尽责了。这就是敷衍塞责。

唐朝诗歌艺术兴盛，达到了一个前所未有的高度。唐诗中有很多流派，其中有一个重要的流派：边塞诗派。该派诗人以高适、岑参、李颀、王昌龄最为知名。边塞诗主要是描写边塞战争和边塞风土人情，以及战争带来的各种矛盾如离别、思乡、闺怨等，诗风悲壮，格调雄浑，最足以表现盛唐气象。中国古代中原王朝的北边、西北边，有一系列的要塞、关隘，因此这些边疆地区又叫边塞，后来边塞泛指边疆地区。"塞"在这里读 sài，指险要之处。这些地方一夫当关、万夫莫开，易守难攻。特别是东起山海关，西至嘉峪关、玉门关、阳关的长城，以城墙阻挡北方少数民族的骑兵，在险要处设置关隘，如山海关、居庸关等。唐诗宋词多次描写边塞："塞外忽传收蓟北"，"塞上风云接地阴"，"塞下秋来风景异"，"胡天八月即飞雪"，"瀚海阑干百丈冰，愁云惨淡万里凝"，"羌管悠悠霜满地"。驻守在边塞上的军士，"人不寐，将军白发征夫泪"，其卫国戍边的精神可嘉。

"士"是"土"的附形部首。

甲骨文"士"就像一棵禾苗插在地上的形象。由于古时耕作插苗为男子所从之事，所以士引申为男子的美称。现在用得最多的是新时代最可爱的人——战士、士兵。有人这样解释：士者，事也。任事之称也。引申之，凡能事其事者称"士"。也就是说"士"是有一定能力的、可以委以重任的人。

"士"，上古掌刑狱之官。商、西周、春秋为贵族阶层，多为卿大夫的家臣。古时按社会地位将人分成若干等，士高于平民，但低于大夫（贵族），也就是最低级的贵族阶层，也是古代"四民"——士、农、工、商的最高层。后来用"士大夫"来称作官的阶层。士人在经济、政治上相比他人没有太多优势。文化上，士人相比他人掌握了一定的知识、技能，基本上都是有职位的人，大多数在基层部门掌管具体事务。"学而优则仕"——知识就是力量，有一定知识、技能的人逐渐脱离"民"这个阶层，凭借自己的智慧和才能进入仕途，成为社会的管理者或者"准管理者"（预备人才），实现理想抱负。社会的大变革让以知识或一技之长谋生的社会阶层产生了，即"士"。春秋末年，"士"逐渐成为统治阶级中知识分子的统称。春秋战国时期是社会大变革的时代，诸侯纷争，豪杰四起，在这样的社会背景下，"士"逐渐成为新的阶层并迅速崛起。士人们胸怀大志，或著书立说，或奔走游说，在历史舞台上演绎一幕幕波澜壮阔的悲喜剧，对社会政治的变化产生了重要的影响。当时的"士"，有著书立说的"学"士，有为知己者死的勇士（侠士），有懂阴阳历算的方士，有为人出谋划策的策士，等等。如勇士荆轲为燕太子丹刺秦王，策士冯谖为孟尝君经营"三窟"，等等。对各诸侯国来说，士人的才计谋略能在一定程度上推动国家的发展，帮助诸侯国在争霸中取得优势；对士人自己来说，寻得明主不但能保证生活温饱，还能实现自己的理想抱负，飞黄腾达，如苏秦成功说服诸侯国行合纵之策，最后执掌六国相印，无上尊荣。

汉代开始，统治阶级选拔人才采用了民间"举孝廉"、官府考察的察举制，察举的都是"士"，这些人通过察举进入统治阶层。察举制到了南北朝，弊端逐渐显现出来，那就是"士族"豪门相互推荐、考察，社会地位低的庶族（庶民阶层）上升的通道被堵死。到了隋唐时期，看到这一制度的弊端，隋文帝率先以科举制来取代察举制。科举制度的"科"就是考试，"举"还是推荐。察举制是先举后察，科举制是考试和推荐同时并行，有的士人就不参加科考而通过大臣的推荐而当上官。当然，科举制也是"士人"这个阶层实现人生的华丽转身的主要渠道。在帝国的对外战争中，一些下层士兵通过战场上的竭力拼杀，成为军官，走上了仕途。统治阶级看到这一通道后，干脆在科举中设置"武举"这一科，使得很多有一定力量和武艺的士人当上了"武举人"。无论察举还是科举，士人进入了统治阶层，给统治阶级注入了新鲜的血液，增加了强劲的力量，维持着封建统治。

学士，饱学之士。由于儒家文化的性质，学士又称为"儒士"。今天的"学士"是一个学位，大学本科毕业且达到一定的要求，即可获得学士学位。学士学位之上有硕士、博士等学位。显然古今"学士""博士"意思是不相同的。侠士，即侠义之士，又称"侠客"，指武艺高强、替天行道的人。他们大多受墨家、忠义等思想影响，行侠仗义。"侠"指有能力的人不求回报地去帮助比自己弱小的人。"客"指外来者，在这里可认为是指四海为家的游历者。合起来也就是指乐于四处帮助他人的游历者。因为帮助他人多与仗义疏财、主持正义有关。侠不仅只是武侠，还有仁侠、义侠等，也未必有超人的武艺。所有不求回报地去帮助他人的人都可以称为侠者。侠之大者为国为民，侠之小者为朋友、为知己。"燕赵自古多慷慨悲歌之士"，这句名言中的"慷慨悲歌之士"指的是荆轲。在《史记》里，司马迁给他们列了两个单独的专辑——《游侠列传》《刺客列传》。《游侠列传》记载了朱家、郭解等侠士，《刺客列传》记载了曹沫、专诸、豫让、聂政、荆轲五个刺客。司马迁实事求是地分析不同类型的侠客，充分肯定了"布衣之侠""乡曲之侠""闾巷之侠"，赞扬了他们"其言必信，其行必果，已诺必诚，不爱其躯，赴士之厄困……不矜（夸耀）其能，不伐（显摆）其德"等高贵品德。这些被视为"罪已不容诛"的社会底层的人们，在司马迁的笔下却成为倾倒天下大众的英雄，并对他们的不幸遭遇表示同情，对迫害他们的人表示极大愤慨。方士、方术士，是古代自称能访仙炼丹以求长生不老的人，也指从事医（最初和巫没有分开）、卜（占卜）、星（以星象推算吉凶祸福的方术）、相（观察相貌，预言命运好坏的方术）类职业的人。"策士"指替别人（一般是当权者）出谋划策的人，如苏秦、张仪之类。

春秋时期，齐景公手下有三位勇士，分别是公孙接、田开疆、古冶子三人，他们三人都能赤手空拳地和老虎搏斗，因而以勇力闻名天下。相国晏婴觉得这三个人是难以驾驭的暴徒，将来可能危及齐国的安定，就劝齐景公道："我听说圣明的君王蓄养勇猛之士，对上要有君臣大义，对下要有长幼伦常，对内可以禁止暴乱，对外可以威慑敌军；……而现在君王蓄养的勇士，对上没有君臣大义，对下不讲长幼伦常；对内不能禁止暴乱，对外不能威慑敌军。这不过是祸国殃民之人罢了，不如赶快除掉他们。"景公也有同感，但是他说："这三个人极富勇力，硬拼恐怕不能成功，暗杀恐怕也刺不中。"工于心计的晏婴说："君王你就用不着担心这个了，我有办法，你只要照我说的办就可以了。"晏婴于是请景公派人把三个勇士请到朝堂之上，赏赐他们两个桃子，说："你们三个人为何不按照功劳大小来吃这两个桃子呢？"公孙接仰天长叹，说道："我公孙接曾经打败了野猪，又曾经打败了正在哺乳的母虎。像我公孙接这样的功劳，可以单独吃上一个桃子，而不用和别人分享。"公孙接说完就拿起了一个桃子站起身来。田开疆接着说道："我接连两次击退敌军。像我这样的功劳，也可以单独吃上一个桃子，而不用和别人分享。"田开疆说完也拿起一个桃子站起身来。古冶子说："我曾经跟随国君横渡黄河，大鳖咬住国君车驾左边的马，拖到河流中间，在那个时候，我不能在水面游，只有潜到水里，顶住逆流，潜行百步，又顺着水流，潜行了九里，最后找到那只大鳖，将它杀死。我又把马救起来，使国君转危为安。像我这样的功劳，也可以单独吃上一个桃子，而不用和别人分享！你们两人为何不把桃子交还给我！"古冶子说完就抽出宝剑，站起身来。公孙接、田开疆见状说道："我们的勇敢比不上您，功劳也及不上您，却在您之前拿起桃子而毫不谦让，这就是贪婪；既然如此贪婪，依然恬不知耻地活着，还有什么勇敢可言？"于是他们两人都交出了桃子，接着刎颈自杀。古冶子看到这种情形，说道："他们两个都死了，唯独我古冶子独自活着，这就是不仁；用话语去羞辱别人，吹捧自己，这就是不义；悔恨自己的言行，却又不敢去死，这就是无勇。"他感到很羞惭，于是也放下桃子，刎颈自杀。

这就是"二桃杀三士"。千年以后，李白在《梁甫吟》一诗中感慨道："力排南山三壮士，齐相杀之费二桃。"可见再强悍的猛士，也可能陷入阴谋家的圈套之中，被不明不白地算计死掉。

士部首内汉字往往与男性有关。如，女婿之"婿"本为"壻"，以女方为中心的语言环境下，形声字"壻"改为新的形声字"婿"。但是对一个人表示赞美之情，也往往称之为"士"而忽略她的性别。如称某女为"女士"，即为尊称。杨绛是著名学者，很多人称杨绛为"先生"，这个"先生"就相当于"女士"。"女士"在古代还有一个优雅的称呼"仕女"，仕女就是贵族、官宦家的女子，一般美丽优雅，古代画家常常以她们为题材作画，这类画叫"仕女画"。"仕"，就是一个普通的"民"（人）成为"士"，就是当官的意思。"仕途"就是当官的历程（偏指升迁）。"仕""壮"中的"士"都是对男士的赞美之词。

"壮"，从丬从士，是个形声字，"丬"有多个读音，在这里读 chuáng。"壮"本来意思是人体高大、肌肉结实、孔武有力，一个人（偏指男人）只有到了二三十岁，身体发育成熟，才"壮"。因此，长大成人叫"壮"。鸿门宴上，项羽见到私闯进门的樊哙，立马警觉起来，手按着剑柄，准备站起来，后来张良对项羽解释：闯进来的是刘邦的护卫人员樊哙，项羽立刻赞许道："壮士，赐之卮酒。"樊哙也不怯生，把一大杯酒仰面喝下，然后项羽又一次赞叹道："壮士，赐之彘肩。"又赏赐给樊哙一个猪腿啃食。自从西方列强入侵中国，中国人就被蔑称为"东亚病夫"，那个时代的中国青壮年男子，很多吸食鸦片，一个个是大烟鬼，羸弱无力。贵族子弟就是提着鸟笼子、拿着鼻烟壶到处瞎转悠，无所事事的八旗子弟。梁启超写了《少年中国说》，呼吁中国少年一起强壮起来，建设"少年中国"。在文末，他深情礼赞："美哉，我少年中国，与天不老！壮哉，我中国少年，与国无疆！"

壮族，旧称僮（zhuàng）族，是中国人口最多的一个少数民族，民族语言为壮语。壮族源于秦汉时期汉族史籍所记载的居住在岭南地区的"西瓯""骆越"等，主要聚居在南方，范围东起广东省连山壮族瑶族自治县，西至云南省文山壮族苗族自治州，北达贵州省黔东南苗族侗族自治州从江县，南抵北部湾。广西壮族自治区是壮族的主要分布区。1965 年 10 月 12

日，根据当时的国务院总理周恩来的提议，并征得壮族人民的同意，由国务院正式批准，把僮族的"僮"改为强壮的"壮"字。"壮"字有健康的意思，也不会误读。从此以后，僮族一律改写为壮族。

牡丹是中国的国花。牡丹花色泽艳丽，玉笑珠香，富丽堂皇，素有"花中之王"的美誉。每年春天在河南洛阳举办的"中国洛阳牡丹文化节"，吸引了来自全世界的游人观赏，甚至使得通往洛阳的公路堵塞。牡丹花一般都是复瓣，且花型较大，有雍容华贵之相，所以成为富贵的象征。皇宫中花匠如云，培养出的牡丹自然更是难得一见的珍品。传说，女皇武则天作为天下最有权势的女人，希望同时拥有所有美好之物，可是花开花落都是有时令的，什么季节开什么花那是一定的，鲜花不可能同时开放。武则天希望能同时欣赏所有花的美丽，于是她给百花仙子下一道圣旨，命令百花同时盛开。慑于她的淫威（如果不开就要放火烧），不同季节开放的花，竟然真的同时绽放，成为一道奇景。此事一时传遍长安，让人惊叹。而武则天的威严也随之传遍天下。可是偏偏有一种花不肯附和武则天的心意，那就是牡丹花。牡丹花高傲非凡，坚决不按圣旨盛开。武则天身为一代女皇，又怎容得下一株小小的牡丹公然与她对抗？她立刻下令，将牡丹贬谪到洛阳。从此，牡丹花只能在洛阳栽种，远离长安。唐代诗人白居易"花开花落二十日，一城之人皆若狂"和刘禹锡"唯有牡丹真国色，花开时节动京城"的诗句，正是东都洛阳牡丹品赏习俗的生动写照。

"牡丹"的"丹"是红色的意思，古人常用花红柳绿来形容美丽的春天，以花红代指花开。牡丹这么高贵，人工培育早在东汉时期就开始了。明代李时珍《本草纲目》说："牡丹虽结籽而根上生苗，故谓'牡'，其花红故谓'丹'。"结籽的花需要授粉，授粉当然是有性繁殖，而从根部长出苗，就是无性繁殖了。李时珍解释了这种花为什么叫牡丹。"牡"和"牝（pìn）"相对，分别代表雄性的鸟兽和雌性的鸟兽。原来"牡"字的"土"是"士"讹变来的，"士"代表雄性；"牝"的"匕"代表雌性。《尚书》上说："牝鸡司晨，惟家之索。"意思是母鸡在清晨打鸣，预示这个家庭就要败亡，比喻女性掌权，颠倒阴阳，会导致家破国亡。《封神演义》解释这句话是说商纣王宠爱苏妲己，胡乱施政，任意诛杀反对她的大臣，就会招致亡国。东汉光武帝是个爱江山也爱美人的皇帝。当他出生时，汉帝国的皇位被王莽篡夺，尽管他是汉高祖刘邦九世孙，汉景帝之子长沙定王刘发后裔，但是没有封地，沦落为南阳郡蔡阳县（今湖北省枣阳市）的一个"布衣"。刘秀年少时曾经去长安求学，在街上看到执金吾（保卫京城的官员）走过，场面甚是壮观、阔气，大为感叹，发出了"仕宦当作执金吾，娶妻当得阴丽华"的感慨和向往。阴丽华是春秋时代著名的齐相管仲之后，是南阳新野人。阴丽华在年少时便以美貌著称。刘秀的这两句人生理想表述广为流传，日后成了千古名言，他和阴丽华的爱情故事也千古传颂。刘秀在事业有成时，不再满足于"执金吾"的官职，但是马上娶阴丽华为妻。后来他南征北战，夺取了天下，当上了皇帝，身边美人如云，阴丽华始终没生孩子，刘秀依然封她为皇后。阴丽华不仅长相漂亮，且气质高雅，心地善良，与人无争。有一天皇帝刘秀就封赏大臣的大事询问阴丽华，阴丽华回答说："牝鸡不司晨，君臣不易位。"意思是我虽然贵为皇后，但是在皇帝你面前还是个臣子，不该参政替皇帝做主。阴丽华的话使刘秀更为感动。史书记载：永平七年，阴丽华"薨"，谥号"光烈"，与刘秀合葬于原陵。阴丽华一生恭谨俭约，不好赏玩珍品，不喜欢嬉笑戏谑，生性仁爱孝顺，怜悯慈爱。

"赤"的甲骨文字形中，上面是"人"，下面是"火"，在一起的意思是人被火烤红了（因为大火的颜色是红色）。这个字给我们描绘了原始人类围坐在篝火旁的情形：熊熊燃烧的篝火，黑黢黢的四周和天空，围坐在篝火旁的一群人个个是红黄色的面孔，赤裸着上身。金文与甲骨文形体一致。小篆依然是"人"（大）"火"的形象。隶变——隶书简化之后失去原有形象。"赤"字的本义是"红色"。《尚书》解释："赤者，火色也。"姚鼐《登泰山记》："日上，正赤如丹。下有红光，动摇承之。或曰，此东海也。"——太阳升上来了，红得像朱砂一样，下面有红光晃动摇荡着托着它。有人说，这是东海。"正赤"，这说明"赤"的颜色就是火光映照在人身上的颜色，和初升的太阳颜色还有一定差别，稍微暗一些。中国古代的五行理论认为：金木水火土这五个基本元素构成了世界，和东西南北中相对应。东方属木，西方属金，南方属火，北方属水，土属中。前文说过郑州市的金水河是从西方流过来，就是这个理论的体现。南方属火，赤为南方之色，后因以赤指南方。笔者曾经到南宋灭亡的崖山（也写作"厓山"），看到青龙、朱雀、白虎、玄武四个"神兽"，才悟到这四个"神兽"在很多古迹中都有。四个神兽代表着四个方向，中间是麒麟，当然也是神兽。四个神兽又各自有七个星宿，合起来就是二十八星宿。朱雀是一只彩色（红色为主）的凤凰，凤凰可以涅槃，也就是浴火重生，所以被称为不死鸟，也叫火凤凰。王勃《滕王阁序》中夸赞"豫章故郡，洪都新府"的南昌——星分翼轸，地接衡庐，翼和轸是南方七宿中的两个。

人们经常说一个人忠心耿耿，赤胆忠心，这里的"赤胆"是"忠心"的意思。《三字经》说"人之初，性本善"，一个小孩子是天真无邪的，有"赤子之心"，纯真无邪。"赤诚"就是非常忠诚。

1871年3月28日，工人阶级性质的法国"巴黎公社"正式成立，反革命的梯也尔法军竟然在普鲁士军队的帮助下，对公社成员发动攻击，公社成员也群起反抗。因为一时找不到代表公社的旗帜，公社里的一名女工于是从自己身上的红裙撕下一块红布，作为公社的标志。从此以后，红色便引用为一切进步热情、反抗不义的阶级解放之符号。与此相对，代表反动、保守的势力，便是"白色"。列宁领导的俄国十月革命，和巴黎公社革命一样是无产阶级革命，旗帜也是红色的，被视作赤色革命。十月革命胜利之后，反对俄国赤色革命的英国、法国、波兰、日本、美国纷纷派遣或者支持武装力量，扼杀俄国的赤色革命。中国共产党的早期领导人瞿秋白在救国思想的影响下到了俄国，写成了最早的报告文学作品——《饿乡纪程》《赤都心史》，饿乡就是俄国，既是音译也是意译，俄、饿两个字音近似，同时在帝国主义围困下，俄罗斯人民处于极端困苦之中，吃不饱穿不暖；"赤都"就是苏俄首都莫斯科。中国共产党独立领导的工农革命，和俄国革命一样是赤色革命。

"赤"还有赤裸的、裸露的意思。赤足就是没有穿鞋袜，赤膊上阵，形容一个人鲁莽、勇敢——《水浒传》里的李逵就是这样，不穿盔甲冲上战场。"赤"还从"赤裸"引申为"空的"，例如"赤手空拳"，手里什么武器也没有。《韩非子》里有"晋国大旱，赤地三年"的叙述，因为干旱，土地上寸草不生，庄稼绝收，这就是"赤地千里"。这样的时期最容易引发农民起义，明末李自成、张献忠等就是在"陕北大旱，赤地千里"的情况下铤而走险、揭竿斩木起义的。

艹（艸）部字

艹（艸）（cǎo），象形字。小篆字形象草形，隶定为"艸"，本义为草，后作"草"。

作为部首，都在字的上边，简写作"艹"。"草"是部中常用字，故称草头或草字头。部中的字多与草木有关系，大致可分为三类：①指树木以外的植物名，如茶、菊、菜、蒜；②指草木的性状，如芳、茂、萎、蔫；③指与草木有关的动作，如苫、落、薅。中国是农耕文明国家，对植物的认识最深入，因而艹（艸）部字"人数众多"，我们仅仅挑选几个特殊的分析一下。

两棵小草是"艸"，三棵（代表多棵）是卉，花卉，就是花草。古代、近代女子常常取"花"为名，现在女子以"卉"为名，实质一样。

中医是中华民族最宝贵的文化遗产之一。明代李时珍是中医药历史上最有贡献的药物学家，他所著的《本草纲目》成了中医的药学经典。今天，治病用的"药"依然保存了中药文化。药，形声字，药是草的副产品，草药药效绵长，尤其适合治疗慢性病。神农尝百草，从那时起，中华民族对草的药用价值就做了深入细致而广泛的研究，是中华民族对人类的突出贡献。药到病除、灵丹妙药，都反映了中医在中国历史上的重要作用和崇高地位。

《荀子·劝学》开篇说："学不可以已。青，取之于蓝，而胜于蓝。"这里的"蓝"是个形声字，上形下声，指蓝草。蓝草是可制取靛青的植物，种类繁多，分布广泛。棉花纺线织成的布，是白色的，容易脏，所以用靛青染成蓝色的。"染"就是用从草本植物中提取的靛青来反复浸染白布。靛青是在染缸里的液态（蓝色的水），"九"代表反复多次，"木"代表从草本植物中提取的靛青。笔者的祖辈是田地很少的农民，但有人力和耕牛，租种地主家的土地，交租一半，日子过得紧巴巴的。曾经有机会成为小康之家：染布。买了几口染缸，自己采到蓝草制成靛青，请来师傅指导，开始染布。结果生意兴隆，方圆几十里的农民都把白布送到染坊（实际上就是院子）来染。送来的白布多了，当地的土匪眼红了，趁着月黑风高夜"砸染坊"，打死了师傅，抢走了几百匹布。父辈给笔者回忆这段家史，笔者可以想象到当时的情景。新中国成立后，国家很艰难地从积贫积弱的状态走出来，农民还是穿着棉花纺织的靛青染的蓝布衣服。笔者的兄弟姊妹都穿过自己的"家织布"做成的衣服，的确如朱德《回忆我的母亲》中说的，"有铜钱那样厚"，一件衣服穿几个孩子。冬天盖的被子里是蓝布，纯棉制，保温效果很好，不凉。

《离骚》多次用香草美人比喻正人君子，也是自喻。"惟草木之零落兮，恐美人之迟暮"，美人迟暮就是草木零落，自己的理想不能实现，人生还有什么意义？"扈江离与辟芷兮，纫秋兰以为佩"，兰草是散发香味的一种植物，用来比喻有美德的君子，浑身散发着人格的香气。兰，繁体"蘭"，形声字。中国古代到近代，有志同道合的朋友"义结金兰"，"兰"就是兰谱，结拜盟兄弟时互相交换的帖子，帖子上写各自家族的谱系。兰有香味，喻情投意合。"义"就是讲义气，义气的香味就好像兰花的香味。《易经·系辞上》："二人同心，其利断金；同心之言，其臭如兰。"臭（xiù），气味，当时偏指香味。[嗅，闻香味，臭（chòu）味难闻。臭（xiù），会意字，上"自"慢慢演变为"鼻"，狗鼻子最灵敏]义结金兰比喻情义坚固契合。《三国演义》中，刘备、关羽及张飞在涿郡张飞庄后花开正盛的桃园，备下乌牛白马，祭告天地，焚香再拜，结为异姓兄弟，就是"义结金兰"。水浒一百单八将，也是"义结金兰"。

我们的先祖从原始森林走出，开始用兽皮缝制衣服。黄帝的妻子嫘祖发明养蚕，从此中国人开始穿着麻布和丝布的衣服，直到汉魏，这种情况都未改变。吃穿都是关乎生命的大事，古代很重视，历代重农抑商，因为农业解决吃的，也解决穿的。"开轩面场圃，把酒话桑麻"，桑麻是人们聊天的话题。《荀子·劝学》："蓬生麻中，不扶而直；白沙在涅，与之俱黑"，强调一个人成长的环境非常重要。麻：大麻、亚麻、苎麻、黄麻、剑麻等植物的统称，茎直，茎皮纤维长而坚韧。涅（niè）：黑泥。飞蓬生长在麻秆中，不用扶自然就会长直；白沙混杂在黑泥中，不用专门去染也会变黑。比喻环境对人的影响很大，什么样的环境就会熏陶出什么样的人。笔者见到的麻都是一年生草本植物，速生，对土壤肥力有超强的吸收作用。蓬是一种攀缘植物，攀附在麻秆上。麻，本来写作“蔴”，会意字。从艹（cǎo），从广（yǎn），从林（fèi）。广表示房子，林指削制的麻皮，合而表示在家里劈麻，进行剥制，就是把纤维（麻秆的外皮）从秆上剥下来。这个劳动，笔者幼时也做过，往往是把“生麻”捆成捆放进池塘里，用污泥埋在水底沤烂，再捞起来，麻皮和内秆容易分离。几千年来我们的先民不知道怎么制作的麻布，麻的纤维粗，麻布保暖效果不如棉纤维布。

“葛”是形声字。葛，通称“葛麻”，多年生草本植物，茎可编篮做绳，纤维可织布，块根肥大，称“葛根”，可制淀粉，亦可入药。葛藤生长在山上，笔者幼时上山砍柴，用葛藤来捆扎砍的柴草，用木棍子串好挑回家。家里院子里没有晾晒衣物的铁丝，就用一根又粗又长的葛藤来当晾衣绳子。这绳子廉价、结实、耐久。铁丝绳子晾衣物，衣物上常常有铁锈痕迹，葛藤没有。葛麻纺织的布，制作成帽子和鞋子，样式在古装电视剧中经常见到。辛弃疾《水调歌头·题永丰杨少游提点一枝堂》上阕写道：

万事几时足，日月自西东。无穷宇宙，人是一粟太仓中。一葛一裘经岁，一钵一瓶终日，老子旧家风。更著一杯酒，梦觉大槐宫。

辛弃疾是报国无门的志士，"一葛一裘经岁，一钵一瓶终日，老子旧家风"，他夏天就一身葛布衣服，冬天也就一身兽皮衣服，就这样一年又一年；吃饭就用一个钵盂（暗含没有鱼肉甚至没有蔬菜等副食），喝水就用一个瓶子，就这样一天又一天。上阕借以表明他已经习惯了清贫的生活，词人安贫乐道，但是饮酒，酒后"醉里挑灯看剑，梦回吹角连营"。

蘑菇是菌类，古人也把菌类看作草。前文提到的江离、辟芷、秋兰都是香草，带有芬芳气息的草木。整篇《离骚》中这样的香草频繁出现，种类繁多，还有木兰、宿莽、申椒、菌桂、蕙、茝、留夷、揭车、杜衡、秋菊、木根等多种带有芳香气味的草木。蕙，香草，后来专指这种草发出的香味。现代诗人汪静之有白话诗《蕙的风》：

是哪里吹来

这蕙花的风——

温馨的蕙花的风？

蕙花深锁在园里，

伊满怀着幽怨。

伊底幽香潜出园外，

去招伊所爱的蝶儿。

雅洁的蝶儿，

薰在蕙风里：

他陶醉了；

想去寻着伊呢。

……

蕙花，在这首诗里比喻怀春的少女，正值青春年少，却被"男女授受不亲"的封建礼教幽闭在荒草园中，而"雅洁的蝶儿"则是大胆追求爱情的青少年男子。《蕙的风》和刘半农的《教我如何不想她》，被当时反对白话诗的遗老遗少们斥责为伤风败俗的作品。今天，"招蜂惹蝶"是一个完全的贬义词。

杜衡，即杜若，马兜铃科多年生草本香草，文学作品中常用以比喻君子、贤人。近现代有很多人用"杜衡"作笔名，如诗人郭沫若。郭沫若是研究"屈原赋"的大家，他的笔名"杜衡"，来自《离骚》。

"若"字的"艹"是其他"构件"讹变而来，若与草没有任何关系。

湖北省简称"鄂"（è），"鄂"是一个形声字，也是一个会意字，这类情况的汉字比比皆是。"鄂"的"阝"（双耳刀，即"邑"）和"陈"（古代陈国，今天周口市淮阳一带，国家灭亡后成为地名）、"郑"（新郑市，国家灭亡后成为地名）、"邦"（城邦，城邦国家的核心）、"邙"（邙山）、"邢"（在今天扬州一带)、"邓"（春秋时古国，在今天河南邓州一带）、郯（古代郯国，灭亡后成地名，在今天山东郯城一带）等字的"阝"一样，表明"鄂"是个地名。"鄂"这个地名来自夏朝，当时"鄂"部落（夏部落成为国家，鄂部落也可视为国家）迁徙到今天湖北随州一带（随，古国名），然后分成两支，一支往西北迁徙到今天南阳城区北边，为"西鄂"。《后汉书·张衡传》："张衡字平子，南阳西鄂人也。"另一支南迁至今天湖北鄂州一带。今天的湖北省简称，来自鄂州。鄂，读音同"鳄"，鄂部落最初的生存本领、特长，就是善于捕捉鳄鱼，结果被别的部落呼为"è"，因此"鄂"是形声字，也是会意字。

湖北常常被称为荆楚大地，因为周朝时的楚国，核心在今天湖北。楚国曾经的国都在郢（yǐng，在今天湖北江陵），在郢周边，有荆州、荆门等地。荆楚，在《诗经·商颂》中就留下记载："维女荆楚，居国南乡。"意思是，你那荆楚，在中原的南方。荆与楚二字其实有着相同的意思，荆最初指的是生长在南方的一种灌木，这种灌木条非常适合编筐和篮子，也经常用来制作刑杖。后世把单独的"荆"字引申为刑杖，这就是"负荆请罪"的荆条。笔者幼年时上山砍过荆条，这种灌木开着蓝花，一年生的嫩枝条很柔韧，当地人用来编筐，结实，耐用，这些筐有自家用的，大部分用来挑运土、石灰、水泥等。紫荆开的花是紫色的，郑州市有紫荆山公园，公园里每年春天紫荆花开放，绚丽多彩。楚，落叶灌木，鲜叶可入药，枝干坚劲，可以做杖，亦称"牡荆"。打人者总想着加大被打者的痛楚，"楚"做刑杖就再合适不过了：结实、耐用、坚硬。荆楚并称，相当于殷商并称。相传在大禹治水时期，将整个天下分为九州，湖北、湖南所在地属于荆州，荆州在荆山的南面。《尚书·禹贡》也提到了豫州，荆山与黄河之间是豫州。荆山在湖北省西北部，东到荆门、襄阳南漳一带，西至宜昌、远安，北到房县，南到荆门、宜昌当阳一线，东西连绵 150 公里。荆山南边，居住有"荆蛮"，蛮，就是中原地区对南方地区部族的称谓。楚国先祖鬻熊（yù xióng）是周文王的火师，周成王封鬻熊的孙子熊绎为诸侯，爵位是子侯，即"楚子"，相当于"郑公""蔡侯"等诸侯王的称呼。楚国封地在丹阳，即今天湖北秭归，面积只有方圆五十里。鬻熊妻子妣厉在生产时难产，剖腹产生下儿子熊丽，熊丽活了下来，妣厉却死去，巫师用荆条包裹妣厉的尸体并埋葬，为了纪念这位楚国先人，楚人就把自己的族群名字定为楚。熊丽就是熊绎的父亲。熊绎成为楚王后，在荆山以南直至巴山楚水之间迁徙，就像商部落在河南东、北、东北，山东西南，河北南部迁徙一样。这个周王的子爵国家，具有艰苦创业的朝气蓬勃，不断兼并中原地区的诸侯国，最终成为战国七雄中面积最大的国家。楚人就以丹阳为根据地，开始了"筚路蓝缕，以启山林"的艰苦创业。到春秋时期，楚国已经成为拥土五千里的强大诸侯国，还成为春秋五霸和战国七雄之一，因为楚国生活在荆山附近，也生活在荆州地界，所以楚国被称为荆楚。楚国最强盛时，西北到陕东南的商，即今天商州，南至长沙（长风沙）、炎帝陵（炎陵），东至吴、越（兼并了这两个国家），东北至徐国（今江苏徐州）、陈国（今河南周口），北边到邓国（兼并了邓国）、申国（今河南南阳，南阳当时称宛，是楚国著名冶铁的地方）。战国七雄名义上是周天子分封的诸侯国，实际上到东周时已经不再听从周天子的号召了。"七雄"中韩、赵、魏是姬姓国晋国分裂而来（三家分晋）；秦国是嬴姓国家，秦的先祖为周王牧马有功，被分封在今天甘肃天水一带，逐渐兼并周围国家而成为"七雄"之一；燕国也是姬姓国家；齐国是姜姓国家，先祖是周武王的相父姜子牙，后来"田氏代齐"［也叫田陈篡齐，指战国初年陈国妫姓田氏后代取代齐国姜姓吕氏成为齐侯（齐威王始称齐王）的事件］，姜姓齐国的最后一代君主齐康公被田和放逐到海上，姜姓齐国的正宗绝祀，后来的齐国是田姓；楚国芈姓，熊氏。后来芈姓又分出屈、景、昭等姓。屈原、景差等都是楚王的同姓族人。

笔者大学时代，流行琼瑶小说。当时中文系要我写评论文章，批判琼瑶小说。我认为要批判琼瑶小说，就要"知己知彼"。我认为我的"免疫能力"还可以，就读了小说《窗外》《在水一方》，认清了琼瑶小说千篇一律的情节和迎合恋爱中男女的心理的内容，但发现《在水一方》中的歌词很美：

绿草苍苍，白雾茫茫。有位佳人，在水一方。绿草萋萋，白雾迷离。有位佳人，靠水而居。

我愿逆流而上，依偎在她身旁，无奈前有险滩，道路又远又长。我愿顺流而下，找寻她的方向，却见依稀仿佛，她在水的中央。

我愿逆流而上，与她轻言细语。无奈前有险滩，道路曲折无已。我愿顺流而下，找寻她的足迹，却见仿佛依稀，她在水中伫立。

……

这美轮美奂的歌词，配上动人曼妙的旋律，让我如痴如醉。心想琼瑶这个女作家怎么能写出这样的歌词？可以说是千古绝唱！读过这本小说的第二个学年，中文系开设的《中国文学史》开讲，我读到中国的第一部诗歌总集《诗经》中的《秦风·蒹葭》，才发现这首诗那么熟悉，似曾相识：

蒹葭苍苍，白露为霜。所谓伊人，在水一方。溯洄从之，道阻且长。溯游从之，宛在水中央。

……

原来《在水一方》美轮美奂的歌词来自《诗经》。《诗经》《离骚》等文学作品确实是后世文学的源头。

蒹葭，芦苇。蒹，没长穗的芦苇。葭，初生的芦苇。苍苍：青苍，老青色。这两个字都是形声字。同是芦苇，但名字不一样，笔者不禁感叹我们的先人对植物观察那么深入，分类那么细致，描写那么形象。《蒹葭》这首民歌押韵，又有节奏，遥想当时秦地的人，载歌载舞演绎这首歌，一定给人创造了一个优美的意境。

"华"，繁体写作"華"，是个多音多义字。金文字形像花叶下垂，下部是花蒂。《说文解字》："華，荣也。"荣，就是花朵。后来"華"写作"花"，读作 huā。《诗经·周南·桃夭》："桃之夭夭，灼灼其华。"（桃树含苞满枝杈，红霞灿烂一树花）《尔雅·释草》："木谓之華，草谓之荣。"原来"荣华富贵"来源于此。人生是一棵树，这时正"灼灼其华"；人生像一片草，这时正"欣欣向荣"。多么美好的时节！唐代诗人李商隐《锦瑟》："锦瑟无端五十弦，一弦一柱思华年。"意思是：那精美的琴瑟为什么竟然有五十根弦，演奏时一弦一柱都使我回忆起（以往的）青春年华。"华年"就是"年华"，即青春这美好的人生阶段。由"花朵"引申为"开花"，如"春华秋实"。繁花似锦的春天，当然美丽，这就是"华丽"，这里"华"，引申为"美丽"。文章辞藻丰富，叫"辞章华丽"。老子推崇自然，反对华而不实，《道德经》中说："大丈夫处其厚，不居其薄；处其实，不居其华。"意思是：大丈夫立身敦厚，不居于浅薄，存心朴实，不居于虚荣和浮华。花开放当然是多彩的，好看，但是这个"多彩"，是有色彩层次的，红花要绿叶扶持，当然也靠绿色衬托；多样的色彩，要白色来衬托。苏轼《念奴娇·赤壁怀古》："多情应笑我，早生华发。"意思是：应该笑我多情，致使白发很早就满头。"华发"，花白的头发。温庭筠《醉歌》："入门下马问谁在，降阶握手登华堂。"华堂"的"华"是"绚丽多彩"的，用于指雕塑、绘画、装饰。著名的复旦大学的名称来自《尚书大传》："日月光华，旦复旦兮。"意思是：日月之光（轮流着）照耀大地，昼夜交替，永不停息（一天又一天）。光华，日月的光辉。

华，借指中国或者中华民族。今天，在海外的华侨、华人、华裔，被称作"唐人"，这个可以理解，大唐帝国是当时世界上最强盛的帝国。中华的主体民族是汉族，为什么被称为汉族、汉人，这也可以理解。华侨、华裔被称为"华人"，这又是为什么？笔者查遍工具书，采用最权威的说法：汉族是从汉朝之前的华夏族逐渐演变而成的，也就是说，华夏族是汉人的前身。华夏，是中国的古称，也是生于斯长于斯的华夏民族的称谓。"夏"字也叫"华夏""诸夏"，那么为什么称"夏"呢？是不是因为秦朝之前有"夏商周"三代的夏朝呢？为什么不称"华商""华周"而称"华夏"呢？联系"殷商""荆楚"这些称谓，可以推断"华"就是"夏"，但是"殷""商"是有区别的，商王朝迁都到"殷"之后才称为"殷商"；同理，"荆"和"楚"是有区别的，楚国在春秋时期叫"荆国""荆楚"，到战国时期，地盘扩大后，超出"荆"的范围了，就只叫"楚国"了。由此推想，"华""夏"还是有区别的。"夏"是个会意字。小篆字形，从页，从臼，从夂。页（xié），人头；臼（jù），两手；夂（suī），两足；合起来象人形。本义：古代汉民族自称。这是权威工具书一致的解释。

综上可知，"夏"就是"高大的人"，造"夏"字时极力显现人的身形的高、面部的大。那个时候自称"夏"的人，一定对顶天立地、高大威武、堂堂正正的自我形象引以为傲，没有人自称自己的缺点。"夏"人比谁高大？比谁威武？高大有什么了不起？显现威武又为什么？据此推断，自称高大，就是在猎捕动物时看得远、跑得快，能在很远的距离外发现和追捕动物。这样的"夏"，从生理上分析，一定是男人了。"夏"身体强壮，又有胆量，共同担负着捕猎养活整个部落的重任。部落的女性呢？她们也不吃闲饭，因为身体相对矮小，腿脚相对"夏"缓慢、不耐久，就采集植物的果实贡献给整个部落。这样男女组成的部落过着"原始共产主义"生活，集体的力量使部落人"有饭同吃，有难同当"，得以生存。采集者——女性，不可能像男性那样很容易追捕到动物，但是可以采集到植物的果实。爱美之心人皆有之，她们在采集植物果实时，一定经常发现"華"，就是美丽的花朵，她们临回"家"时，采摘了花朵，插在头发上，显示自己的成绩和美丽。这和"夏"穿着兽皮，头上插着雉鸡翎，是一样的目的。所以，"华"就是指和"夏"一起生活在华夏部落的女性。有男有女，男捕女采，"夏"不一定每次打猎都收获颇丰，但"家"里有"华"采摘的植物果实，保证"家"里的人不饿肚子；"华"也不是每个季节都能采集到丰富的果实，但是"家"里有"夏"猎捕到的高蛋白、高脂肪的肉，保证营养，这样部族生存了，繁衍了，发展壮大了，就自称"华夏"了。华夏的"夏"，顶天立地，高大威武，依靠自己的身体条件，为"家"做出了突出的贡献；华夏的"华"也依靠自身的细心、手脚麻利，采集植物果实（即使到今天，春季采茶，女性快于男性，显示出眼疾手快的特长），同样为"家"做出突出贡献。

遥想华夏先民从森林里走出，从与凶禽猛兽的生存竞争中脱颖而出，何其艰难！其成功的秘诀，就是社会化程度高——共同劳动，共同抚养幼儿，这样保证了部族的繁衍和强大。任何离群索居的"孤家寡人"都是很弱小的，很难生存的。要被社会化程度很高的"原始共产主义社会"部落所接纳，就要对部落有贡献，"不劳而获"是不受欢迎的，也是不可能的。人类进入阶级社会，充满着掠夺和屠杀，就是因为有人违反人类的生存法则，不劳而获，剥夺、占有别人的劳动果实，过着奢华无比的生活。"获"字是"獲""穫"两个字的简化、归并，"獲""穫"分别是"夏"和"华"的劳动方式。獲（huò），形声字，也是会意字，从犬，蒦（huó）声；按甲骨文从隹从又，表示捕鸟在手；本义：猎得禽兽。隹，鸟，也是原始人类猎捕的对象和食的来源；又，就是一双双手。手抓住鸟，是"获"；在猎犬的协助下抓住羊、鹿（如果吃不完了，圈养起来加以驯化），也是"获"。"獲"是渔猎文明的标志。这样一种获得食物的方式，逐渐被"穫"取代。"穫"，形声字兼会意字，收割庄稼，农耕文明的标志。《诗经·豳风·七月》："八月剥枣，十月获稻。"《诗经·周颂·载芟》："载获济济，有实其积，万亿及秭。"（收获谷物真是多，露天堆满打谷场，成万成亿难计量）看来这些民歌产生时，收获植物果实的方式已经不再是采摘。《荀子·富国》："一岁而再获之。"看来战国时（荀子生活时代），华夏的农业生产已经实现一年两熟了。《说文解字》："获，刈谷也。"谷，五谷的简称。"五谷"，古代有多种不同说法，最主要的有两种：一种指稻、黍、稷、麦、菽；另一种指麻、黍、稷、麦、菽。两者的区别是：前者有稻无麻，后者有麻无稻。古代经济文化中心在黄河流域，稻的主要产地在南方，而北方种稻有限，所以"五谷"中最初无稻。考古发现，远离黄河流域的河姆渡氏族社会区域、三星堆周边区域，古代文明已经达到很高水平，和黄河流域的文明有很多一致性（例如文字），这说明对南方文明的考古发现不足，而《尚书》《春秋》《诗经》等文化典籍产生在黄河流域，有这些文化典籍，我们认识古代文明就有了可靠的依据。笔者倾向于"五谷"包括麻这一种说法，因为生存不仅仅要吃饱，而且要穿暖。

"获"从"猎获"到"收割"，引申为"得到的东西"。《管子》："一树一获者，谷也；一树十获者，木也；一树百获者，人也。"这里的"获"就是指"得到的成果或利益"。种树比种谷子慢，十年树木，但是一树十获，一棵果树至少能够结十年的果实。"树人"更慢了，百年树人，但是一树百获，是一本万利的。"树人"就不是简简单单地生产一个个了，还要"育"，这样才能有好的收获。

人类确实是"宇宙的精华，万物的灵长"（莎士比亚《哈姆雷特》），知道利用外物为自己"获"，猎捕动物时，华夏先民很早就知道借助于犬。《诗·小雅·巧言》："跃跃毚兔，遇犬获之"。那蹦蹦跳跳、非常狡猾的野兔，遇上猎狗就被抓获了。今天公安破案，抓捕罪犯，很多时候还借助于犬，这些罪犯就是"猎物"。《周礼·大司马》："获者取左耳。"（"取"字的本义）意思是怎么证明你在战场上俘获的俘虏多、战功大？用割取俘虏的左耳来证明。"获"，俘获，俘虏。为什么要割取左耳，而不是割掉右耳或双耳来证明呢？因为割一只耳朵比割两只耳朵要容易一些，给俘虏带来的痛苦也要小一些。至于要求是左耳而不是右耳，那就是事先约定的，避免滥竽充数贪取他人的功劳。《左传·僖公三十二年》："获百里孟明视。"在秦晋殽之战中，晋国在秦国军队回国的路上设下埋伏，俘虏了秦军大将孟明视。秦穆公要发动越过晋国地盘的侵略战争时，派孟明视为三军统帅，孟明视的父亲百里奚是秦国的国相，当时就预料到秦穆公发动战争的后果，强烈反对，但是秦穆公贪得无厌，一意孤行，造成秦军主帅被俘虏的结果。

出身绍兴名门望族的俞明震，是近代中国一个有强烈爱国心的清政府官员。他科举出身，但是思想开明，目睹甲午战败割地赔款的国情，戊戌变法期间，积极支持康、梁，并参与湖南巡抚陈宝箴在当地推行的新政。维新变法失败后，俞明震转任南京江南水师学堂兼附设矿务铁路学堂总办。这时，家乡绍兴来的有志青年周樟寿到江南水师学堂。周樟寿就是以后文学家、思想家、中国现代文学奠基人鲁迅，和俞明震同是浙江绍兴人。周樟寿1881年出生于绍兴城一个破落的家族里，目睹父亲和祖父陷入科举考试的"科场案",祖父身陷囹圄,父亲郁郁而死,他在 17 岁时放弃科举考试,到南京学习"洋务",实际上就是现代科学。这一年,他给自己改名"周树人"。毫无疑问,其中有"百年树人"的寓意。周树人辗转江南水师学堂到矿务铁路学堂,"吾师"俞明震(周树人回忆性文章中,提到俞明震,以"吾师"称呼)起了关键作用。周树人在南京想找出路(个人的出路和救国救民的正确道路),结果是"上穷碧落下黄泉,两处茫茫皆不见"("上穷碧落"是指自己学水师,也就是海军,爬上了船上很高的桅杆;"下黄泉"是指自己学采煤矿,深入地下冒出黄泉的深处)。在俞明震的建议和安排下,周树人东渡日本。

　　南京几年中,周树人深入阅读并接受了含有社会达尔文主义(认为人类的各个种族也是物竞天择、适者生存、优胜劣汰)的《天演论》,人类社会各民族"优胜劣汰"的认识加强了他寻求救国救民道路的紧迫感。到日本留学,被视为"弱国子民"的处境触发了他更强烈的救国决心,他放弃了只能救治人身体上疾病的医学,转向救治人精神上疾病的文学。在他忧国忧民的思想的促使下,留学不仅仅是为了谋生,更是为了谋求国民的觉醒和国家的强大。孙中山、章炳麟(章太炎)、陈英士(陈其美)、蔡元培等革命派流亡日本,周树人自然而然接近他们,接受了他们的民族、民主革命思想。回到中国后他在绍兴和杭州的师范院校里教了两年书,辛亥革命后,蔡元培成为中华民国教育部部长,在蔡元培的主持下,周树人先到南京孙中山担任临时大总统的中华民国临时政府教育部任职，孙中山辞去临时大总统职务，周树人后随着民国政府迁往北京教育部任职。他目睹了袁世凯称帝、张勋复辟等一系列历史倒退事件，思想上"轰毁了"。随后几年，他沉迷于"抄古碑"中。直到新文化运动兴起，陈独秀、李大钊等领袖振臂一呼，主张文学革命，在"文学革命派"钱玄同的劝说下，周树人才走出"抄古碑"的书斋，投身到新文化运动中。他以"鲁迅"为笔名，发表了一系列分量很重的小说和杂文，抨击根深蒂固的封建思想。名义上的民国政府、实际上的北洋军阀政府控制的北中国，政治黑暗，封建军阀混战，段祺瑞执政府曾经制造了屠杀爱国学生的三一八惨案。这时，孙中山的革命派在一系列失败之后，重整旗鼓，在广州逐渐站住了脚。鲁迅又辗转厦门到中山大学任职。1927 年国民党右派"清党"，大肆屠杀民主革命的盟友共产党人。鲁迅目睹了一系列血淋淋的事实，思想再一次"轰毁"。蒋介石是鲁迅挚友陈英士选拔推荐给孙中山的"革命党人"，因为这种关系，并没有把屠刀举到同情共产党、倾向共产党的鲁迅头上，但是鲁迅还是毅然决然辞去中山大学的教职，到上海以文学创作唤起民众，继续他的救国救民理想。

鲁迅是中国近现代历史上伟大的思想家、革命家、文学家，他的文学作品之所以影响深远，当然有学贯东西、融汇古今的艺术，更重要的是他忧国忧民、谋求思想解放的革命性内容。鲁迅的思想，对于一个封建思想根深蒂固的、从半殖民地半封建社会走过来的中国，有着永久不可磨灭的价值。当代文学理论家、鲁迅研究专家刘再复曾经以"鲁迅成功的时代原因和个人原因"为题作了学术报告，他指出鲁迅是成功的，这样的文学家、思想家、革命家，成功是有特殊的时代原因的。也就是说，是中国上百年的历史中的思想革命运动造就了鲁迅这样一个思想家、革命家。这是"百年树人"的最好的诠释，周樟寿当初改名周树人时，是想不到这一点的。如果没有维新变法、辛亥革命、新文化运动这三次思想解放运动，就不可能成就鲁迅这样一个思想家、革命家。这三次思想革命运动，完成了对半殖民地半封建中国的思想启蒙，使这个时代的知识分子，从破落的封建家庭里走出来，走上革命的道路，唤起了民众，教育了民众，团结了民众，形成了中国革命的中坚力量，开展了轰轰烈烈的民族独立、人民解放的革命运动，使半殖民地半封建、濒临亡国灭种的旧中国，凤凰涅槃，成为独立、民主的新中国。如果从1898年的维新变法（实际上的思想革命）运动算起，这个过程也就是半个世纪。其中，孙中山、章炳麟、陈独秀、李大钊、鲁迅、毛泽东等革命的思想家唤起民众的思想，居功至伟。

各行各业的品学兼优人才对历史的推动作用是毋庸置疑的，"十年树木，百年树人"绝非夸张。和这里的"树"同义的有"艺术"的"艺"。今天简化的"艺"是个形声字，这是语言文字工作者的创造。简化字，实际上是造字，造出简化的字代替原来的繁体字。如把形声字"國"简化成"国"，國即

"口"（形旁，代表一个国家的四边疆界）＋"或"（声旁），简化后"国"是个会意字，即"口"（代表一个国家的四边疆界）＋玉（代表珍宝），即有四边国界线的封闭区域，里面物产丰富。"艺"繁体字为"藝"，甲骨文字形左上是"木"，表植物；右边是人用双手操作。又写成"埶"，从坴（lù），土块；从丮（jí），拿。藝，本义：种植。西方，特别是地中海沿岸的欧洲国家，园艺业发达。我们今天大学开设"园艺"这个专业，但是很少人知道（或者正视过）"艺"的本义。"一亩园十亩田"，是说园艺业很费工。当然，也可以把园艺业理解为种植园子（花园、果园、菜园）的艺术，但"园艺"的"艺"本义是"种植"。《诗经·齐风·南山》："蓺麻如之何？衡从其亩。取妻如之何？必告父母。"意思是：怎么种麻才能种出好麻？那就要纵横（衡，通"横"；从，通"纵"）深翻土地。怎样才能娶（取）到一个好妻子？那就要告知父母，取得双亲的同意。远古先民从洪荒时代走到今天，每一位发明创造者都功不可没，他们往往被推举为领袖。如黄帝轩辕氏，是他发明了车，解除了人们搬动重物的繁重劳动之苦；炎帝神农氏，发明了耒耜（犁地），还尝百草，了解各种植物的药性。五帝之一的帝喾是黄帝的曾孙，帝喾的长子是后稷。《诗经·大雅·生民》描述稷是他母亲、帝喾的元妃姜嫄外出到田野里，由于好奇踩踏了巨人的脚印，在稷山（今山西省稷山县）脚下怀孕生的。《山海经》记载稷少年时，被父母所弃。《史记》记载后稷姓姬，名弃。后稷为童时，好种麻、菽。成人后，有相地之宜，肉眼观察一块地，能够看出这块地适宜种植什么作物，就是"因地制宜"，善种谷物稼穑，教民耕种。尧帝选拔他为"相"，司农之神。封后稷于有邰（今陕西省武功县西南，生下后稷的姜嫄，因此叫"有邰氏"部落之女），后稷第一个建立粮食储备库和畎亩法，放粮救饥，赐百姓种子。《孟子·滕文公上》："后稷教民稼穑，树艺五谷。"那个生存艰难的远古时代，谁有本事、有贡献谁当官，这个"官"，就是管事的。后稷的同父异母弟弟就是尧，他当上部落首领，依然选拔父亲帝喾不喜欢的哥哥后稷当上"司农"的"相"。尧被后世尊为"五帝"之一，也是因为他在中华民族历史上的突出贡献：在万国争雄的乱世，他团结亲族，联合友邦，征讨四夷，统一了华夏诸族，被推举为万国联盟首领。帝尧在主政期间，派神射手大羿（后羿，娶了后稷的妹妹嫦娥）射日，派鲧治水，并且制定历法，推广农耕，整饬百官。尧病逝后，把帝位禅让给女婿舜。后稷的曾孙是公刘（姬刘），公刘的后代周太王古公亶父（姬亶），就是周文王姬昌的祖父。后稷被尊为周始祖。因为种植是一项直接决定种族生存的大事，种植技术被不断研究发明到今天。

"艺"由"种植"引申为"技能""才能"。平民教育家孔子是教育的祖师，他很赏识自己的学生，有一次夸自己的学生冉求："求也艺，于从政乎何有？"（《论语·雍也》）当鲁国大夫季康子来找孔子寻求治国理政的人才时，孔子这样推举自己的学生："我的学生冉求是多才多艺的，他如果从政，会有什么困难呢?""艺"在这里就是"才艺""才能"。孔子主张自己的学生要有"六艺",后来把儒家文化(教育内容)概括为"五经六艺",五经,就是《诗经》(文学、历史学、政治学)、《尚书》(历史学、政治学)、《礼记》(政治学)、《周易》(预测学)、《春秋》(历史学、政治学)。"六艺"就是中国古代儒家要求学生掌握的六种基本才能:礼、乐、射、御、书、数。"六艺"出自《周礼·地官司徒·保氏》:"养国子以道。乃教之六艺:一曰五礼,二曰六乐,三曰五射,四曰五御,五曰六书,六曰九数。"这就是所说的"通五经贯六艺"的"六艺"。养"国子"的"道"就是"六艺",养的地方就是"国子监"。"监"(jiàn),就是官职或者官府。"国子监"是元、明、清三代国家设立的最高学府,位于北京市东城区国子监街 15 号。国子监坐北朝南,按"左庙右学"之制,东邻北京孔庙,由三进院落组成,占地 2 万多平方米。普普通通的学生是不能进入国子监上学的。国子监的学生叫"监生",国子监从洪武五年(1372)开始实行监生实习历事制度,即让国子监高年级学生分别到六部、都察院、大理寺、通政司、行人司等中央机关实习,时间三个月、一年、三年不等。这种制度可使监生在未进入仕途之前得到实际锻炼的机会。可以说从国子监毕业,今后的官运亨通。洪武二十九年(1396)定,"历事监生月支米一石"。正统六年(1441)重新规定,"各衙门历事监生有家小者,月支一石,无者六斗"。"六艺"的"礼",就是国家内政外交严格遵守的制度。有"礼"就有"乐",有庆贺燕飨之

艹(艸)部字

乐，则必有五音宫商角徵羽伴奏，古代政府设立掌管音乐的官吏，并负责宫中庆贺燕飨之乐。

孔子主要有三位老师，相传曾"问礼于老聃，学乐于苌弘，学琴于师襄"。师襄，春秋时期鲁国著名乐官，孔子的老师之一，孔子曾向他学习弹琴，《史记》里说他"以击磬为官，然能于琴"。唐代的梨园则设立乐官。今天，"乐"为一种文化产业。"射"就是军事技术射箭。"射"是杀敌卫国的技术，也是一种修身养性的体育活动：比赛射箭，射箭"艺"好的，一定有很强的臂力，能拉开强弓；没有好身体，就没有好体力，射不远，当然就射不中。射箭由于在军事和狩猎活动中具有非常重要的作用，因此在历史上更受人们的重视。到清末，科举还有"武举"。明末儒将张煌言，就是能文能武的南明重臣，他参加的第一场考试，录取率是千分之一，就是笔试之后考"射"，儒生张煌言射击技术一流，两项考试分数第一名且遥遥领先。"御"就是驾驶马车，"马力"的马车是多匹马牵引的，速度极高，驾驶者要有很高的驾驭能力，且懂得交通规则（"礼"）。西汉平定七国之乱的名将周亚夫，把不懂得、不执行军礼的皇帝的车拦在军营门外，就是因为皇帝的"司机"不懂得（不执行）交通规则。无论在现代和古代，都有关于交通工具的"驾驶学"，以及政治、领导、管理学领域的"驾驭学"。广为人知的"田忌赛马"说明，驾驭之术不仅仅是一种斗勇，更是一种斗智，包含对某一问题在运筹学、驾驭学、领导学方面的综合最优化。"书"就是书法，包括书写，识字，文字学。"六书"就是六种造字法：象形、指事、会意、形声、转注、假借。今天的"书法家"常常写错别字，是因为他们不懂得文字学、古汉语。"数"，指理数、气数，即阴阳五行生克制化的运动规律。《广雅》："数，术也。"即技术、方法、技巧。"数理化"之"数"，是基础学科，就是自然规律。任何军事指挥者，都懂得数学："故用兵之法，十则围之，五则攻之，倍则分之，敌则能战之，少则能逃之，不若则能避之。"古代数学很早就已经很发达，古代数学体系的形成以汉代《九章算术》的出现为重要标志。古代数学家把数学的起源归于《周易》以及"河图洛书"，宋朝时期著名大数学家秦九韶说："周教六艺，数实成之。学士大夫，所从来尚矣。……爰自河图、洛书闿发秘奥，八卦、九畴错综精微，极而至于大衍、皇极之用，而人事之变无不该，鬼神之情莫能隐矣。""六艺"中的"数"应指自然、人文变化即"变数"。

《周易》和"数"的关系，使我们发现：五经和六艺是有对应关系的。后来人们又把教育的五经拓展为六经：《诗》《书》《礼》《易》《乐》《春秋》。"艺"又引申为"经"，即"经典"，就是"宝典"，非常有价值的书，要典藏起来。"典"，会意字；甲骨文字形，上面是"册"字，下面是"廾gǒng（两手捧物）"；本义：重要的文献、典籍。珍贵的书籍，是不能弄脏、受潮、鼠啃的，要高高放在"廾"——书柜里。今天的"艺人"，不管是吹、拉、弹、唱，还是舞蹈、饰演，都是特殊的技艺。今天的"艺"又缩减为"艺术"，例如音乐是声音艺术，绘画是视觉艺术，文学是语言艺术。不学习，不读书，不读经典，是很难有"艺术"的。文学艺术，要懂得中西方的文学史，要熟读中西方文学作品中的经典，还要掌握文艺理论。只有学习、掌握得多，才能运用自如，技艺达到炉火纯青的程度。

寸部字

寸（cùn），表意字。小篆从"又"，"又"象手形，以一横画指示寸口之处。寸口是中医按脉的部位，距手腕一寸，隶定为"寸"，本义为长度单位一寸，引申为很短或很小。

作为部首，称"寸部"。有的在字的下边，又称"寸字底"。

部中的字有的与手有关系，如封（本义为堆土植树为界）、尉（本义为手持熨斗烫平衣物，后作"熨"）、尊（本义为手捧酒器以祭奠）、導（"导"的繁体字，引导，带领）。"寸"也作"音符"构成形声字，如村、忖、衬。

"封"，会意字。金文字形左边像土上长着丰茂的树木，右边是一只手（又，后来写作"寸"），表示聚土培植。《说文解字》："封，爵诸侯之土也。从之从土从寸，守其制度也。公侯，百里；伯，七十里；子男，五十里。府容切。"意思是说：封，就是把这块土地按爵位的等级分封给诸侯，由"之"、由"土"、由"寸"会意组成，表示严格遵守分封的制度。公侯，方圆百里；伯，方圆七十里；子男，方圆五十里。读音由

"府""容"切。郭沫若说："古之畿封实以树为之也。此习于今犹存。然其事之起，乃远在太古。太古之民多利用自然林木以为族与族间之畛域，西方学者所称为境界林者是也。"学者李孝定说："封之本义当以郭说为是……字象植树土上，以明经界。爵诸侯必有封疆，乃其引申义。"本义：疆界；田界。《左传·僖公三十年》："夫晋，何厌之有？既东封郑，又欲肆其西封。若不阙秦，将焉取之？"郑国面临秦、晋两国的大兵压境、重兵围城，任用了老臣烛之武。烛之武是个出色的外交家，当国难当头时，不计前嫌，勇于担当，"夜缒而出"，见到了秦穆公。他立刻"替"秦穆公设身处地地设想、分析："那个晋国，怎么会有满足的时候？它既以郑国作为东边的疆界，又要扩张它西边的疆界，如果不损害秦国，它到哪里去夺取土地？"秦穆公认可了烛之武的分析，撤军走了，留下晋国军队。晋国国君晋文公审时度势，也撤军了。周代的爵位，分为公、侯、伯、子、男五个等级，分封建国。这就是宋襄公、晋文公，蔡侯、齐侯，郑伯、秦伯，吴子、楚子等的由来。

植树为界，分封建国，被封者得到的是土地。封，引申为帝王把爵位、官职及土地赐给臣子。《史记·魏公子列传》："安釐王即位，封公子为信陵君。"封，又引申为"用土在花木的根上培土"，又因此引申为"聚土筑坟"。人死了也要有尊严，要"入土为安"，"安"就是一个人进了家里，一切都安全了，哪怕是个身单力薄的女子。穷困者死后很简单地挖地成坑，用土封成土丘，地上为坟，地下为墓。"封"就是"用土将尸体封闭于土中"，又因此引申为"封闭"。今天的写信，古代叫"修书"，"修书一封"，写好了，要保密，这样"封"又成了一个量词。由"聚土筑坟"引申指"古代帝王在五岳上筑坛祭天"，这就是"封禅"。泰山封禅是举行次数最多的。《史记·秦始皇本纪》："乃遂上泰山，立石，封，祠祀。"意思是：于是就爬上泰山，树立起石碑，筑了土坛，祭祀天神。泰山在山东省，笔者不久前去过，感觉那真是座文化之山。"封禅"的"封"指的是祭天，"禅"指的是祭地。封禅就是要和天帝对话，向天帝汇报工作，汇报自己替天帝开始管理天下万民，炫耀自己管理得好。秦始皇横扫六国建立庞大的秦朝，一统天下，几百年的争斗、称霸、战乱到此结束。行郡县，废分封，统一文字及度量衡等，都是功盖千秋，力压前贤，所以有资格向上天汇报，向下民炫耀。

尊，甲骨文从"酉"，代指酒具，从廾（gǒng），代指双手捧，会双手高举酒杯敬酒之意。楷书在"酉"上加两点，表示酒香味溢出酒杯，双手"廾"简化为"寸"。双手捧着酒杯呈给对方，表示尊敬、敬重。尊，也留有"酒器"的原义。苏轼《念奴娇·赤壁怀古》："人生如梦，一尊还酹江月。"人生好像一场梦，举起酒杯祭奠着万古长明的明月。这里的"尊"今天变成"樽"。"金樽清酒斗十千，玉盘珍羞直万钱"，看来"尊""樽"已混用。表示酒器的"尊"（名词）已经完全被"樽"取代后，"尊"又和"遵"混用了。

口部字

口（kǒu），象形字。甲骨文、金文、小篆象人张嘴之形，隶定为"口"，本义为嘴，发声或饮食的器官，引申为言语、容器内外相通的地方、出入的通道等。今天所谓"器官"，指生物体上有特定机能的部分。

口部中字多表示与口有关的事物、动作和性状等，大致可分为五类：①口及其相关各部分，如咽、喉、喙、嘴；②与口有关的动作行为，如吃、喝、咬、吹、吻、叫、喊、呼、吸、吟、唱、嚼、含、吞、哺、吮、唾；③与口有关的拟声词，如噫、嘻、嗟、唧；④量词，如一口锅；⑤译音用字，如咖、啡、啤、啶。

口也作音符构成形声字，如扣、叩。

历史是那么遥远，记忆是那么珍贵。远古的洪荒时代，如《蜀道难》里所说的"蚕丛及鱼凫，开国何茫然"，没有文字记载，这些信息怎么传到今天？这又让笔者想到东南亚的古国柬埔寨的暹粒市，那里有举世闻名的吴哥古迹，在方圆几十平方千米的范围内，散布着大大小小几十处古代宗教建筑和宫殿。由于战争的强力破坏、历史的变迁，也因为西方殖民者的入侵，这么宏大的建筑——一个涵盖了所有吴哥王朝历史信息的古迹淹没在热带森林里。等到再发现时，王朝已经灭亡，典籍已经焚毁，土著民已经消失，甚至语言已经消亡，所有的记忆已经湮灭。吴哥古迹仿佛是从天而降的亭台楼阁、舞榭歌台，没有人能解读，没有资料可以说明。这时考古学家、人类学家能做的，仅仅是根据古迹上散布的绘画——那是成千上万处浮雕——上看到，一系列的贸易、外交、战争场面上，有中国人的身影。这时，发现古迹的西方学界把眼光投射到历史悠久、典籍汗牛充栋的中国，这里有一本中国历史上没有多大名气的《真腊风土记》，对研究柬埔寨及吴哥窟起了非常重要的作用。也就是说，柬埔寨的这段历史，记载在中国元代温州人周达观奉命出使柬埔寨的"述职报告"中。《真腊风土记》全书约 8500 字。书中描绘了真腊国都吴哥城的建筑和雕刻艺术；详细叙述了当地居民的生活、经济、文化习俗、语言；并记载了真腊的山川、物产等，其中还记载了当时居住在真腊的海外华人的状况，其时他们被称为"唐人"。《真腊风土记》可以说是柬埔寨历史上不幸中的万幸，对研究柬埔寨的历史起着不可或缺的作用。反观中国，从三皇五帝到今天，都有翔实的历史记载，这当然要归功于中华文字——汉字，在战乱频仍、分分合合的历史上，汉字没有消亡，汉语没有湮灭。也许有人说，你说的三皇五帝，只是个传说，《尚书》《山海经》荒诞不经的神话传说能算历史吗？汉字诞生在殷商时代，三皇五帝史，用什么写的？《史记·五帝本纪》是司马迁根据传说写成的，可信度有多大呢？

这样的疑问也曾经产生于笔者的思维中。有一个汉字，印证了"十口"相传的历史的可信，它就是"昔"字。"昔"就是昨天、前天、上前天……到底是哪一天呢？可以说不太精确，但一定是深刻留在先民记忆中的那一"天"。这样才口口相传，成了"古"，成了历史，成了《史记·五帝本纪》。"昔"，《说文解字》把它解释为"干肉也"，现代学者也有人采用了这个说法，象形字，象残肉日以晞之，与"俎"同意。本义：干肉。笔者不赞同这样的说法，因为"干肉"和"昔日"有什么关系？文字意思的发展变化，是有迹可循的，有逻辑联系的，不是毫不相干的。这个说法后又解释：假借为"昨"。仔细研究"昔"的形体演化，笔者也否定了这一说法。这一说法"顾及"了"昔"的读音"晞"，这个"晞"字，我们在《长歌行》中读到："青青园中葵，朝露待日晞"，早上的露水等到太阳出来"发力"后，就晒干了。"昔"和"晞"同音，也有相同的"日"，但是这个说法却把"日"解释为"月"——肉，割断了这两个字的意思联系，或者说无法解释这两个字的意思联系。剩下的就是"自圆其说"了，笔者认为就是"风马牛不相及"了。"昨"，从今天来推测，不完全等同于"昔"，"昔"应该早于"昨"。把"昨"解释为"昔"字的假借字，是受了用"干肉"解释"昔"的影响，因为"胙"为"古代祭祀用的肉"。这样的逻辑联系显然是生拉硬扯的。对《说文解字》也不能"尽信书",因为文字学家许慎著《说文解字》,没有可以依赖的工具书,《说文解字》几乎是他一人的智慧融合体,那肯定是"智者千虑必有一失"。笔者见到"昔"字的甲骨文字形,是上面一个"日"(象形),下面三条波纹叠加,类似今天三个"W"相叠加。金文又把甲骨文字形变成"日"在下,上面是两双"眉毛"(∧∧)相叠加,显然是多个"W"的变形。而《说文解字》存有的字形,就是在金文字(形)下加了一个横"月"字("下口"朝左),这原来是许慎把"昔"解释为"干肉"相配合的字形!笔者认为,这些波纹不管是用甲骨文的三条代替多条,还是简化了的金文的两条代替多条,古人想表示的,就是波浪——水纹。甲骨文想表示的是,太阳(的影子)沉没在水下;后来人们认识到,太阳(的影子)是不能沉没在水底的,金文就把太阳的倒影漂浮在水面上。"昔"字所要表现的,就是洪水泛滥,大地被淹没,太阳不能穿透树的枝叶照在地面上,而是长时间"漂"在水面上的那些日子——洪水泛滥的日子。《史记·夏本纪》记载:"当帝尧之时,鸿水滔天,浩浩怀山襄陵,下民其忧。尧求能治水者,群臣四岳皆曰鲧可……"而《尚书·禹贡》则详细记载了大禹治水的过程:"禹别九州,随山浚川,任土作贡……"包括《山海经》在内的典籍所记载的,很多是五帝时期的一系列自然灾害:旱灾的"后羿射日",水灾的"精卫填海"和"鲧禹治水"……人们对痛苦的记忆是深刻的,因为痛苦、灾难危及了自身的生命安全,造成了繁衍危机，所以这些典籍中记载的一切自然灾害和战胜自然灾害的英雄故事，都是"昔"发生的，都用"昔"来概括。仓颉造字时，不容易描画（用简简单单的几笔，描画出旱灾、风灾），就选择了水灾来高度"凝固"成了"昔"，把痛苦留在人们的记忆里。打开《尚书》，我们读到的，很多都是关于灾难的记载。

这个"昔"字记载的"古"，不仅留存在汉字里，也留存在人类历史的其他典籍里。《圣经》关于大洪水，关于诺亚方舟，关于鸽子衔回橄榄枝的记载，也是"昔"。仔细对比中国典籍和西方典籍的这些记载，发现大洪水发生在相同的地质时期。这个地质时期，恰恰是气候急剧变化，旱灾和水灾频繁发生的史前时代。可见《山海经》的神话传说，是夸张的历史，是可信的。中国远古时代的北方有山川，洪水来了，先民们迁到"陵"——山陵上去，而地中海沿岸，特别是西亚北非的地中海沿岸——《圣经》产生的地方，恰恰是平原，那只有制造"方舟"（大船）了。

口口相传，就是前人告诉后人，后人再告诉后人，这样代代相传，"写就"历史。今天各地还有民间传说，就可以看作各地的地方史。"告"字今天和"诉"组合成"告诉"一词，就是"说给别人听""传达"的意思。"口"字旁表示口部动作的词语，非常多，非常细，非常传神。笔者前不久上泰山，在泰山山神庙、碧霄娘娘庙里，看到有几个中老年妇女在那里哭，边哭边说，这就是"诉"。《说文解字》："诉，告也。"

告，祭告。诸葛亮《出师表》："不效则治臣之罪，以告先帝之灵。"蜀汉先主刘备，早在诸葛亮上表几年前在夷陵之战中兵败于东吴大将军陆逊，逃跑到白帝城而病死在白帝城永安宫。"以告先帝之灵"，只能是对着他的塑像祭告了。这里的"告"有"告慰"先人之灵的意思。欧阳修《新五代史·伶官传·序》："方其系燕父子以组，函梁君臣之首，入于太庙，还矢先王，而告以成功。"晋王李克用最大的仇敌就是朱温，朱温和李克用的军队长期对峙。李克用病亡前，把三支箭给了儿子李存勖，要李存勖为自己复仇。李存勖能征善战，每次出征前都要到太庙里去，对着李克用的牌位和塑像跪拜。后来他攻下幽州，俘虏了背叛李克用的燕王刘仁恭父子，把燕王父子绑到李克用的灵位前，"告"李克用后全部杀掉。朱温在后梁灭亡前已经去世，李存勖攻灭后梁，把朱温的头用匣子盛着带到李克用的灵位前，"还矢先王，而告以成功"，这里的"告"也有"告慰"先人之灵的意思。陆游《示儿》："死去元知万事空，但悲不见九州同。王师北定中原日，家祭无忘告乃翁。""告"，祭告，告诉，告慰。

"告"用于非常严肃的祭祀仪式上，祭祀要用"牺牲"来奉献给神灵，以祈求保佑。这个祭品"牺牲"，就是宰杀的牛、羊、豕（shǐ，猪）"三牲"。一般来说，古代帝王祭祀社稷时，才用太牢。少牢在祭品的规格中低于太牢，是诸侯、卿大夫祭祀宗庙时所用。少牢，只有羊和猪，没有牛。太牢是牛、羊、豕"三牲"全备。这就是"礼"，或者叫"礼法"。猪、羊、牛都是先民们驯化的动物，养殖后用以代替并不容易猎杀到的野生动物。早在春秋战国时期，由于冶铁业的发展，农耕文明的中国开始用牛耕，这样牛又成了农业生产力的一部分，所以不轻易杀掉作"牺牲"。"告"，从牛，从口，开始是有宰杀的牛当祭品的，可见祭拜仪式之严肃，规格高。这时，主祭者"告"。后来在人们的祭祀仪式上，没有牛作祭品的祷告，也叫"告"了。祷告，就是夹杂着祈求的"告"，就是前文说到的、笔者在泰山上见到的"告"，有哭诉，有祈祷，有诉求。汉乐府民歌《孔雀东南飞》："府吏长跪告：'伏惟启阿母，今若遣此妇，终老不复取！'"对着蛮横专制的家长，焦仲卿"跪告"，这里的"告"，没有"三牲"，只剩下请求了。中国古代在政府里任职，一般是终身制。不想干了，臣子会"告老还乡"。"告老还乡"这个词最早出现在明朝凌濛初的《初刻拍案惊奇》中，就是向任命他的人报告自己年岁已老，体力不支，要还乡养老去。这个"告老还乡"是个通俗的说法，正式的说法是"乞骸骨"。《后汉书·张衡传》："上书乞骸骨，征拜尚书。"张衡向皇帝要求退休，结果皇帝不批准，反倒是升了官。"率土之滨，莫非王臣"，特别是被"征"（征用）的官员，自己的一切都是皇帝给的：职位、荣华富贵，甚至生命。官员即将老死了，"上书乞骸骨"，一把老骨头，皇帝你给我吧！

中国隋唐（含）以后，政治、经济、文化中心逐渐南移，科举制度成了选任官员的主渠道，很多官员"生在苏杭，葬在北邙"，并没有回到自己的出生地。当然，也有相当一部分官员得以"告老还乡"，回到自己富庶的江南去，在那里拿着一笔丰厚的收入，办私学，请名师教育自己的子孙；或者买田置地、扩大产业。这样人生由富到贵（当官），然后又由贵致富，子孙后代又受到良好的教育，由富到贵，然后又由贵致富，这样形成良性循环，一代一代长盛不衰。据统计，科举制度施行的一千多年间，中举的"举子"，东南沿海的江苏省占了一半；这一半中，苏州府占了一半。而唐朝时荆南地区教育落后，四五十年从来没有出一个举人，那个地区就被人们称为科举的"天荒"，一直到了唐宣宗大中四年（850），荆南地区应试的考生中有个叫刘蜕的中了进士。当时魏国公崔弦负责镇守荆南一代，消息传来，崔弦自觉面上有光，大喜过望，写信表示祝贺，同时还附赠了七十万钱，奖励他"破天荒"，这就是这个典故的由来。

李白的《蜀道难》被看作他的浪漫主义诗歌代表作之一："噫吁嚱，危乎高哉！蜀道之难，难于上青天！蚕丛及鱼凫，开国何茫然！尔来四万八千岁，不与秦塞通人烟……"诗作的开头就连用了三个叹词：噫（yī）、吁（xū）、嚱（xī），"噫吁嚱"是蜀人方言，宋庠《宋景文笔记》说："蜀人见物惊异，辄曰'噫吁嚱'。"本就"难于上青天"的蜀道，再加上这一地方口语的惊叹，仿佛更为艰难了。开篇便造成了一种先声夺人的气势，并为全诗定下了一个雄放而奇险的基调。以下随着感情的起伏和场景的转换，"蜀道之难，难于上青天"便反复出现，如同一首合奏曲的主旋律，紧紧慑住欣赏者的心灵，而随其起伏变化。作为语言大师，李白遣词造句大胆、创新，连用三个叹词，在气势上增加了蜀道的艰难程度。古往今来的作家、诗人都是有创造性的。早在汉朝，就有梁鸿作《五噫歌》：

陟彼北芒兮，噫！

顾瞻帝京兮，噫！

宫阙崔巍兮，噫！

民之劬劳兮，噫！

辽辽未央兮，噫！

"五噫"，就是五声长叹。作者在诗中长叹的是时代和人民的痛苦。《五噫歌》的大意是：登上北芒山啊，噫！看看帝皇家啊，噫！宫殿多宏大啊，噫！人民的苦难啊，噫！永远无尽头啊，噫！

梁鸿满腹经纶，才名出众。太守推荐他到京都洛阳去参加殿试。他一到洛阳，看到皇帝的宫殿造得富丽堂皇，老百姓的白骨堆成山，就写了一首《五噫歌》。他不愿做官，转身就回到扶风家里。有人讥笑他："读书不做官，是个大木瓜！"他听了也毫不在乎，宁可坐在山头上，看着他养的一对白鹤，在白云里自由自在地飞翔。扶风有家大族，姓孟。孟家有个小姐叫孟光，多少有钱有势的人家去说亲，她都不同意。孟光说，除了梁鸿她谁也不嫁。梁鸿听到这样说，觉得这个小姐非同寻常，就前去求亲。两个人结为志同道合的夫妻。汉章帝听说梁鸿写的《五噫歌》之后，认为这是在发牢骚，抨击朝廷，就下令捉拿梁鸿。可是梁鸿夫妻避开了。为减少麻烦，梁鸿更名改姓，和妻儿居住在齐鲁地区。不久，又避居吴地，过着男耕女织的生活。每当梁鸿回家时，孟光总是托着放有饭菜的盘子，托得跟眉毛齐平，恭敬地送到梁鸿面前，以示对丈夫的尊敬，而梁鸿也很有礼貌地用双手去接。他们夫妻相互敬爱，传为佳话。成语"举案齐眉"即由此而来，意指夫妻恩爱，相敬如宾。

囗部字

囗（wéi），即"围"，表意字。小篆象把一块地方围起来之形，隶定为"囗"，本义为围绕，后作"围（圍）"。我们往往把"口"说成"小口"，而把"囗"读成"大口"，岂不知用汉语拼音输入法，完全可以打出"囗"字，这个字有一个读音是 wéi，意思也和"围"相同。"囗"独立当字时，写作"围"，而作为字符的形旁，呈现为"囗"。而"囗"独立成字，作形旁时，也写作"囗"。

作为部首，"囗"像四方形外框，称"方框"或者"国字框"。

甲骨文"囗"是圆形的，着重为了表示"完整封闭"的意思。一座城，一个国家，都有边界，是不可随便跨越的，"朝秦暮楚"那是春秋时期诸侯国林立的状况下，边防松弛造成的。春秋时期名义上服从周天子的各个诸侯国相互攻伐，大的诸侯国纷纷争霸——"春秋五霸"就是这样产生的。今天把秦穆公、楚庄王称为"春秋五霸"中的两个霸主，实际上这两个国家一直较为强大，并非仅有霸主在位时期力量强大。到了战国时期，秦楚两个诸侯大国成为"战国七雄"之二，相互对立，经常作战。周边的诸侯小国为了自身的利益与安全，时而倾向秦，时而倾向楚，比喻人反复无常。"朝秦暮楚"还有一种解释是：早上在秦国，晚上就可以到楚国。河南省淅川县的荆紫关镇，那里是"鸡鸣三声"之地，笔者曾经到那个古镇上，一足踏三省，当时顿悟"朝秦暮楚"是有依据的，访问古镇上的居民，他们证实了我的猜想：这个地方在春秋时期是秦楚两国交通要道，国界线上防守并不严密，朝秦暮楚很容易办到。

春秋时期强大的晋国"假虞灭虢"，顺手牵羊吞并了两个国家，实际上是"奇谋"。虞、虢都是诸侯国，两国虽然地狭人稀，国力弱小，但却是同姓（姬）毗邻，结有同盟。晋国同其中任何一国开启战端，都意味着要同时和两国之师相抗衡。如何拆散虢、虞两国的同盟关系，使自己避免陷于两线作战，这乃是晋国在吞并两国军事行动中首先必须解决的战略问题。终于，晋国大夫荀息想出了一条一箭双雕的妙计，即用厚礼重宝贿赂收买虞公，拆散虢、虞之间的同盟，向虞国"假道"攻打虢国，待虞国中计、虢国败亡后再图后举。晋献公听了荀息这一献计后，就派荀息携带着良马、美玉等奇珍异宝出使虞国。到了那里后，即晋见虞公，献上珍宝，并向虞公正式提出借道攻虢的要求。虞公既贪利收下了良马、美玉，又不敢轻易开罪于晋国，于是便应允晋国军队通过虞国土地去征伐虢国，并表示愿意出兵协助晋国作战。虞国大夫宫之奇更透彻地看清了"假道"背后所包藏的险恶用心，指出虞国和虢国是盟国，以"辅车相依，唇亡齿寒"的利害关系劝阻虞国假道于晋。可是虞公利欲熏心，根本不采纳宫之奇的建议，反而以晋为自己的同姓国，必不会害己作理由，又答应了晋国借道的要求。其结果就是晋国灭掉虢国，反过来顺势俘虏了虞公，灭掉虞国，宫之奇逃亡了。

当初宫之奇向虞公举荐的贤能之士百里奚，也和虞公一起做了晋国的俘虏。百里奚是楚国宛城（南阳）人，满腹治国理政的韬略，可是怀才不遇，历经磨难，从楚国到晋国，被晋国贤臣蹇叔看中，但是不入晋献公的法眼，蹇叔又把他推荐给虞国的宫之奇。百里奚在虞国也是名声在外，晋献公这时也算听信蹇叔，要百里奚效忠于晋国。当初百里奚到晋国，晋献公有眼无珠不任用，多亏了慧眼识才的宫之奇，但宫之奇的国家被晋国灭掉，士为知己者死，百里奚拿伯夷叔齐不食周粟的例子回绝了晋献公。晋献公认为，你百里奚算个什么人才，你效忠的宫之奇的国家，国王都被我俘虏了，你竟然不识抬举，就把百里奚关押在战俘营里。恰巧，秦穆公来晋国提亲，想续"秦晋之好"，晋献公要把公主嫁到秦国，就把百里奚当作一名奴仆，随公主陪嫁到秦国去。百里奚想到自己抛妻弃子到外求职，现在不能施展自己才华，反倒又成了奴隶，要是到了秦国，还有什么好前途。于是他逃跑了，一路跑回南阳，被有眼无珠的楚国人逮住后关进了牛圈，又成了一个奴隶。晋国送亲队伍一到秦国，一查嫁妆，少了一个奴隶！再一查，少了的是百里奚。秦国大将公孙枝、上卿由余告诉秦穆公一定要把百里奚找回来。秦穆公不愧为"春秋五霸"之一，从善如流，马上派人去找。公孙枝、由余又说，为找晋国公主陪嫁的一个奴隶，那样兴师动众，诸侯国一定会重视这个人的，说不定就要把他藏匿起来，能用则用，不能用也要杀掉。秦穆公一听，觉得说得很有道理，就问两位大臣该怎么办。两位大臣献计：对外公开讲既然晋国给了我们，那就是我们秦国人，跑了就是逃犯，我们发布文书把他抓回来，同时，也不亏待收留百里奚的国家，按照奴隶的价格，用五张羊皮去赎。相信哪个诸侯也不会因为一个奴隶得罪大王。秦穆公采纳了他们的建议，打听到百里奚被关押在楚国的奴隶营中，就派人到宛，用五张羊皮换到了百里奚。秦穆公任用百里奚为上卿，实行他的策略，西扩东进，稳定内部，富国强兵，环伺中原，为秦灭六国打下了坚实的政治、经济、军事等国力基础。〔百里奚被称为"五羖（gǔ）大夫"，《孟子》说"百里奚举于市"，来源于此〕今天，南阳通往陕西的要道，包括荆紫关、武关等关隘，都是当初"朝秦暮楚"的必经之地。

今天的贸易已经不再是买百里奚的"以物易物"，而是扫码支付了，这当然是人类社会极大的进步。研究消费心理的专家说，使用现金消费时，内心必然涌起对自己来之不易的钱财的珍惜之情；而用扫码支付时，这种珍惜、吝惜之情就淡薄多了——信然！网络购物就是利用了你对几块钱、几十块钱"数字"的完全不在意。如果让你一块钱一块钱往外出，这个过程就可能让你再掂量掂量。珍惜财富的人，有的甚至"一块钱也要掰两半花"。一块钱要掰两半，这是个形象的说法。当初城市里公交车票价有投币"伍角"的，可是乘客口袋里没有五角钱，有的可能是一元钱、两元钱甚至是十元钱、百元钱，他们往往在乘车之前把一元钱变成两个五角钱。公交车站里就聚集有卖报纸、杂志、烤红薯、饮料的，他们生意红火，因为他们提供"一块钱掰两半"的服务。

钱的单位"元"是"圆"的非正式说法，从"圆"到"元"，我们可以认识到汉字词汇的发展演化，也从中认识到语言的社会性——大众约定俗成的性质。几十年前，"几元钱"的说法是完全错误的，这个有人民币为证：一元钱的人民币票面上"中国人民银行"几个字完全使用简化字，而币值印的是"壹圆"。笔者上学时已经使用简化字了，但是人民币上"中国人民银行"的"国""银"都是繁体字，币值当然也是繁体了。"壹""贰""伍""拾"这些汉字是不容易涂改的，用作币值为了防伪，但"圆"不是假借，而是正规的写法。圆，形声字，从囗（wéi），员声，本义：圆形。笔者见到的"古钱币"的"圆"，就是"袁大头"，严谨的说法是"袁世凯像背嘉禾银币"。银质货币，圆形，是对袁世凯像系列硬币的口语俗称，这个硬币比现在还在使用的人民币壹圆硬币大一圈。笔者看到的还有清朝的铜钱，外圆内方，有"康熙通宝""乾隆通宝"等清朝皇帝的"通宝"铜钱。"袁大头"是银币，中间没有方孔。铜钱小、薄，中间的方孔是用来穿串用的，价值较银圆低。鸦片战争后，中国的白银大量外流，保值货币迅速减少，到了民国，只好将"银两"和"铜钱"合二为一，制造出这样的银币流行了几十年，购买力远远超过纸币。叶绍钧（叶圣陶）的小说《多收了三五斗》中描写丰收了，谷贱伤农，卖粮食的农民对低价收粮的粮食商人说："给我钱，袁大头。"显然他不想接受当时发行的纸币，只有"袁大头"才保值。

古人认为天似华盖，形圆；地如棋盘，形方；两者的结合则是阴阳平衡、动静互补。"天圆地方"的设计理念，广泛运用在建筑、货币等方面，例如天坛与地坛、四合院、方孔圆钱等这些"天圆地方"的图案与结构。笔者在泰山上见到皇帝祭天的建筑，完全符合"天圆地方"的理念。这个理念进而发展成为做人的模式：外圆内方。圆，就是圆通、灵活，但是骨子里还要方正，有做人的底线，坚持原则。笔者看到河南人民出版社出版的几套书：《中国历代名将》《中国历代廉吏》《中国历代名臣》《中国历代奸臣》《才子传》《中国历代名师》，看罢之后印象最深的是《中国历代奸臣》（上下两册），两本书所写的乱臣贼子和佞幸小人，一个个"大名鼎鼎""如雷贯耳"：赵高、梁冀、张让、董卓、黄皓、李林甫、杨国忠、李辅国、鱼朝恩、仇士良、蔡京、童贯、高俅、张邦昌、秦桧、贾似道、王振、刘瑾、严嵩、魏忠贤、和珅……这些奸臣的"骚操作"直接导致一个个王朝衰败和灭亡。在世时趋炎附势、官运亨通、把持朝政、权倾朝野、一手遮天、残害忠良，做人毫无底线。"骨朽人间骂未消",等到"骨朽"时,骂又有何用?因为李林甫产生了一个词语:口蜜腹剑。其实哪一个奸臣在没有得势时,都是"圆通"的。相反,历史上大部分忠臣廉吏,都不会"转圜(huán)",就是变通、绕圈儿,都不会八面玲珑。

汉字从甲骨文走来,到了秦汉时发展到隶书阶段。这个阶段,汉字基本规范化、符号化,横平竖直,绘画的特征消失,这就是"隶变","隶变"后,汉字的字形固定下来,这就是"隶定"。"隶定"的字形非常稳固地保持了两千年。到了两千年后,汉字成为新中国文化领域内发生革命的一大项目,这就是字形的简化。这个简化,伴随着规整,使汉字广受诟病的笔画繁多、难认难记等弊端得以"革"掉,能更好地担负起文化传承的重要使命。

国,繁体写作"國",是标准的形声字。简化成的"国"字是会意字。國,外围是"囗",表明一个国家的四界,原来"囗"中的"或",是"國"的声旁(声符),与"一个国家"的意思无关,仅仅表明"國"的读音。中国文字改革委员会的专家们,决定用"玉"来代替"或"简化"國"。首先,这个字的笔画由原来的 11 画精简到 8 画,使得这个字书写所用时间减少了 1~2 秒,而这个字是常用字,一个人一生一世也不知道要书写多少次,所节省的时间加起来也是一个很大的数字。其次,"玉"横平竖直,很规整,写起来较容易控制大小,能够保证"囗"盛得下,大小随意掌控;原来的"或",字的结构很难掌握，大小也受到下方的"口"的限制，很难写小、写匀称。最后，用"玉"来替代"或"，使这个字成了一个会意字，字形能表示的意义更加丰富、全面、深厚，"口"中的一切，土地、山川、物产、动植物，特别是臣民，都是十分珍贵的珍宝，历朝历代的统治者只知道攻城略地、开疆扩土而忽视了其中的百姓，往往把百姓看成"愚民""刁民""黎民"，而忽略了他们才是最可宝贵的"国"之珍宝，"国"之根本。新中国不同于以往历史上的任何朝代，是"中华人民共和国"，"中华"除了表示华夏族——汉族为这个国家的主体民族外，还包括其他 55 个民族；"人民"，表明"口"中的"黎民百姓"，是最尊贵的，是在"口"中当家作主的，是"人民"，是国家的根本。

春秋时期，礼崩乐坏，整个社会（多个国家）的制度、法律都坏掉了，所以孔子"克己复礼"，他曾经慨叹过："周监于二代，郁郁乎文哉，吾从周。"意思是：周代的礼仪制度是参照夏朝和商朝制定的，多么丰富多彩啊！我赞同周代的礼仪制度。《封神榜》这部电视剧里有这样一个情节：某人犯罪了，被官府制裁，画地为牢，他就站在这个圆形的圈圈里，不会自己逃跑，成了一个"囚"。"囚"，会意字，人被限制在一定范围里，失去人身自由。今天的囚犯被看管在很严的高墙中，还要越狱逃跑，比起"画地为牢"，确实不"文"，很野蛮。文，就是接受过教育，开化了；与之相反就是野蛮，像一个野兽一样需要用枷锁、囚笼来限制。中国古代的城市，因为避讳

"囚"字，并不把城墙围成四四方方的方形，因为那样其中的人都成了"囚"，不吉利。明成祖朱棣打败了正宗嫡传的建文帝，从侄子手里抢到了皇位，觉得自己的势力范围不是南京应天府，于是迁都北京，把"国都"一分为三：北京、南京和夹在南京、北京之间的中都——凤阳（洪武大帝发迹之地）。他并未采用元大都的布局，而是营造全新的北京城，北京城内城（紫禁城）的东北角和外城的东南角都是残缺的没有城墙，（《孟子》："城非不高也，池非不深也"，说明"城"的本义是城墙，外边有护城河——"池"），整个城市呈"凸"形，并非方方正正。即使如此，他的后代特别是"国祚"将尽时的明神宗万历皇帝、明熹宗天启皇帝，非常昏聩，统治时期不理朝政，政权落到朋党之争的"首辅"和魏忠贤宦官集团手里，造成城破国亡、崇祯皇帝吊死煤山的结局，可见国运并不在于城市的布局，而在于是否"修德"。"德之不修"，即使是"践华为城、因河为池"也不管用。

中国古代文学中有一个常见词"楚囚"，应该是最有名的模范囚犯——春秋时的楚国郧公钟仪。钟仪为楚共王时期（前601—前560）楚国设在郧邑（今天湖北省西北部一带）的行政长官，称作"郧公"，钟氏，名仪。楚共王七年（前584），楚令尹子重率兵攻打郑国（今天河南新郑一带），钟仪随军出征，由于战败，钟仪沦为战俘，郑国把他抓住后，又转送晋国（大致范围在今天山西省），成了"楚囚"。在被囚期间，钟仪怀念故国，不忘家乡，他想到楚国的战败，不禁潸然泪下，爱国之情，溢于言表。《春烽左传正义》卷二十六记载：

秋，郑伯如晋，晋人讨其贰于楚也，执诸铜鞮。栾书伐郑，郑人使伯蠲行成，晋人杀之，非礼也。兵交，使在其间可也。楚子重侵陈以救郑。晋侯观于军府，见钟仪，问之曰："南冠而絷者，谁也？"有司对曰："郑人所献楚囚也。"使税之，召而吊之。再拜稽首。问其族，对曰："泠人也。"公曰："能乐乎？"对曰："先父之职官也，敢有二事？"使与之琴，操南音。公曰："君王何如？"对曰："非小人之所得知也。"固问之，对曰："其为大子也，师、保奉之，以朝于婴齐，而夕于侧也。不知其他。"公语范文子，文子曰："楚囚，君子也。言称先职，不背本也；乐操土风；不忘旧也；称大子，抑无私也；名其二卿，尊君也。不背本，仁也；不忘旧，信；无私，忠也；尊君，敏也。仁以接事，信以守之，忠以成之，敏以行之，事虽大必济。君盍归之，使合晋楚之成？"公从之，重为之礼，使归求成。

鲁成公九年（公元前582），正是春秋各国争霸之年，这一年春天，齐顷公（齐桓公的后代）召集各路诸侯在葵丘会盟，70年前齐桓公在葵丘第一次召集各路诸侯会盟，齐桓公是盟主，公然无视东周天子的权威，当了"春秋五霸"的第一位霸主。和齐国实力相当的还有西北的晋国、西方的秦国和南方的楚国，他们当时名义上服从周天子，是周天子分封的诸侯国，但互相攻伐。郑国的国君郑伯（郑国是伯爵国家，历代国君都称"郑伯"）到晋国去，晋国人为了惩罚他勾结楚国，在铜鞮（古地名，在今山西沁县南）逮住了他，也就是说当郑国国君到了晋国地盘上，晋国人没有把他当作一国之君来接待，而是直接逮捕了他，这就是典型的背信弃义，不合乎礼法，假如郑伯知道晋国会这样，一定不会自投罗网的。晋国不仅逮捕了郑伯，而且还趁郑国没有国君，派大将栾书攻打郑国，夹在实力很强的晋国、齐国、楚国之间的郑国只好派遣大臣伯蠲（juān）求和，晋人杀了他，这是不合于礼的。两国交兵不斩来使，使者可以来往两国之间。看到自己的盟国郑国遭受晋国这样不合礼法的侵略，楚国派大将子重攻打晋国的盟国陈国来援救郑国。晋侯（晋国是侯爵国家，历代君王都称"晋侯"，这时的晋侯是晋景公，他的祖上晋文公即公子重耳，是"春秋五霸"之一）视察军用物资仓库，见到关押在粮秣武器库里的钟仪，就问负责管理仓库库房的人："戴着南方的帽子而被囚禁的人是谁？"库房主管回答说："是郑人所献的楚国俘虏。"（看来郑国是诚心诚意讨好晋国）晋侯让人把他放出来，召见并且慰问他。钟仪行再拜之礼，叩头。晋侯问他家世代所做的官职，他回答说："是乐官。"（泠人，即伶人、伶官）晋侯说："能演奏音乐吗？"钟仪回答说："这是先人的职责，岂敢从事于其他行业（而忘记祖先的职责）？"晋侯命人给他一张琴，他弹奏南方的曲调。晋侯说："你们楚国当政的国王（楚共王）是个什么样的家伙？"（言下之意就是，他是不是有他父王、春秋五霸之一的楚庄王的治国理政的能力）钟仪回答说：
"这是小人不知道的。"晋侯再三问他，他只好说："当他做太
子的时候，由师、保两个很有贤德的老师侍奉着他，他每天早
晨向令尹婴齐、晚上向大夫侧去请教，我不知道别的。"晋侯
将这种情况告诉了范文子，范文子说："这个楚国的囚徒是君
子啊，他说话时举出先人的职官，这是不背弃根本；奏乐奏楚
国家乡的乐调，这是不忘记故旧；举出楚君做太子时候的事，
这是没有私心；称师、保二卿的名字，这是尊崇君王。不背弃
根本，这是仁；不忘记故旧，这是信；没有私心，这是忠；尊
崇君主，这是敏。他用仁来辨理事情，用信来保守它，用忠来
成就它，用敏来推行它，事情即使很大，也必然成功（何况他
仅仅是个囚犯被关押在这里）。君王何不放他回去，让他促成
楚国和晋国结盟呢？"晋侯听从了，对钟仪重加礼遇，让他回
国去求和。钟仪，一个"楚囚"，以他的品德魅力战胜了羁押
他的人。他冠"南冠"，演奏楚国的曲调，处处表明他是一个
楚国人，深爱着自己的国家。这个"楚囚"的事迹不仅被历代
诗人歌颂，而且到今天依然被人们赞不绝口。电视剧《琴师》
以及流行歌曲《琴师》都是以钟仪"作楚囚"的事迹为原型
创作的。

范文子是范姓的先祖，是晋国很有名气的贤臣。春秋时辅
佐越王勾践攻灭吴国的越国大夫范蠡（楚国宛人，和西施一起
到了越国，功成身退，泛舟湖上，经商致富，就是著名的陶朱
公）、战国时辅佐秦王攻灭很多国家的范雎，都是范文子的后

代。范文子在政治上有远见，他对"楚囚"钟仪的赏识，以及对晋国国君的建议，促成了晋楚两个争霸的大国关系的缓和。试想如果没有"楚囚"钟仪的忠君爱国表现，没有范子文的慧眼识真材，"楚囚"钟仪估计要把晋国的"牢底坐穿"。从钟仪开始，"楚囚"成了一个有骨气的、身上有仁义礼智信的高尚品质的、身处逆境而不屈的人的代名词。七百多年后，东汉诗人王粲在他的《登楼赋》中赞叹道，"钟仪幽而楚奏兮，庄舄显而越吟"，赞颂他们不忘故国，有深厚的故国情怀。"初唐四杰"之一的骆宾王，南宋三杰之一的文天祥，革命家恽代英，在身陷囹圄时都以"楚囚"自许，表明了自己宁死不屈的气节。文天祥《正气歌》："楚囚缨其冠，传车送穷北。鼎镬甘如饴，求之不可得。"意思是我这个楚囚不停地整理着自己帽子上的帽带，被人用驿车送到了穷北。如受鼎镬之刑对我来说就像喝糖水，为国捐躯那是求之不得。

1930 年 5 月，恽代英在上海被国民党反动派逮捕，1931 年 2 月被转押到南京中央军人监狱。狱中由于敌人的迫害和摧残，恽代英的肺病发作而且不断吐血。难友们见状十分关切，有的泪水盈眶。恽代英以微笑回奉大家，并挥笔写下《狱中诗》。不久后，被叛徒顾顺章出卖，在南京英勇就义。诗作回顾了作者革命的一生，"浪迹江湖忆旧游"，为革命事业奔走于大江南北，从参加五四运动到加入中国共产党；从领导青年运动到担任黄埔军校的政治总教官；从五卅运动到革命失败后投入南昌起义和广州起义。往事历历在目，恽代英的一生无愧于革命，无愧于党。在回忆中联想到和自己一起战斗过的战友们，"故人生死各千秋"，曾经有过许多朋友，有过许多同志，他们今在何方，也许已倒在敌人的屠刀下，也许正在继续革命事业，但生也罢，死也罢，他们的事业永恒，他们的生命永恒。"已摈忧患寻常事"，作为一个平凡的人，不能超然物外，总有些个人的琐事、烦恼，但现在准备把这一切都抛在脑后。最后一句，"留得豪情作楚囚"，一生为革命奔波，眼看着许多战友为革命献出了宝贵的生命，现在要抛弃一切个人的得失，用满腔的豪情，做一名"楚囚"，哪怕把敌人的牢底坐穿。

叶挺在皖南事变中被国民党反动派无理扣押、关进监狱，在监狱里，他写下了《囚歌》以明志：

为人进出的门紧锁着，
为狗爬走的洞敞开着，
一个声音高叫着：
爬出来吧，给尔自由！

我渴望着自由，
但也深知道——
人的躯体哪能由狗的洞子爬出！
……

1937 年，抗日战争全面爆发，被蒋介石通缉、流亡海外十年的郭沫若回到国内，参加了抗日文化宣传活动。他用他如椽的大笔，创作了一系列的历史剧，主张不同政治派别团结御侮，反对分裂。这些历史剧，加强了抗日民族统一战线，抨击了"反共、溶共、限共"的国民党反动派。代表性历史剧有《屈原》《虎符》《高渐离》《孔雀胆》《南冠草》等。《屈原》取材于爱国诗人屈原被政敌上官大夫、南后郑秀谗毁，被楚怀王疏远，楚怀王被张仪欺骗，导致楚国灭亡的史实；《虎符》取材于《史记》记载的"信陵君窃符救赵"的史实；《高渐离》原名《筑》，取材于刺秦的荆轲的好友、艺术家高渐离用灌了铅的筑（十三弦琴）刺杀秦始皇的史实；《孔雀胆》取材于大理国在外敌当前而当局者听信谗言、毒杀抗敌斗争的台柱子人物的史实；《南冠草》则取材于明末清初抗清义士夏完淳的事迹。高渐离的身份和钟仪极为相似，他和钟仪一样是一个艺术家——琴师，具有极高的艺术造诣，他主张合纵抗秦，因而结识了义士荆轲等人。荆轲为燕太子丹复仇，奉命入秦刺杀秦王，太子丹和众宾客送他到易水岸边。临别时，荆轲怒发冲冠，慷慨激昂地唱《易水歌》："风萧萧兮易水寒，壮士一去兮不复还！"高渐离击筑和之（弹琴伴奏），荆轲然后义无反顾践约而去。600 年后，表面上"浑身都是静穆"的田园诗人陶渊明创作了《咏荆轲》《读山海经》等诗，显露了他"金刚怒目"的一面。

咏荆轲（节选）

陶渊明

燕丹善养士，志在报强嬴。

招集百夫良，岁暮得荆卿。

君子死知己，提剑出燕京。

素骥鸣广陌，慷慨送我行。

雄发指危冠，猛气冲长缨。

饮饯易水上，四座列群英。

渐离击悲筑，宋意唱高声。

萧萧哀风逝，淡淡寒波生。

商音更流涕，羽奏壮士惊。

心知去不归，且有后世名。

登车何时顾，飞盖入秦庭。

凌厉越万里，逶迤过千城。

图穷事自至，豪主正怔营。

惜哉剑术疏，奇功遂不成。

其人虽已没，千载有馀情。

荆轲刺秦，以暴制暴，可惜没有成功，他身上体现出"士为知己者死"的侠士风范，为后人称颂。秦灭六国，高渐离这个艺术家被俘，做了"楚囚"。秦始皇本想杀死这个荆轲的同党，但是又想欣赏他优美的琴声，观赏他高超的艺术演奏，于是下令刺瞎他的双目，要他为秦宫"击筑"。高渐离隐忍活下去，暗暗地把备用的筑灌满了铅，终于有一天他有机会接近了秦始皇，循着秦始皇这个暴君的声音，用筑砸去……他也没有成功击杀秦始皇，但是表明反抗暴秦的志气和雄心。

文天祥在元人的监狱里，写下了《正气歌》，称颂如荆轲、高渐离这样的义士：

天地有正气，杂然赋流形。
下则为河岳，上则为日星。
……
时穷节乃见，一一垂丹青。
在齐太史简，在晋董狐笔。
在秦张良椎，在汉苏武节。
为严将军头，为嵇侍中血。
为张睢阳齿，为颜常山舌。
或为辽东帽，清操厉冰雪。
或为出师表，鬼神泣壮烈。
或为渡江楫，慷慨吞胡羯。
或为击贼笏，逆竖头破裂。
是气所磅礴，凛烈万古存。
当其贯日月，生死安足论？
……

军事家、谋士的张良，原来也和荆轲、高渐离一样是个刺客。他们的志向、追求志向的毅力和复仇的雄心是一样的！他们用于杀死敌人的工具不一样：荆轲的匕首、高渐离的筑、张良的大椎、段秀实的笏……

夏完淳（1631—1647）是明末诗人，南明抗清英雄。夏完淳九岁即善辞赋古文，有神童之誉。15岁时追随父亲夏允彝起兵抗清。夏允彝兵败自尽，夏完淳与老师陈子龙继续奔走抵抗。鲁王朱以海封其为中书舍人，任起草诏令之职，参与机密。鲁王监国（并未称帝）二年（1647），陈子龙被杀，夏完淳为清兵所俘。洪承畴因其年幼，欲为开脱，夏完淳痛骂不止，从容就义，年仅16岁。

夏完淳的诗反映出了诗人对国家、民族前途的深深忧虑。诗以精练的语言表达了诗人以古代志士为榜样，矢志灭清复明的坚定决心。诗语言华美，气势昂扬，洋溢着一个少年英雄的爱国思想与文学才气。部分诗歌结集为《南冠草》，这就是郭沫若历史剧名称的由来。

提到明王朝，我们不禁想起抢夺了侄子皇位的朱棣，他残杀了忠于建文帝的铁铉，并把方孝孺"夷十族"。笔者想到了土木之变中，明英宗后来被瓦剌放回来复辟，又残杀了保卫北京的大臣于谦；想到把持朝政的严嵩、刘瑾和魏忠贤集团；想到几十年不上朝的皇帝和沉溺于木匠活的皇帝……明神宗之后的明朝日益衰落，最终走向灭亡是历史的必然。末代皇帝崇祯吊死煤山之后，抵抗满清的明朝政治军事力量扶持了南明政权，但是这个政权很快就被马士英、阮大铖控制了，引发手握重兵的左良玉不去抵抗满清而发兵南京"清君侧"……但当人们面对夏完淳父子、陈子龙、张煌言、郑成功这些明朝"孤臣"，面对"扬州十日""嘉定三屠"这些暴行，又在心中涌起对史可法等人的敬仰。

夏完淳诗集《南冠草》取名来自楚囚钟仪戴南冠、奏楚乐的事迹，所收诗都是这个仅仅活了16岁的抗清义士慨世、伤时、怀友和悼念死者之作，慷慨悲凉，传诵千古。"南冠"是一种身份的标志，宣示自己深爱着自己的母国。

我们在前文中看到的钟仪，绝不是一个贪生怕死的可怜虫，而是一个很有气节的、有仁、义、礼、智、信这样道德品质的贤者，他的品格魅力使他从一个"楚囚"变成一个和平使者。这让笔者想到一个词：贵族。族，族类。贵族，就是高贵的族类。

楚汉战争的项羽和刘邦，在司马迁的笔下，品格高下有天壤之别。项羽处处显示出贵族精神：在鸿门宴上放走了他的对手刘邦；并且在分封天下时给这个对手分封了建国之地——汉中；在被刘邦打败时，宁愿死也不愿回到江东，召集江东子弟卷土重来。刘邦则不然，项羽捉住了他的父亲，威胁他屈服，扬言如果不屈服就烹了刘太公。刘邦说，当初咱俩共同反抗暴秦，约为兄弟，我的老父亲也是你的老父亲，如果你把他烹了，不要忘了给我分一碗肉汤。这样的话让贵族出身的项羽惊掉下巴！刘邦在荥阳被围时，纪信装扮成刘邦的样子留守在荥阳，而刘邦自己却狼狈出逃。出逃路上车子上还载了刘邦的女儿、儿子，在项羽的追兵前，为了活命，他先是把自己女儿狠心推到狂奔的车子下，被追随他的连襟樊哙抱起；然后又嫌车子跑得慢，把自己的儿子推下车！樊哙把两个孩子抱起来放到车上——可见樊哙的力量和胆气——然后推着车子跑。纪信在荥阳城里指挥着残军和楚军对峙着，直到城破，项羽才发现被俘虏的人是装扮成刘邦的一个替死鬼！但是刘邦善于玩弄权谋，把"三杰"等英才聚拢到自己麾下。有"运筹帷幄之中，决胜于千里之外"的张良，有"镇国家，抚百姓，给馈饷，不绝粮道"的萧何，还有"连百万之军，战必胜，攻必取"的大将军韩信，刘邦用了四年时间消灭了远比自己强大的项羽。知子莫若父，刘太公四个儿子，小儿子刘季——就是刘邦，整天不干活，在街头混，被当地的官员给个"泗水亭长"——治安队队长干着。这个治安队队长显然不是朝廷命官，是没有薪水的，可是这就是刘季不种田地的借口。可以想象为什么选他当治安队长：他的一群兄弟就是泗水这个地方的混混，是危害治安的主要因素。刘太公家里的产业——就是种田地养家糊口的农活，主要由二儿子承担了。二儿子踏实肯干，任劳任怨，不仅养活着刘太公夫妻，还养活了刘季一家——当时刘季已经娶妻生子。刘邦夺得天下后，把刘太公接到国都咸阳，对着曾经一直夸赞自己二儿子的刘太公说："某业所就，孰与仲多？"就是说：老头子，我干的事业收获的，比你一直夸的刘老二相比，谁的多？他没有用"表字"来称呼曾经养活他一家的二哥，而是用"仲"来称呼，可见他衔恨已久。在刘邦看来，用无数农民起义军将士——包括陈胜、吴广的义军、六国的义军特别是破釜沉舟的楚军，还有汉军将士——生命换来的，完全是他刘邦的"产业"。用什么词语概括刘邦这样一个皇帝？笔者找不到精准的词语，就用"贵族的反义词"来概括了。

几百年后，"竹林七贤"之一的阮籍"尝登广武，观楚、汉战处，叹曰：'时无英雄，使竖子成名！'""竖子"，这是阮籍对刘邦的人品的高度概括！"竖子"，用今天的话说就是"小人"。

笔者并不想在这里去分析"竖子"这个词语的全部内涵，而是在不太容易诠释"贵族"这个词语内涵时，用了这个"反义词"。从艺术的角度，笔者不能画出"白"是一种什么颜色，就无奈地指着黑色说：与之相反！

钟仪就是一个贵族，这个"楚囚"身上散发的，就是"贵族精神"。

用孔子的话来诠释"贵族"，就是"贤"。

仲由（公元前542—公元前480），字子路，春秋时鲁国卞人（今山东泗水县人）。孔子弟子，孔门七十二贤。少时家贫，常与人佣耕，出身卑微，但天性纯孝，且忠厚正直，力大勇武。周敬王三十三年（公元前487），他被卫国聘为蒲邑宰——河南长垣历史上有文字记载的首任县令。他治蒲三年，大见成效，社会稳定，人民安居乐业。周敬王四十年（公元前480），子路离任蒲邑宰，又被卫大夫孔悝（kuī）用为家臣，守戚城（今河南濮阳北）。卫国内乱，孔悝被劫，子路临危不惧，冒死冲进卫国国都救援孔悝，混战中被卫国人所杀。

对这样一位孔门弟子，后世人用他的表字称呼他，表示对他的敬重。

靠吃野菜长大的子路，身材高大，力大无穷，并且习得一身武艺，经常头戴雄鸡式的帽子和佩戴公猪装饰的宝剑，很多时候，当他遇上蛮不讲理的人时，他就拔出宝剑来，用对方懂得的方式来对话。一开始，子路对孔子的学说并不感兴趣，甚至还屡次冒犯、凌辱声名鹊起的孔子，但是，孔子征服了他，他甘心情愿追随孔子。这就是孔子的力量，"教化"的力量！

《三字经》："人不学，不知义。"孔子用"义"教诲了子路！

凭着自己的力量和武艺，子路对付几十个人是不成问题的。在保护孔悝的过程中，子路让孔悝先走，自己断后，结果陷入重围，被一群人截杀。子路心中不慌、面不改色，拿起武器抗击追兵。混战中，对手中一个人的戈矛扫掉了子路的缨——帽子上的带子，子路的帽子掉在地上，他觉得太有失自己的尊严，就对对方说：稍停，等我把帽子的带子系好，再继续决斗！对方一群人面对这样一个看似好笑的请求，惊掉了下巴，一时停下手来。于是，子路把武器弃置一旁，俯下身子捡取自己的帽子，又非常认真地连结自己的帽带！对方缓过神来，趁子路低头整理帽子，用几十支矛刺进了子路的身子！子路临死高声喊道："君子死，冠不免。"——君子即便是死，也要衣冠整齐。此时子路保护的孔悝已经安全脱身了。对方把对孔悝的仇恨发泄到子路这个鲁国人身上，一拥而上，把子路砍成肉泥!

在面临生命危险时，他并没有抛弃自己的信仰，宁愿失去生命，也不能失了所坚守的"礼"，也不能违背老师的教诲。即便是赔上性命，身为"君子"高傲的头颅任何时候不能低下。

消息传到孔子的耳朵里，孔子悲愤不已，为此，他表示从此以后再也不吃肉酱。

有人嘲笑子路，为了"冠不免"而死！

两千多年以后，日本法西斯侵入中国，中华民族面临生死存亡的关头，因为抗日反蒋而被亲日派何应钦逮捕的吉鸿昌走上刑场，临刑时刽子手要吉鸿昌跪下，吉鸿昌断然拒绝，高声说道："我要站着死。"几声枪响，他高大的身躯缓缓倒下！

钟仪当囚徒而坚持"南冠"——南方楚国气候温暖，帽子定很单薄；而在相对冷的晋国，这个"楚囚"不管什么季节都坚持带着楚国的帽子。

被后世文人称颂的"南冠"，就是君子对"义"的坚守，就是子路的帽子，项羽的"不肯过江东"，就是贵族精神！

对于钟仪"南冠"这个"服饰语言"，对于夏完淳的《南冠草》，对于郭沫若的《南冠草》，笔者只能做这么贫乏的、单薄的解释。

山部字

　　山（shān），象形字。甲骨文、金文字以"三座大山"的字形象众多山峰耸立之形，小篆字形稍变，隶定为"山"，本义为山岭。作为部首，称山部。有的在字的上边，又称山字头；有的在字的左边，又称山字旁。

　　山部中的字大多与山有关系，可分为四类：①山的名称，如岱、岳、岐、岷、嵩、巍、岍；②山的种类，如峦、峡、岑、岛、屿、岸；③山的一部分，如岭、峰、岗、崖、岩；④山的形状，如崇、峻、峭、嵯峨、崔嵬、崎岖。

　　《史记·封禅书》载："（元封元年）三月，（汉武帝）遂东幸缑氏，礼登中岳太室。从官在山下闻若有言'万岁'云。问上，上不言；问下，下不言。于是以三百户封太室奉祠，命曰崇高邑。"有雄才大略的汉武帝刘彻，是西汉中期很有建树的皇帝，他北击匈奴、南征北伐、凿空西域（派张骞通西域），自认为这些都是比肩三皇五帝的贡献。他学秦始皇到五岳去封禅，将自己的功勋向上天报告，作为"天子"向上天"述职"，也对臣民炫耀自己的文治武功。历史学家蔡东藩评论他把汉高祖刘邦以下历代皇帝实行休养生息政策所积累的国力消耗殆尽。元封元年（公元前110）春天，一心想长命百岁的汉武帝到嵩山太室山上祭祀上天。也不知怎么回事，随从的官员在山下听到有人呼"万岁"，一连呼了三声，问山上的人，都说他们没有喊，但也听见了；问山下的人，也说听到了但没有喊。于是，这个事便当作"祥瑞"记载下来了。汉武帝在这里设立了"崇高邑"，这个"邑"治下有三百户百姓，赋税主要用于祭祀嵩山用。"山呼"的意思是好像嵩山也在呼喊"万岁"，也可以理解为"三呼"——《资治通鉴》记载这个"祥瑞"为三声，后世皇帝出场，臣子高呼"吾皇万岁、万岁、万万岁"，来源于此。凡是登山的人都有这样的感受：对着山谷呼喊就会有回音，可能喊一声回音两声、三声。遥想当年汉武帝到嵩山封禅，山路崎岖，随从人员排成了一个长长的队伍，有一个从官产生了一个幻觉：有声音"万岁"，他向走在他前边的人员询问，有没有听到这样的呼喊，回答是听到了，但是不是他们自己喊的；然后又问走在他后边的随从队伍，回答也是这样！笔者认为这个从官是个善于巴结逢迎的佞臣，他根本没有清晰地听到什么声音，而是凭着自己逢迎皇帝的幻觉询问前后的人员——谁敢说没有听见呢？这个"山呼"的祥瑞完全是他制造出来的。但是就像《红楼梦》说的那样：假作真时真亦假，无为有处有还无，到底有没有"山呼万岁"，只能是个历史悬案。

今天的登封，历史上曾经作为夏朝的国都——阳城，《史记·陈涉世家》记载："陈胜者，阳城人也"，也就是说陈胜，是夏都（好多处）阳城的人。夏朝建立者是夏禹，而阳城在嵩山的南坡，邻近禹州，作为夏都是真实的。汉武帝封禅、设立"崇高邑"，到了隋朝又改回嵩阳县——这就是嵩阳书院名称来历。公元696年，一代女皇武则天"登"嵩山，"封"中岳，大功"告成"，颁布诏书改嵩阳县为登封县，改阳城县为告成县。可见"崇高邑"和"阳城"不是一块地方。金代将登封县、告成县两县合并为登封县。今天，告成镇在登封市市区东南10公里的地方，再往东南走就是禹州市。

万岁，繁体写作"萬歲"，简化的力度太大了。歲，形声字。小篆字形从步，戌（xū）声。本义：岁星，即木星。《诗·豳风·七月》："无衣无褐，何以卒岁？"长衣服短衣服、好衣服差衣服都没有，已经到了十一月、十二月的天气，让我怎么过完这一年？歲，就是年，上面"山"是"止"（步，经历）的讹变，意思上和"山"没有关系。"萬"，甲骨文呈蝎子形。本义：蝎子。后来这个字假借作数词，表示"千的十倍"。今天的"万"和蝎子意思上没有关系。据笔者统计，中国历史上几百个皇帝，没有一个寿命超过百岁的，所以"万岁"应该理解为"好"，见面喊"万岁"，就是一个礼貌性祝福语。

汉字中有两个容易混淆的字：岐、歧。岐山是周王朝的龙兴之地，传说凤鸣岐山，预示着周部落的兴起。岐山，在秦岭西段，是诸葛亮伐魏的必经之地——七出岐山，出师未捷身先死，功败垂成，长使英雄泪沾襟。歧，左旁"止"是人走路的脚，走路走到岔道口，不知道往左还是往右。有一家羊圈的栅栏坏掉了，好意的人提醒他赶紧"补牢"，固执的羊主人就是不听，结果夜里跑了很多羊，羊主人又央求别人帮他找回丢失的羊。众人一个个回来，告诉他都没有找到，因为"多歧路"，不知道羊跑到哪一条路上去了。后来他"亡羊补牢"，告诉当初劝说他的人"犹未为晚"，实际上多歧路，丢失的羊都没有找回来，完完全全已经晚了。他用"补牢"这一举动表示对劝说他的人的歉意和感谢。这就是李白"行路难"的原因：多歧路！

"岗"读作"gāng"时，意思同"冈"，读"gǎng"时指"守卫的岗位"，读"gàng"时是"非常、很"的意思，如方言所说"这甘蔗岗甜"，就是很甜的意思。

和"冈""岗"情况类似的还有"峨眉山"和"峨嵋山"，四川的"峨嵋山"后来人们常常写成"峨眉山"，而济南的峨嵋山一直写作"峨嵋山"。唐代大诗人李白的《峨眉山月歌》中，"峨眉山"这一写法已经出现，今天的地图上，四川的峨眉山就这样写，济南槐荫区的是峨嵋山，济南的比四川的多"一座山"。

幽暗的"幽"，下面的"山"是"火"讹变而来。"幽"的本义是蚕吐出的丝很纤细，天色昏暗一点就要用火把照着看才能看清。"豳"是存在《诗经·豳风》里的地名，先变为"邠"，今天变成了"彬"。

彳部字

　　彳（chì），表义字，象四通八达的十字路口形，为"街""行"的左旁，本义为小步行走。彳作为部首，称双立人旁或双人旁。彳部中的字大多与道路或行走有关系，如行、径（小路）、街、往、征（远行）、徒（步行）、徐（慢行）、循（顺着路而行）。

　　"待"，先别走，待一会儿。

　　"役"中的"殳"（shū）是用竹、木制成一种兵器，一端有棱。"役"甲骨文字形像人持殳（shū）击人。本义：服兵役，戍守边疆。这些可能一去不复返的苦差事当然是由奴隶来做，需要找军官拿着"殳"驱赶着奴隶。陈胜、吴广就是"闾左"的贫苦人家。《诗经·王风·君子于役》："君子于役，如之何勿思？"自己的丈夫到前线去打仗，生离死别后，要我如何不为他担心？这里的"役"是兵役，还有徭役，如秦始皇时期，一边要征发陈胜、吴广这样的贫苦子弟去长城一带服兵役，还征发了很多穷苦人家的人去建造阿房宫和秦始皇陵墓，这是"徭役"，就是官府向人民摊派的无偿的劳动。阿房宫在秦朝灭亡时"楚人一炬，可怜焦土"（项羽痛恨秦国、秦王朝，一把火把阿房宫烧个精光）。始皇陵在秦灭亡时还没有完工，直到今天还没发掘完毕，展示了大秦帝国的赫赫声势。阿房宫，在《史记·始皇本纪》和《史记·项羽本纪》中只字未提，很多历史学者怀疑它是子虚乌有的，可近年来发掘的阿房宫，证明了阿房宫的存在。可见"楚人一炬"，连什么痕迹都灰飞烟灭了。阿房宫、万里长城、始皇陵、秦直道，被称为大秦帝国的"四大工程"，耗尽了民力，引发了陈胜、吴广大起义，直接导致了秦王朝的灭亡。笔者认为，万里长城和秦直道（那个时间的高速公路）是巩固帝国统治的国防工程、民生工程，类似的还有岭北沟通岭南的灵渠——连接了长江水系和珠江水系，使得秦朝的统治力量达到桂林、象郡等地。几百年后，留下千古骂名的隋炀帝，修建了今天还在使用的大运河，同样大量耗费了民力、财力，引发了"民变"，导致了隋王朝的灭亡。

"很"，从彳，从艮（gèn）。艮，回头狠狠地瞪一眼。一个人被迫去做一件事，因为很不情愿，但又不得已，边走边往后面瞪眼睛。"很"表示"狠狠地"，今天这个意思"交给"了"狠"字，"很"仅剩下"很不情愿"的"非常"意思了，没有"凶狠"的意思。

"长征"的"征"，不是"征发""征兵入伍"的意思，而是"行军"，行军二万五千里，是人类历史上的奇迹。走过长征的革命者，都具有非凡的毅力。长征的胜利是中国革命力量的胜利，也意味着国民党反动派不可能扑灭中国革命的烈火。

"德"，字谜"二人十四一条心"的谜底，如果记住这个谜语，就不会少写"一"，但是右上不是"十四"，而是"十目"。"德"的甲骨文字形没有"一心"，"彳"表示昂首挺胸地往前走（行为不是偷偷摸摸的），边走边往前扫视——眼睛（目）往四面（十字形）看。金文字形加上了"心"，表示这样的人心中无愧，行为端正，坦坦荡荡地行动（彳）——为人处世。《道德经》中的"道德"，都和人的行为（以走路代表行为）有关。

笔者接触了很多"书法家"，当然是良莠并存的群体，其中"莠"占大部分，这些"莠"，狂妄自大，糟蹋艺术，自我吹捧又相互吹捧，一个个是"主席""副主席"，德不配位，突出的表现就是总写错别字。他们的书法作品总是用繁体字写成，总把"皇后"写成"皇後"。其实今天的"后"字字形，是繁体的"後"简化后和另外一个"后"共用的，另外一个"后"表示"君主的妻子"，本来就是这样的字形，两千年以前"隶定"之后就没有改过。而"後"表示"后面"，与"前""先"相对。"后天"就是"明天之后的那一天"。

彳部字很多"彳"旁是讹变而来的，演变过程复杂，不像山部字那么简单，接触到时需要具体情况具体分析。

彳在汉字中不做声旁。

女部字

女（nǚ），象形字。甲骨文、金文像屈膝而跪、两只手臂在胸前交叉的女子，是古代妇女在室内居处常见的姿态，隶定为"女"，本义为妇女，引申为未出嫁的年轻女子、女儿等。"女"作为部首，称女部。有的在字的左边，又称女字旁；有的在字的下边，又称女字底。

女部中的字大致可分为六类：①亲属，如妈、姐、妹、姑、姨、妻、妇；②婚姻、妊娠，如婚、姻、嫁、娶、妊、娠、娩；③姓氏，如姓、姬、姚、姒；④女子的容貌或姿态，如娇、好、妩、媚、妍、媸、妙、姝；⑤女子的身份、地位、长幼，如奴、婢、妃、嫔、媒、妁、妪、媪、婆、妞；⑥不良的德行，如奸、嫉、妒、妄、嫌、妨、姘、妓、娼、婊。我们的祖先进入父系氏族社会后，有影响的社会活动就是战争和狩猎，女性因为身体原因很少参与，所以男性对女性抱有偏见，但是人类又是由男女组成，缺了女性不可，所以对女性的评价两极分化——好：娇、好、妍、媸、妙、姝；坏：奸、嫉、妒、妄、嫌、妨、姘、妓、娼、婊；个别中性：妩、媚、妖、娆。

"姑"，右边的"古"表示时间长的，老的。因为十口相传，代表代代相传，形容时间久远，在《释名》中就有："姑，故也，言于己为久故之人也。"《说文解字》里"姑"的注解为："姑，夫母也。"夫就是丈夫，所以"姑"应理解为丈夫的母亲，也就是婆婆。《尔雅》解释说："称夫之母曰姑。"诗词里，我们也经常会发现这种称呼。比如唐代诗人朱庆余《闺意》说："洞房昨夜停红烛，待晓堂前见舅姑。"现代人媳妇要拜见的是公婆，古代拜见的却是舅姑，舅与姑分别指的谁呢？姑与舅相对。这里的姑是指丈夫的母亲，而舅则是指丈夫的父亲。在儒家经典著作《谷梁传》里也有记载："母戒之曰：'谨慎从尔姑之言。'"意思是说，母亲告诫自己的女儿到婆家要听从婆婆的话。这是齐侯嫁自己的女儿——齐国公主临别时的场景，公主的母亲送到"祭门"以内，反复叮咛公主，齐侯是公主的父亲，按"礼"不能"下堂"。"姑"后由"丈夫的母亲"引申为"父亲的姊妹"，这一意思至今采用。又由"父亲的姊妹"引申为"丈夫的姊妹"——完全体现了男性社会中以男子为中心的偏狭。唐代诗人王建的《新嫁娘词》："三日入厨下，洗手作羹汤。未谙姑食性，先遣小姑尝。""未谙姑食性"的"姑"是指新嫁娘丈夫的母亲，而"小姑"则是丈夫的妹妹。她自己作为新嫁娘，嫁到丈夫家，丈夫的家就成了她的"家"。"嫁"是个形声字兼会意字，而她自己原来的家，是娘家，不再是她的家。来到新家里，她只有前三天的地位还算高，三天以后就下厨做饭了，诗人描写的很细致——"洗手做羹汤"，重点服务对象是"姑"，对于这个未来家庭里的"顶头上司"，新嫁娘毕恭毕敬，连询问都不敢，只好"遣""小姑"尝一尝；"小姑"，在这个家庭里地位也高于新嫁娘，按年龄、长幼分，新嫁娘是"大""长"的，但是这个小女子是"姑"，地位就高了，新嫁娘也没有问她的口味，而是请她先尝一尝，看看是否合乎她的口味，进而推断自己做的羹汤是否合乎婆婆的口味。后来"姑"又由"丈夫的母亲"引申为"一切妇女（已出嫁）的统称"。女修士到了佛门里，是"出家"，称"尼姑"；到了道家，也称"出家"，称"道姑"，这里的"姑"已经没有血缘或者伦理关系，但是保留了"尊称"这一意思。"姑"又由"丈夫的母亲"虚化为副词"暂且""姑且"，如"姑妄言之"。《世说新语》有这样一个场景：

桓南郡与殷荆州语次，因共作了语。顾恺之曰："火烧平原无遗燎。"桓曰："白布缠棺竖旒旐。"殷曰："投鱼深渊放飞鸟。"次复作危语。桓曰："矛头淅米剑头炊。"殷曰："百岁老翁攀枯枝。"顾曰："井上辘轳卧婴儿。"殷有一参军在坐，云："盲人骑瞎马，夜半临深池。"殷曰："咄咄逼人！"仲堪眇目故也。

身居高位的股肱之臣，南郡公桓玄和荆州刺史殷仲堪谈话时，顺便一同说那种表明一切都终了的事。这就是"姑妄言之"，姑且说一句假话，虚构一种不可能出现的情景，也就是说说玩玩而已，不可当真，就是比一比编瞎话的"才华"。顾恺之说："火烧平原无遗燎。"大火烧了野草茂盛的平原，竟然没有剩下一点灰烬、火种。桓玄说："白布缠棺竖旒旐。"意指用白布裹着棺材，竖起了招魂幡出殡。人死了要下葬了，用白布裹着遗体，合乎"礼"，但连整个棺材都用白布裹着，不合"礼"也不合"理"，没有出现过这样的有违礼法的事情，所以也是胡编滥造的瞎话。殷仲堪说："投鱼深渊放飞鸟。"渔猎好不容易捉到的鱼，又放回深渊里，好不容易捉到的鸟，又放回深林里，这是为什么？这不可能，还是编造的瞎话，姑妄言之，那就姑妄听之吧。接着又说处于险境的事。桓玄说："矛头淅米剑头炊。"在矛头上淘米，在剑尖上煮饭，这是为什么？殷仲堪说："百岁老翁攀枯枝。"找死吗？顾恺之说："井上辘轳卧婴儿。"那太危险了，婴儿的父母是不可能玩这样危险的游戏的。殷仲堪有一个参军也在座，说："盲人骑瞎马，夜半临深池。"殷仲堪说："咄咄逼人！"他惊叹这句话给人以威胁，令人害怕，逼得人听不下去。这个参军太不知趣了，忘了他的上司殷仲堪瞎一只眼睛！姑妄言之，姑妄听之，本来是斗斗嘴，找个乐趣，结果弄成这个局面，实在无聊，实在搞笑。魏晋人谈玄，说了半天话，大家不知所云——不知道说的是什么，也不知道说这话为什么。桓玄、殷仲堪、顾恺之这些人都是"过江诸人"，心中有苦说不出，就这样"闲话"。

过江诸人，每至美日，辄相邀新亭，藉卉饮宴。周侯中坐而叹曰："风景不殊，正自有山河之异！"皆相视流泪。唯王丞相愀然变色曰："当共戮力王室，克复神州，何至作楚囚相对？"

——《世说新语·言语》

以王谢家族为首的贵族官僚集团，在西晋时，已经是"士族"官僚家族组成的集团了，但是最有权势的，还是他们辅佐着"南渡"的"晋室"，成了东晋王朝的台柱子。渡江来到江南的贵族，每到风和日丽的日子，总会想要来到新亭，在草地上宴饮（他们曾经在兰亭聚会，产生了彪炳史册的《兰亭集序》）。尚书左仆射周侯周伯仁在宴会上哀叹说："这江南的风景和我们家乡江北的没有什么不同（周侯的家乡在今天河南省的原阳县），只是山河和中原的山河不一样了。"在座的人都为之哭泣，泪眼相对。只有丞相王导神色严肃地说："大家正应当同心戮力，报效朝廷，收复中原，怎么至于像被俘在晋国的楚囚钟仪那样，一味相对悲泣不图振作呢？"王丞相的话令人振奋，可是掌握东晋政权的王谢家族，只是在淝水之战中击败北方，保住了晋王朝的半壁江山，闻鸡起舞、击楫中流的祖逖（tì），终其一生也没有能调动东晋的全部军事力量北伐收复旧山河。出师未捷身先死，王谢家族和众多"南渡"的贵族官僚集团，最终也没有回到北中国。

水（氵、氺）部字

　　水（shuǐ），生命之源。水部字，单独成字为"水"，变异为氵、氺，为了叙述方便，我们把含有"水""氵""氺"且都做形旁的字，统称为水部字。氵（三点水）、水（氺）是表示字义与水有关，作部首时可以表示和河流、水、液体等有关的事物。冫（bīng，两点水）作部首时，可以表示和温度低或水有关的事物。"水"字作为部首，称为水部。

　　附形部首"氵""氺"都是"水"的变体。"氵"在字的左侧，称为三点水；"氺"在字的下部，称为水底儿。"水"部的字，大致可以分为五类：①水的名称，如江、河、湖、海、淮、湘、沅、济、汉、泌、沁；②水的性状，如清、浊、混、浑、深、浅、淡；③水的流动，如流、涌、沸、滚；④与水有关的动作，如游、泳、涉、浴、洗、浇、涮；⑤与水有关的事物，如波、浪、涛、泽、酒、汗、浆。我们选择几个与水有关的汉字故事，引导大家理解水部的字。

　　水，象形字，甲骨文是一条河的干流在流淌，在两岸边上激起浪花。隶定为"水"时，干流变成中间的竖钩，两岸和浪花变为左右两部分。

水，本义河流。汉水、湟水，这些河流的名字，保留了"水"的本义。河流有不同的名字：河、江、水、溪等，如黄河、长江、汉水、浊水溪。认为一条河流应该叫什么，与水量有关，但也绝不完全如此。浊水溪、大甲溪都是台湾岛西部比较大的河流，因为台湾岛降水量丰富，这些"溪"流量很大。

我们知道，中华民族的主体民族是汉族，汉族人也被简称为"汉人"，这个"汉"来自中国历史上的汉朝，而汉朝，名称来源于刘邦被项羽封于汉中，封号"汉王"。陈王在陈地（今天河南淮阳）称王，国号"张楚"，就是扩大、壮大楚国的意思。陈，是春秋战国时陈国所在地，后来这块国土归属了楚国，同时属于楚国的还有徐国（今江苏徐州周围一带）和沛国（今江苏沛县一带）的土地。项羽，楚国人，祖父是楚顷襄王的将军项燕。楚怀王听信奸臣的话，又被秦国谋士张仪欺骗入秦国，死在秦国，他的儿子继位，称顷襄王。顷襄王时，秦军攻陷楚国国都郢（在今天湖北江陵），顷襄王迁都陈，后来秦军又攻陷陈，顷襄王的儿子楚考烈王又迁都寿春（在今天安徽寿县），楚国最终灭亡在寿春。项燕在秦楚战争中战败自杀，项羽、刘邦起义军灭掉秦王朝，算是项羽给自己祖父项燕报了仇，也算是楚国灭掉了秦朝。项羽在咸阳称王，号"西楚"，封刘邦为汉王，后来西楚霸王在彭城（江苏徐州）建都，最终在楚汉战争中被围在垓下（徐州南宿州市下辖的灵璧县），自刎于乌江（安徽省和县东北的乌江浦渡口，乌江是今天长江北岸的支流滁河，紧挨长江干流）。战国七雄中没有汉国，汉王刘邦是楚国沛郡人。沛，是一条河的名字，后来变成一个地名。刘邦从"沛公"到"汉王"，汉王朝成中国历史上强大的王朝。当初刘邦的封地汉中，即汉水中游的陕南盆地里，汉水，也就是汉江从这里流过，到武汉注入长江。武汉市有"武汉三镇"：长江干流以南部分叫武昌，汉江的西南部分叫汉阳，东北部分叫汉口。那么"汉"字的本义是什么呢？"汉"，繁体写作"漢"，左旁为形旁"氵"，右旁读 hàn。汉水是长江最长的支流，在历史上占据重要地位，常与长江、淮河、黄河并列，合称"江淮河汉"。那时的"河"是黄河的专有名字，"江"是长江的专有名字，"淮"夹在"江""河"之间，在"汉"流域的东边。古人感慨"俟河之清，人寿几何"（《左传·襄公八年》），嘲笑文坛小丑"尔曹身与名俱灭，不废江河万古流"，这些话中，"江河"是专指而不是统称。"汉水"和"汉江"是同一条河、同一条江的不同的名字，这充分说明：①"水"的本义是河流、流水；②"水"不比"江"小，也不比"河"大。

笔者专门到汉中去了一趟。在那里的博物馆里发现，"汉"蜿蜒在秦岭南麓、米仓山北麓的山谷间平原上，丹江汇入后奔流在湖北省的江汉平原上。博物馆工作人员告诉笔者：汉，就是魏武帝曹操的诗句"星汉灿烂，若出其里"的"汉"，即银河。

星汉灿烂，我们的祖先到底是用他们生活的河的名字给宇宙间银河系命名，还是用天河的名字给生活中的河命名？

在博物馆中，笔者思接千古，脑海中最终没有得出答案，但是笔者看出，我们的先人的想象是那么邈远、丰富，把华夏人称为"汉人"，又多么自豪和自信！今天，作为"汉人""华人"，你都应该自豪、自信！你应该坚强、有毅力，在挫折面前表现出自强、自信！

打开中国地图册，地图上所有的氵部字，大多是河流的名字，即使你不知道它的读音，你也可以推测它的意思。有些不出名的氵部字，你甚至不需要知道它的读音。中国古代第一部诗歌总集《诗经》中的诗歌，大部分篇目产生在中原，即河南、陕西、山西、安徽、河北南部、山东、湖北西北部，其中也有很多河流的名字，直到今天那些流淌在《诗经》中的河流的名字，并不为大家熟悉。《诗经·郑风》有一篇《溱洧》，笔者也是学习《诗经》时知道这两条河的名字的读音。溱（zhēn）、洧（wéi）："郑国二水名"，这两条河在今天新郑市境内。

发源于河南南部桐柏山区的淮河是中国的一条主要河流，也是秦岭-淮河南北地理分界线的东半部分。古代这条河叫"淮"。"淮"和"准"字形太近似了，但是这两个字的意思、读音都相差很远。这是因为这两个字的字形在小篆之前相差很远，直到小篆，这两个字的字形才相近。

"水"在蜀地还有一个名字：川。四川，四条大河——金沙江（宜宾以下叫川江，就是长江干流）、岷江、嘉陵江、沱江流经的地方。乾隆皇帝的"十全武功"中一功为平定大小金川，大小金川就是大渡河上游，大金川是干流，小金川为支流，汇合为大渡河，在乐山市汇入岷江，岷江到宜宾，汇入川江。大渡河这条河仅仅是长江的一条支流的支流，但是在中国历史上留下了浓墨重彩的几笔：乾隆皇帝举全国之力，花了十几年时间，才平定大小金川；太平天国翼王石达开兵败大渡河，全军覆没，能征善战的他也被俘，被押到成都处以极刑；1935 年，中国工农红军凭着不到两万人的兵力强渡大渡河、飞夺泸定桥，成功摆脱几十万追兵，走向辉煌，创下中外军事史上的奇迹；1949 年，蒋介石的"鹰犬将军"宋希濂带着国民党军十四兵团十四万人，在短短一个月时间内被中国人民解放军击溃，他本人在大渡河畔被俘。

现代汉语中保留了古汉语中大量的成语，你可能一不小心就说了一句含有成语的话，如说一个地方"一马平川"，意思是"地势平坦的地方，能够纵马疾驰的一片广阔平地"，"一马"就是"挥鞭驱马一次，就不加约束了，任凭马跑"；"川"在这里不是"河流"的意思。平原中有一种是冲积扇平原，就是在河流的冲击下形成的平原。当今中国经济最活跃的"长三角""珠三角"就是在长江、珠江冲击下形成的"一马平川"上。

《荀子·劝学》："假舟楫者，非能水也，而绝江河。"意思是借助于舟楫渡河的，并不一定能游泳，但还是能横渡大江大河，在这句话中，"水"的意思发展演变为"泅渡"，本义则细分为"江河"。从保留在现代汉语中的成语来看，"水"的原义统指江河湖海，如说一个地方"依山傍水"，依傍的可能是河流、湖泊、大海。

水在中国古代哲学里，属于"五行"（金木水火土）之一，所以祖先对水的认识是比较充分的。东汉刘熙的《释名》里说："水，准也。准，平也。天下莫平于水。"这就是"水平"这一词语的来历。《荀子·劝学》："冰，水为之，而寒于水。"这里的"水"的意思成了现代汉语中"水"字的基本意思。孔子教育学生珍惜时间："子在川上曰：逝者如斯夫，不舍昼夜。"他站在"川"边上，指着流淌不息的河流，用非常贴切的比喻，指出了时光一去不复返的严酷现实，形象地说明了要珍惜时光的道理。水平，水很公平，人生就是一条河，日夜不停地流失，贵为王侯将相也休想长命百岁，终日劳作的黎民百姓也可能长寿。

"泉"字甲骨文像一个泉眼儿，上面和左右两侧呈现半包围的形状，里边是一横代表泉水流出的地点，往下是类似"川"字的泉水，从底部流出。小篆"泉"字则把里边的地点、流水变成一个"丁"字形，隶变则变成现在这个样子：上白下水。可见"泉"是一个象形字。《千字文》开头："天地玄黄，宇宙洪荒。"意思是天空是玄色（黑青色）的，大地是黄色的。掘地成井，流出的泉水是黄色的，叫"黄泉"。中国古代人认为，大地是人类之母，人死后要回归到土里。陶渊明《拟挽联》中说："死去何所道，托体同山阿。"就是说：死去有什么可说的？不过是把自己的身体托付给山陵，葬在高山之上或者黄泉之下。时至今日，人死了仍要"入土为安"，给逝者挖一个墓穴，连棺材一起埋在"井"里，葬在黄泉之下，灵魂进入另一个世界，这是汉民族土葬的风俗习惯的来历。贫苦者死了草草下葬了事，埋在黄泉之下，地表上叫"坟"，地表下叫"墓"。富有者埋入地下，地表上堆成丘，像山一样，作为标记以供后代祭奠。帝王则厚葬，把生前的金银财宝、钟鼎玉器，甚至奴隶、仆人、妻妾一同埋在地下，地下建设豪华的墓室，但又害怕有人掘墓盗取财宝，于是把"坟"堆得如山陵一样高大，叫"陵墓"。陶渊明"托体同山阿"则是要把自己葬在山陵下，灵魂得以安息。不管是贫苦奴隶还是帝王将相，死后都要到"九泉之下"。九泉之下，意思是很深的地下。

泉，读音与"钱"相近。按照古代的"五行"理论，水生金，人们希望手中的财富像泉水一样汩汩滔滔、源源不断，所以用"泉"来代替"钱"。早在战国时代，哪里要居住很多人，那就要有水井，那里就是"市"，这就是"市井"一词的由来。天圆地方，城市在普天之下，方口井旁，就像一枚巨大的钱币，有的是财富。西汉末年，王莽篡汉，改朝换代为"新莽"，铸造出有"大泉五十"的新莽钱币，把"钱"改称"泉"。后人特别是清高的文人，讨厌商人身上的"铜臭味"，也用"泉"代替"钱"。鲁迅是一个忧国忧民的文学家、思想家，他当然憎恨富人靠着钱剥削、压榨穷人，但又不可能不与钱打交道，日记里多次记录他自己拿"泉"来为女工赎身，接济穷苦人。

　　山泉汇集起来叫"涧"，"涧"是一个会意字，也是一个形声字，"水流在两山之间"的意思。所谓会意字，就是指一个字的意思由字的两个部分或多个部分会合而成。唐代诗人王维的诗《鸟鸣涧》，意思是"鸟在山谷里鸣叫"。"人闲桂花落，夜静春山空。月出惊飞鸟，时鸣深涧中。"飞鸟原本栖息在树上，因为月出而被惊醒，孤单的叫声在山涧里发出回响。还有他的《山居秋暝》写道："空山新雨后，天气晚来秋。明月松间照，清泉石上流……"明月透过浓密的松针照进林间，连流淌在山石的汩汩清泉也能看到。山涧汇集成"溪"，溪依然不大，"溪"字本来写作"谿（xī）"，侧重指山谷深，后写成"溪"，侧重指山沟里的流水。在落叶密布、荆棘丛生的山沟里，是没有路可走的，但智者可以沿着谿走出来，因为溪流冲走了落叶，使人能辨别出小路。司马迁赞颂抗击匈奴的飞将军李广，说"桃李不言，下自成蹊"，林间小路叫"蹊"。可见不管是水（溪），还是谷（谿），或者是脚下的路（蹊），只要形旁和"奚"相配，表示的事物就不大。

　　溪流汇集成"川"，"川"汇集成"河"，最大的河叫"江"。中国西北边陲的有伊犁河和额尔齐斯河，东北边陲有黑龙江、乌苏里江、图们江和鸭绿江。从东北往南有辽河、海河、黄河、淮河，淮河以南是长江及其支流、珠江及其支流。长江支流大都叫"江"，如金沙江、雅砻江、岷江、乌江、嘉陵江、汉江、湘江、赣江。最早时"河"专指黄河,"江"专指长江,淮河叫"淮",汉江叫"汉",湘江叫"湘",沅江叫"沅"。最早写进历史典籍的河流有江、淮、河、汉、洛、济等。"河""江"都是形声字,"江"的音"工"至今保留在长江南岸地区的方言里,如"扛"。

百川归海,"海纳百川,有容乃大",容,容纳。雨果有一句名言,"世界上最大宽广的是海洋,比海洋更大宽广的是天空,比天空更宽广的是人的胸怀",更详细地表述了"海纳百川有容乃大"这句话的意思。"海"字是个会意字,"每"是"每一个""每一条""所有"的意思,每一滴水、所有的水汇集在一起,那就是大海了。由大海可以容纳百川,引申为"容量很大"这一意思,如北方吃饭的一种碗,叫"海碗";有些人好说大话,叫"夸下海口",即"满嘴跑火车",夸大到没边没沿;写信、打电话给别人希望得到对方的原谅,夸赞别人的肚量大,说"望海涵",希望你的涵养像大海一样大,能原谅别人对你犯的错。"海"又可以形容人或者事物很多,如"人山人海""文山会海""一片火海"。

"海"和"洋"常常并称"海洋",地球上有四大洋:太平洋、大西洋、印度洋和北冰洋,这四大洋的名字是以航海起家的欧洲人起的。15—17 世纪,是欧洲历史上的"探索时代""发现时代",又叫"新航路时代""大航海时代"。欧洲人根据地圆学说,向西横渡大西洋,"发现"了美洲,经过 38 天的惊涛骇浪,受雇于西班牙的葡萄牙航海家麦哲伦,发现了美洲南部的海峡（麦哲伦海峡），绕过海峡驶入更宽广的海洋。而这片更为狂暴的海洋，当他率领的船队经过时却出奇的风平浪静，于是他们为这片海洋起名叫"太平洋"。当时欧洲人航海的原始目的是找到神话传说中富得流油的东方古国印度，当他们到达印度时，为印度南边的海洋取名印度洋。靠近大洋边缘陆地的水域，被习惯性称为"海"，如中国的渤海、黄海、东海、南海，地球上其他有名气的海还有日本海、红海、阿拉伯海、地中海、波罗的海、加勒比海等。世界上最小的海是夹在博斯普鲁斯海峡和达达尼尔海峡之间的马尔马拉海，是世界上的"袖珍海"，面积 11 350 平方千米，和上述的两个海峡一起称为"土耳其海峡"，是亚洲和欧洲的分界线的一段。最小的海尚且一万多平方千米，可见真正的"海"有多大。土耳其海峡的西端连接着爱琴海，爱琴海是地中海的一部分，是欧洲文明的源头。地中海处于欧洲、亚洲、非洲之间。有的海叫"湾"，如泰国湾、孟加拉湾、波斯湾等。熟悉北京的人知道北京有很多"海"：中海、南海、后海、北海、西海、什刹海等，这些"海"和云南的洱海一样是湖泊，湖泊是和大海不相连接的宽广的水域。地球上最大的湖泊是里海，介于亚洲和欧洲之间，面积有 371 000 平方千米，和海洋并不相通。"海""洋""湾""湖"都是形声字，这可以从和"嗨"字的读音、意义比较上看出来。

　　"海拔"是用来标记一个地方高度的标准，指距离海平面的高度，这里的"拔"是"超出"的意思。"海拔"通常以平均海平面为标准，珠穆朗玛峰岩石海拔高度 8844.43 米，雪盖海拔高度约 8848.86 米，我们脚下的平原一般海拔在 50～300 米。陆地上还有比海平面更低的地方，例如中国的新疆有个艾丁湖，位于新疆维吾尔自治区吐鲁番市高昌区，是吐鲁番盆地的最低处，也是中国陆地的最低点，湖面比海平面低 154.31 米，湖底最低处达 161 米，标记为海拔-161 米。吐鲁番盆地为天山东段南侧封闭性山间盆地，艾丁湖为吐鲁番盆地地表径流的归宿点，源源不断的雪山融水注入其中，但是依然挡不住日趋干涸的趋势。干涸，失去水而干枯。涸辙之鲋，意思是车轮在泥土上碾压出车辙来，天下雨了，车辙里有积水，一条鱼存活在车辙的积水里，但是天晴后车辙日趋干涸，车辙里的鱼的命运就可想而知了。这个成语比喻急需要救援的人，如果得不到救援，可能马上就要像涸辙之鲋一样渴死。

　　"海洋"的"洋"字，甲骨文的字形两边是水，中间是两只羊的形状。小篆字形左边是"水"，右边变为一只羊。"洋"本来也是一条河的名字，这条叫"洋"的河流在陕西省南部，今天的洋县境内，这条"洋"汇入汉水。"洋"字的另外一个意思是水多，由此引申为"多"，如"洋洋万言"。进一步引申为"盛大、丰富"，如"洋溢"。"溢"本来写作"益"，"益"的下半部分是"皿"，这个"皿"字容易让我们联想起"盆"字，"益"就是一种像盆一样的器皿里水很多，益（溢）出来了。后来"益"又有"好处"的意思，本义"因为水很多而益出"这一条意思就由另造的"溢"来担当。

"洋"由"海洋"又引申为"隔着海洋的外国（的）"，如"洋人""父母送子打东洋"。

"洋"因为中西贸易的原因，还衍生了一种意思：银圆，就是银币。

中国古代的"泉"（钱）叫"金"，是铜制造或者含铜的合金制造的，当时的铜、铁都是贵金属，但是它的"贵"还抵不上它的币面价格，铸造钱、发行货币只能由官府执行才合法。中国自1436年起采用银铜货币体制，主要货币为白银。白银多铸成锭状，以重量（两）为单位。我们可以从"此地无银三百两"等成语可知这些银钱是按重量计的。至明、清与西方"洋人"贸易，从外国流入之白银多铸造成硬币之银圆，早期的银圆多为西班牙在墨西哥铸造之西班牙圆（当时墨西哥是西班牙的殖民地），在中国被称为"本洋"，是流入中国的西班牙卡洛斯三世币头像银圆的俗称。明万历年间开始流入中国，清中叶流入最多，曾为我国长江流域的主要货币。这时中国的对外贸易顺差数额巨大。新航路开辟后，西班牙王国的殖民地很多，面积很大，这样"本洋"流入中国很多。后来墨西哥独立，输入的银圆则由墨西哥独立后铸造、有鹰为标记的"鹰洋"。"本洋""鹰洋"二者的重量、成色一样。银圆在中国逐渐受欢迎，间接影响清政府控制经济的能力。英国见对大清的贸易中，大清帝国的贸易顺差很大，英国大量白银流入中国，这些白银在国际贸易中具有很强的信誉和购买力。于是"文明的""联合王国"人采用了贩毒的办法打开中国市场，向中国出售东印度公司生产的鸦片烟（罂粟提炼而成，俗名大烟）。可是中国人未必吸食鸦片，鸦片商人在装鸦片烟的烟筒筒底放一枚银圆，购买者花一圆（一枚银圆）买一筒鸦片烟吸食后，还可以得到一枚银圆，等于"白吸"。后来这些吸食者上瘾后无法摆脱毒品，以高价买鸦片吸食，这时的鸦片烟烟筒底就没有银圆了。鸦片在中国倾销，大量的白银流入英国，毒害了大清帝国的各级官员和军队，以及底层的老百姓，造成帝国的国库空虚。有远见的大臣林则徐等禁烟，这就是英国以"维护自由贸易"而发动的鸦片战争的初始原因。清政府在光绪年间，财政更加困难，卖官鬻爵也无法维持财政支出，于是清政府开始开采银矿，铸造和"本洋""鹰洋"接近的银圆。清政府的银圆因为上有蟠龙像，因此被称为"龙洋"。各式银圆被称为"大洋"。辛亥革命推翻了清政府的统治，袁世凯窃取了中华民国政权，袁世凯统治期间（开始为"中华民国大总统"，后来称"洪宪皇帝"），铸造了有他头像的银圆，后来在北京的"中华民国政府"（即北洋政府，直到1928 年覆灭）继续铸造"袁大头"。因为是贵金属，这种货币比南京国民政府（蒋介石政府）发行的纸币受人欢迎，具有很强的购买力。

　　洪，会意字，也是形声字，右边"共"表示"众多的水汇集到一起"，就形成了洪水。至今中国洪水灾难几乎年年发生，"削洪"就是用水库把下泄流量高峰削平，另外还有分洪等抗洪措施。洪，因为"大水"意思引申为"大"，如说一个人的声音大，是"声音洪亮"，洪，就是大的意思。

可水少了容易形成旱灾，古代每逢旱灾，百姓往往祈雨，祈求上天降下甘霖。"久旱逢甘霖，他乡遇故知，洞房花烛夜，金榜题名时"是中国人的"四喜"。甘霖，就是及时雨，这雨贵如油，还带着甘甜的味道。"好雨知时节，当春乃发生。随风潜入夜，润物细无声。"当春天来临，田地要春播时，雨水降临了，这就是在应该下雨时下雨了。不应该下雨时长时间下雨，那叫淫雨霏霏，庄稼会涝死，被褥、衣服会霉烂，人们会生病。这雨下的时间长，但是雨量不大，不是瓢泼大雨。瓢泼大雨之后就容易发生洪灾。

说到洪水，大家一定能记起来远古大禹治水的故事。这个故事历代人多有演绎，也就是说根据自己的理解来改编。鲁迅称颂大禹，他曾写小说《理水》，"理"是个形声字。小篆的字形左边是"王"，指的是玉，表形旁；右边是"里"，指的是作坊，兼表声，整合在一起表示在作坊将山上挖来的璞石加工成美玉，使之成器。可见"理"本义是"加工雕琢玉石"——琢磨，"玉不琢，不成器"，后来"琢磨"引申出思考、分析的意思。"理"又引申为"依据一定的标准对事物进行加工、处置"，如"理财""管理"；加工整理之后，事物就脉络分明，由此引申为"条理、纹理"；引申到人的思想，表示"道理、理论"。

"理水"的"理"就是"治理"，也可以理解为"理顺"，而不是堵、阻。尧帝在位时期，洪水频发，要鲧负责治水，而鲧修筑的水坝没能堵住洪水，最后堤坝被洪水冲毁了，鲧因为治水失败被尧帝派人杀了。大禹接替了父亲的职责，改变父亲的堵水法，采用疏通的办法，清理河道、开挖水渠，最终治水成功。上古时代，一个人在生产的某一方面有特殊技能，这个人就可能被推举为部落首领或者某方面的官员，如黄帝轩辕氏，他有很多才华，其中制造车辆能够减轻劳动中的背负之苦，所以人们推荐他为部落首领。鲧（gǔn），传说中一个水性很好的人，像大鱼一样善于游水，根据民间推荐，尧帝任他为治水的主官。鲧对滔滔洪水采取了堵、阻的办法，还从天帝那里偷来"息壤"拦截洪水，"息"为生长之意，息壤，就是指能自己生长、膨胀的土壤。"息壤"生长、膨胀的速度远远赶不上洪水的增长速度，结果洪水冲垮堤坝，泛滥成灾。尧帝任用鲧的遗腹子禹治水。禹，"禹"中有"虫"，说明大禹也像一条水蛇（龙）一样善于游水，他吸取父亲的教训，改"堵"为"疏"，带领百姓疏通河道，把水引向大海。大禹治水，三过家门而不入，公而忘私，水患得以治理后，他被推举为舜帝的接班人。"泛滥"是两个形声字组成的词语，泛，指水溢出，到处流的都是；滥，右半部分是"蓝"的简写，意思是洪水已经超过蓝色的水平线（预警线）标记了。"治"，整顿使之顺畅，"氵"表示水经过畅通无阻的河道，往低处流去。"台"既表示读音，又表示"治"后顺畅，使人心情好（怡）。"治"由"整顿""整理"发展为"管理""处理"的意思，又由"管理"发展成为"负责管理的官员的处所"，例如"县治"

指县令办公的地方，"郡治"指郡守办公的地方，这些地方有时候变化，而不是固定的。

"治""冶"这两个字差别小，一定难倒很多学习汉语的"洋人"。"冶"是个会意字。金文字形左边上面两横表示两块金属材料，下面是"火"，右边是"刀"，整合在一起表示火烧金属使其熔化后打制刀具。小篆的字形将原来的两横讹变为冰块的形状，表示金属"熔化"像冰雪"融化"一样，右边变为了"台"。"冶"字的本义是"熔炼金属"，因为金属冶炼熔化，会发出晶莹闪烁的光芒，由此引申为"艳丽、光鲜"，如"妖冶""冶容"，即打扮得娇媚，含有贬义；由于熔化是在高温下逐渐推进发展的，由此引申为"熏陶、影响"，如"陶冶"：烧造陶器、冶炼金属，把人比喻成一块陶土或者生铁，只有经过烈火的烧烤，人才能被锻炼、感染，成为有用之"器"。"陶冶"一般指身临其境，使自己感受真实的生活，性格、思想上得到有益的影响。和"陶冶"意思相近的词语有"琢磨"，"琢磨"就是"治玉"，经过加工，由一块块璞玉变成玉器。《诗经》中说"如切如磋，如琢如磨"，"切"是将璞玉（玉石）切开；"磋"本来是把象牙等骨头加工成器物，后来泛指加工玉石、象牙；"琢"，雕刻玉器；"磨"，打磨，使得器物表面光滑。今天"切磋"指相互探讨学问或技艺，"琢磨"指自我思考、探究学问或技艺；"陶冶"重点指思想或情操，是需要用"烈火"来加工的。

在湖北武汉市东南长江之滨，有一座城市叫"大冶"，历史上本来不叫"大冶"，民国以后才逐渐被人习惯性称为"大冶"，因为大冶是华夏青铜文化发祥地。3000多年前华夏先民在大冶采矿炼铜，创造了青铜文明。境内的铜绿山古铜矿遗址被列入国家考古遗址公园项目和"世界文化遗产"目录，获评"持续开采时间最长的古铜矿"吉尼斯纪录，是迄今为止中国乃至世界开采时间持续最长、采冶规模最大、采冶链最完整、采冶技术水平最高、保存最好最完整的古铜矿遗址。铜绿山四方塘遗址入选"2015年度中国十大考古新发现"。中华人民共和国成立后，陆续探明大冶有大小矿床273处，金属矿、非金属矿53种，是全国六大铜矿生产基地、十大铁矿生产基地和建材重点产地。其中，黄金、白银产量居湖北省之冠，硅灰石储量居世界第二。所以"大冶"这个城市的"大业"就是采矿和冶炼。

"川"是象形字，像一条流水和两岸，是河流的总称。"州"是"川"加上若干点，这些点代表"水中陆地"。后来"州"由指"水中陆地"变成指"所有陆地"，原来的"水中陆地"的意思由人们再造的"洲"来承担。世界地理学知识传入中国，中国人知道地球表面71％的是水域（四大洋），而世界七块大陆也成了"洲"。"洲"既指最大的陆地（七大洲），也指最小的陆地（沙洲），《诗经·关雎》"关关雎鸠，在河之洲"中的"洲"就是指河湖中的小块陆地。"州"也是一个行政区划单位。中国是一个大国，《尚书·禹贡》中把天下分为九州，"九州"成了中国的代名词，又称"神州"。中国古代的"州"很多，大致面积相当于一个市（管辖几个县区乃至十几个县区，原来也曾叫"地区"）。河南西南部的南阳市，原来叫"南阳地区"，下辖一个县"邓县"，后来"南阳市"下辖"邓州市"，让人不明白到底是"宛"大还是"邓"大。南阳，历史上曾经的"申国"，姜姓国，就是姜尚——也叫吕尚、姜太公、姜子牙的故乡，也是《左传·郑伯克段于鄢》中那个喜欢小儿子共叔段，不喜欢大儿子郑庄公的"申姜"的娘家。申国于公元前 688 年被楚灭国，变成了楚国的"宛"，由于历史久远，史料缺乏，申国留下了许多历史之谜，等待有志之士去破解。

《说文解字》："宛，屈草自履也，从宀、夗（即 yuān）声，今讹作（wǎn）。"其义"四方高中央下"，符合南阳西、北、东三面环山、当中低平的盆地地貌特征。邓国产生于黄帝时代，历夏、商、周三代，先后为登姓、姒姓、子姓、隗姓和曼姓所取代。可见与"登"姓有关。"邓"在山东，后转入河南，最后立国于"邓"，公元前 678 年为楚国所灭，显然比楚灭申要晚十年。楚在南，申在北，邓在中间，不知当初楚国灭掉申国和邓国，是否玩了"假虞灭虢"的障眼法。

至今中国有很多含有"州"的地名，如广州、郑州、苏州、赣州、杭州、扬州等。"贵州"特殊，是一个省，更特殊的是"株洲"。中国历史上最后一个封建王朝清朝是满族人建立的，满族形成于 16 世纪，后来把满族居住的东北叫"满洲"。现如今东北有"满洲里"这一地名，日本法西斯侵华期间，曾经在东北扶植了一个汉奸傀儡政权"伪满洲国"。

地上的河流有上述这么多的名字，天上也有一条"河"，叫银河，也叫天河。银河在黑漆漆的夜空里闪闪发光，发出银色的光，并不是指其中流淌着银子。到过天安门的人知道，天安门前有"金水河"，是故宫的护城河，当然并不是说河里流淌着金子，也不是说那清清的河水泛着金色。郑州市也有一条"金水河"，敢与皇宫的护城河同名同姓。郑州的"金水河"这个名字不伦不类，因为"金水"相当于"汉水"，也就是"金河"，"金水河"说白了就是"金河河"。"金水"这名字来源于古人的五行理论。五行，指金木水火土这五种物质，五行理论说，西方属金，水从西方流过来，所以叫金水河。故宫天安门前的金水河，是外金水河，流经故宫内太和门前的是内金水河。内外金水河都是护城河，攻城一方受到护城河的阻碍，攻城增加了难度。据《元史·河渠志》记载，其源出于京西宛平县玉泉山，流至和义门南水门入京城，故得金水之名。《孟子》有一篇说：天时不如地利，地利不如人和。如果人不团结，即使"城非不高也，池非不深也"，也很容易被攻陷。这里的"池"就是护城河。笔者出身农村，见到乡下很多大的村庄外也有环形的池塘，这就是护城河的最小化。护城河，当然是人工的，一般是环形的。一座"城池"，只要在防御时拉起城门外护城河上的吊桥，攻城者就只有涉水了。

在众多水部字中，"法"这个字表明了水面的平坦。"法"原始的含义就是法官，这个法官有一个神兽，叫獬豸（xiè

水（氵、氺）部字

zhì），也写作獬廌（xiè zhì），是中国古代神话传说中的神兽，体形大者如牛，小者如羊，类似麒麟，全身长着浓密黝黑的毛，双目明亮有神，额上通常长一角。它拥有很高的智慧，懂人言知人性。怒目圆睁，能辨是非曲直，能识善恶忠奸，发现奸邪的官员，就用角把他触倒，然后吃下肚子。能辨曲直，又有"神羊"之称。法官在听取原告、被告双方的陈述时，獬廌就在法庭上，发现说假话、蛮不讲理的一方，獬廌就用头上的角顶触那一方，法官也根据这个神兽的判断来断案。所以獬廌是勇猛、公正的象征，是司法"正大光明""清平公正"的象征。"法"这个字的右半部分"去"就是"廌"演化而来。后来"法"就成了"法律""法令"的代名词。春秋战国时期，关于怎么治理国家，政治家中形成了一个"法家"，这些法家人物主张依法治国，王子犯法与庶民同罪，要受到同样的刑罚。商鞅、韩非就是法家的代表人物。经过很长时间的演变，"法"又引申为"方法""技法"的意思。如《孙子兵法》，就是用兵的方法。

"锄禾日当午，汗滴禾下土。"有意思的是，原来的"汗"字下面有"土"字，到了小篆，这个"土"被简化掉了。"汗"是个会意字，因为人一"干"活儿，汗水就从肌体内流出来了。"滴"是形声字，和"嫡""镝""嘀"等字的读音相近，可据此判断这些字的另外一部分就是形旁了。"嘀"是叫声，现在一般指汽笛声；"嫡"是指一夫多妻时代的正妻，"嫡"生的儿子将是财产的第一继承人。这里的"财产"最多时可能是整个国家。皇帝的家业就是整个天下，继承者就是太子，一般来说太子就是嫡长子。"镝"，箭头，一支箭的箭头是铁制的，杀人于百米之外，战争双方制造箭的数量一定程度上决定战争的胜败。

　　"洗"是个形声字。小篆的字形，左边是"水"，表字义，右边是"先"，表字音。《说文解字》中说："洗，洒（洗）足也。"因此，"洗"字的本义是"洗脚"。后来，其字义范围不断扩大，泛指用清水洗去污垢，即清洗干净，由此又引申为"清除"，如"洗牙""清洗"。在《楚辞·渔父》中，渔父劝屈原"圣人不死板地对待事物，而能随着世道一起变化"，唱歌道："沧浪之水清兮，可以濯吾缨；沧浪之水浊兮，可以濯吾足。"意思是不管水清水浊，对于一个善于变通的圣人来说，都能够适应，水清了，则可以用来洗戴在头上、标识着礼仪与尊严的帽缨；水浑浊不堪，用来洗自己的沾满泥土的双脚。水清水浊，对善于变通的圣人都没有影响。由此可见，古代人更多用"濯"（zhuó）来表示"洗"。宋代大儒周敦颐在《爱莲说》中说：水上和陆地上草本木本的花中，可以喜爱的有很多。晋代陶渊明唯独喜爱菊花。自从唐朝以来，世上的人们很喜爱牡丹。"予独爱莲之出淤泥而不染，濯清涟而不妖"。（我唯独喜欢莲花，它从淤泥中生长出来，却不受淤泥的沾染；它经过清水的洗涤后，却不显得妖媚）在这里还用"濯"表示"洗"。"濯"与"洗"，前者是正式语、书面语，后者是通俗语。随着汉语由文言向白话发展，"洗"代替了"濯"。

在哈萨克斯坦的阿拉木图有一条以中国音乐家名字命名的"冼星海大街"，这个音乐家英年早逝，葬在莫斯科郊外，直到1983年，在他病逝40年后魂归故里，墓葬迁到广州市，可见他在中苏两国人民心中的地位。冼星海是《黄河大合唱》的曲作者，这首经典的音乐作品至今回荡在中国大地上。他姓冼，这个姓在中国南方较为普遍。南北朝时著名的女将军冼夫人战功卓著，她是广东茂名人。查字典可见：冼，姓。

水部字"泰"字的小篆字形，上方是一个人，下面是连在一起的双手，字形下方"水"在流，是双手在撩水，是洗澡的意思。"泰"字的本义是"洗澡"，因为洗澡洗去了身上的污垢，全身的毛孔都疏通了，由此引申为"通顺、通畅、通泰"，如三阳交泰；进一步引申为"安宁、舒适"，如国泰民安；"泰"也有"佳、美好"的意思，如否极泰来（意思是逆境达到极点，就会向顺境转化。指坏运到了头好运就来了），泰，在这里是"好兆头""好运气"的意思。泰山在山东境内，是"东岳"，也是五岳之首，有"天下第一山"的美誉。五岳，即东岳泰山、西岳华山、南岳衡山、北岳恒山、中岳嵩山，"岳"就是大山。"泰山"这个山名自古以来就有许多的解释。一是古人认为"泰，大中之大"，泰，通"太"，泰山就是"太山"，"太"同"大"（可以理解为最大、极大，如"太上老君"，在道家传说中是至高无上的），泰山就是极高大之山的意思；二是"泰"是《周易》一卦名，《周易》讲"天地交泰"，大概是取自"天地交而使万物长"，万物欣欣向荣。

"泰"这个字可引申为通畅、安宁的意思。因"天地交而万物通"（这句话就是"交通大学"的"交通"的含义），故有安宁、通畅的意思，泰山有平安之山、通泰之山的意思。历代统治者很多到泰山"封禅"。封禅，"封"为"祭天"，"禅"为"祭地"，指中国古代帝王在太平盛世或天降祥瑞之时祭祀天地的大型典礼，一般由帝王亲自到泰山（其次就是中岳嵩山）上举行。唐开元年间，国泰民安，四海升平，玄宗动了封禅的念头。但封禅是国家的"大礼"，即非常神圣、隆重的礼仪，历史上举办封禅的秦始皇、汉武帝等都是一代雄主，跟他们相比，玄宗李隆基有点儿心虚，犹豫不决。宰相张说却吹捧夸赞玄宗，说"圣上"的文治武功超过秦皇汉武。张说还鼓动群臣力谏封禅，以显玄宗不世之功。一番谦让后，玄宗欣然首肯。在他们的促成下，玄宗多次到泰山封禅。有一次封禅圆满完成，玄宗大宴群臣，其间玄宗见郑镒身穿五品官位的绯红色官服，感到很奇怪，他记得郑镒原来只是个九品的小官，便问郑镒缘由。郑镒面红耳赤，支支吾吾答不上来，旁边一个同僚讥讽道："此乃泰山之功也！"原来封禅当然要有随从，这些随从都是宰相张说遴选的。凡是张说欣赏的人，全都列入陪同皇帝登山的行列，他的女婿郑镒也在其中，多次侍从玄宗封禅。封禅完成，玄宗一高兴，陪同登山的官员全部得以升级，几次封禅下来，九品官员郑镒竟然连升几级，成了五品大官。从此，人们又把妻子的父亲称为"老泰山"，又称"岳父"，就是这个来历。

"派"的甲骨文字形中，左边是"彳"（chì），表示支流的通道；右边是河的干流，干流分出一条支流进入通道。"派"字的本义是"水的支流"，由此引申为"一个系统的分支"，如派系、派别；"派"还可以引申为"作风""风度"，如正派、气派；此外，"派"也可以用作量词，如两派、一派胡言。毛泽东词《菩萨蛮·黄鹤楼》"茫茫九派流中国，沉沉一线穿南北"，这里的"九派"指长江中游有九条支流汇入长江，"沉沉一线"指横贯南北的京汉铁路。"派"常常组成"流派""党派"等词语。"流派"是文学艺术专有名词，如说中国古典诗歌有山水诗派、田园诗派、边塞诗派、豪放词派、婉约词派等，都是中国古诗词的流派。"派"指水的支流，而"流"有"干流"（主流）和"支流"之分，"流派"用来指学术、文化艺术等方面有独特风格的派别。"党派"指有共同政治主张的人组成的政治派别。

"温"字，甲骨文的字形像是一个人正在容器中洗澡。"人"旁边的四点表示水汽，水汽上升，因此意味着"暖"。小篆的字形左边是一个"水"字，右边的字形依然像是在洗浴。洗澡当然要用温水，这个"温"是"温热"的意思。"温"字的本义是"暖"，由"暖"引申为"性情柔和"，如温柔；因为温暖有渐渐渗透的意思，因此又引申为"复习"，如温习、温故而知新；"温"用作名词，意思是"温度"。《水浒传》中鲁智深打死恶霸郑屠（鲁提辖拳打镇关西）后，为避祸在五台山为僧，因醉酒打坏寺院和僧人，被他的师父智真长老遣送往别处。在清代戏曲家邱圆的戏曲《鲁智深醉闹五台山》中，鲁智深辞别师父时唱道："漫揾英雄泪，相离处士家……"漫，聊、且的意思。揾（wèn），揩拭。"漫揾"就是"暂且擦拭一下"。可见"温""揾"都是形声字。"温习"是个比喻的说法，已经学过的知识和技能过了一段时间后容易忘记，就好像做好的饭菜放置那里没有吃，凉了，要吃（学习是摄取精神食粮），就要重新加温一下，这叫"温习"。"温故而知新"，温习已经学过的知识，对于理解、接受新知识很有用。孔子说："温故而知新，可以为师矣。"意思是说采取复习旧知识来理解、接受新知识的办法学习，就可以当老师了，也就是说拥有相当的学习能力了，不再一味依靠老师了，自己就成了自己的老师。中国古代儒家为师教育学生，要把学生培养成为具有"温良恭俭让"道德品质的人。"温良恭俭让"就是指一个受教育的人为人处世，能够温和待人、善良、尊重别人、节俭、谦虚。几千年来中国的读书人，被称为"儒者"，经过老师的教育和自己读书等方式，具有"仁义礼智信、温良恭俭让、忠孝廉耻勇"的道德品质，否则就算不上真正的"儒者"。近代新文化运动否定了旧文化，但是即使是新文化运动的主将如胡适、陈独秀、李大钊、鲁迅、钱玄同等，骨子里有浓厚的儒家文化因素，可以算得上温和的儒者。今天的学校教育中设有"道德"课，并没有摒除性格温和、温和待人的标准。

"涉"的甲骨文字形中间是一条弯弯曲曲的河流，河流的两侧有两只脚（步即两个"止"，前后两只脚），表示人正在蹚水过河。"涉"字的本义就是"蹚水过河"。由此，引申为"经历、经过"，如涉足；引申为"牵连、关连"，如涉及、涉嫌、涉外；此外，"涉"还有"阅览"的意思，如涉猎群书。说一个人从很远的地方来，是"跋山涉水"，历尽艰辛。"跋山涉水"简称"跋涉"。跋，形声字，从足，犮（bó）声，本义：草中行走，越山过岭。"跋涉"一词强调行走的艰难，需要越过一道道障碍，陆地上的障碍如重峦叠嶂的大山；蹚过一道道河流（特别是宽广而急促的河流）。今天很多热爱生活的人热爱旅游，跋山涉水奔波在外，这在很多人看来是放着在家的清福不享，要到外边去遭罪。岂不知"行千里路，读万卷书"，旅游除了陶冶情操外，还可以代替读书。大文学家、史学家司马迁就是凭着行万里路，才完成了"史家之绝唱"的《史记》。庄子说："吾生也有涯，而知也无涯。以有涯随无涯，殆已！"生命是有限的，知识是无限的，凭着一个人一生的精力，不可能门门都懂、样样都精。历史上很多有成就的人提出了一个非常给力的读书办法：涉猎，就是对一些书籍要泛读，粗略地读一读，浏览一下，因为如果对某方面的知识一无所知，不行；深入了解全面掌握，又做不到，那样就只有"涉猎"了。涉即步行过水，深入水中了解水流态势；关于"猎"，《说文解字》解释道："猎，放猎逐禽也。"而最早的"猎"，就是良犬的意思。从《说文解字》的解释上来看，狩猎时候架鹰唆犬、搭弓引箭，只是捕杀那些动物的老弱病残，留下幼兽、母兽使之繁衍生息，而不是把捕猎区围起来赶尽杀绝。初中语文课文《孙权劝学》中写道，孙权对吕蒙说："孤岂欲卿治经为博士邪！但当涉猎，见往事耳。卿言多务，孰若孤？孤常读书，自以为大有所益。"作为管理吴国的孙权来说，他希望手下大将吕蒙不能仅仅是一介武夫，而要读一些书，能够把自己的真实想法写成奏章报告给自己的管理者。吕蒙听了孙权的劝告后，发奋读书。一段时间后，都督鲁肃来视察吕蒙的防地。吕蒙就对蜀防备的事情讲得有条有理，还写份建议书给鲁肃，鲁肃很惊讶。鲁肃说道："士别三日，当刮目相看。"孙权叫吕蒙看书并不是叫他当什么大博士，而是叫他粗略地阅读，汲取必备的知识。吕蒙听信孙权的建议（尽管皇帝的建议就是圣旨、命令，但孙权还是用建议的形式来"劝学"）。吕蒙在管理好军务之余还广泛涉猎，由一个一介武夫的"吴下阿蒙"变成一个"当刮目相看"的儒将。

"深"，会意字，甲骨文的字形就像一只手伸进一个洞穴中去探测洞穴的深浅。金文形体与甲骨文相似。到了小篆，才在"罙"（shēn）左边加上"水"（氵），这样"深"字的意思由洞穴的深浅转指"水深"，与"浅"相对。"罙"（shēn）的"探测洞穴的深浅"意思由"探"来承担，"罙"加上手（扌），意思非常明确。"深"由"水深"又可以引申为"时间久"，如深夜、深秋。现在，"深"也指从表面到底的距离，如深度、深浅；"深"还有"深刻、深远"的含义，除此之外，"深"还引申为"深厚、亲密"，如难赋深情。我们常用的"深谋远虑"这一成语，意思是周密谋划、考虑深远。"深夜"

是"夜晚开始已经很长时间了"的意思，"深秋"是"秋天已经来临很长时间了"的意思。五代南唐后主李煜《相见欢》写道："无言独上西楼，月如钩。寂寞梧桐深院锁清秋。剪不断，理还乱，是离愁，别是一般滋味在心头。"李煜是五代十国时南唐最后一个皇帝，后世对他的称呼仿照对三国时蜀汉皇帝的称呼，蜀汉就有两代皇帝：开国皇帝刘备和亡国皇帝刘禅，刘备被称为"先主"，刘禅被称为"后主"。几百年后南唐开国皇帝李昇，被称为南唐先主；第二代皇帝李璟，在位时开疆拓土很有成就，被后世称为南唐中主；第三代皇帝也是亡国之君李煜，被称为南唐后主。李璟、李煜父子才华横溢，在词作上有突出成就，可以算得上父子皇帝词人。李煜亡国后，写了很多表现亡国破家的愁苦的词，大家耳熟能详的是《虞美人·春花秋月何时了》和《相见欢》。李煜的词借"寂寞梧桐深院""清秋""雕栏玉砌应犹在，只是朱颜改"等意象来表现亡国破家之痛。《相见欢》的大致意思是：作为亡国之君和阶下囚的我默默无言，孤孤单单，独自一人缓缓登上空空的西楼，抬头望天，只有一弯如钩的冷月相伴。低头望去，只见梧桐树寂寞地孤立院中，幽深的庭院被笼罩在清冷凄凉的秋色之中。"清秋"就是"深秋"，因为前边有"深院"，为了避免重复，就用"清秋"来代替"深秋"。"月如钩""寂寞梧桐深院锁清秋"，寥寥12个字，形象地描绘出了词人登楼所见之景。仰视天空，缺月如钩。"如钩"不仅写出月形，表明时令，而且意味深长：那如钩的残月经历了无数次的阴晴圆缺，见证了人世间无数的悲欢离合，如今又勾起了词人的离愁别恨。俯视庭院，茂密的梧桐叶已被无情的秋风扫荡殆尽，只剩下光秃秃的树干和几片残叶在秋风中瑟缩，词人不禁"寂寞"情生。然而，"寂寞"的不只是梧桐，即使是凄惨秋色，也要被"锁"于这高墙深院之中。而"锁"住的也不只是这满院秋色，落魄的人，孤寂的心，思乡的情，亡国的恨，都被这高墙深院禁锢起来，此景此情，用一个愁字是说不完的。"清秋"，深秋时分，树叶落尽，再没有繁花似锦装扮世界，再没有浓密树荫遮天蔽日，一些事物如树木、楼台亭榭都轮廓分明，很清楚。"清"，透明清晰的，"山清水秀"常常被错写成"山青水秀"，"山清水秀"也叫"山明水秀"，那是指山上的雾霭、瘴气消散得干干净净，山色清晰明朗，河水秀丽。"山清水秀"由"山水"和"清秀"两个词合成。同理，"水深火热"由"水火"和"深""热"组成，来比喻人民生活处境极端艰难痛苦，好像在淹没头顶的深水或熊熊燃烧的大火中挣扎一样。

"浆"字属于水部，甲骨文的字形左下方是几案的形状，右下方是"肉"的形状，顶部的三个点表示切肉时溅出的血滴。"浆"字的本义为"血浆"，后来引申为一种带酸味的饮料，进一步引申为"酒"。现在，"浆"一般指比较浓的液体，如豆浆、纸浆；"浆洗"意思是用粉浆或米汤等浸润纱、布、衣服等物。"酱"字属于"酉"部，从酉，爿（qiáng）声。本义：用盐醋等调料腌制而成的肉酱，后来指用麦、豆等发酵制成的调味品。"浆"的"水"表明这个字表示一种液体，较浓；"酱"的"酉"表明这个字表示一种发酵的食品，不属于液体。

"酒"字，甲骨文的字形右边是一个酒瓶，酒瓶左侧的曲线表示流出来的酒液。金文的字形像一个大酒瓶，用它来代表酒。小篆的形体，左边是"水"，表示酒是一种液体，右边是酒瓶，整合在一起表示"酒"。"酒"字的本义就是喝的酒，现在泛指用高粱、米、麦或葡萄等发酵制成的含乙醇的饮料，如白酒、黄酒、啤酒、葡萄酒、鸡尾酒等。"酒"还指酒席、酒吧、酒精等。我国远古先人们从森林里走出来，学会种植的同时也学会酿酒。据《史记》记载，"酒圣"杜康是夏朝的国君，也是中国古代传说中的"酿酒始祖"，《说文解字》载："杜康始作秫酒。又名少康，夏朝国君。"因杜康善酿酒，后世将杜康尊为酒神，制酒业则奉杜康为祖师爷。后世多以"杜康"借指酒。杜康的儿子黑塔发明了醋。酒和醋是两种饮料，都需要发酵、酿制。千年以后，曹操《短歌行》中还写到"何以解忧，唯有杜康"，可见杜康酒千年以前就是"名牌酒"。今天，河南洛阳伊川县和平顶山汝州市都产杜康酒。

据说殷朝（商朝中期，国王盘庚把国都迁到殷——今天的河南安阳后，商朝又被称为殷朝）人特别喜欢喝酒。商人（商部落的人，源于今天河南商丘）建立了商朝，商部落的人善于做买卖，今天的买卖人就叫商人。殷纣王即帝辛，也就是《封神演义》里边写的那个亡国自焚的荒淫无道的纣王。《史记》记载殷纣王"为长夜之饮"，饮宴总是到深夜，第二天当然无法治国理政了，殷朝因此灭亡，国都朝歌被周武王带领的盟军攻陷，纣王自焚。今天，河南洛阳东有偃师区，洛阳北有孟津区，这些地名来自"武王伐纣"时，至今已经有3000多年的历史。"偃师"就是周武王带着周部落的伐纣的军队到了洛阳东，在那里停留了几天，这个地方因此得名"偃师"，"偃"从人，匽（yàn）声，本义：仰卧，引申为放松警惕歇息；"师"就是军队。学过《曹刿论战》的，一定记得"十年春，齐师伐我"这个句子，齐师伐我，就是齐国的军队攻打我鲁国。周兵在偃师停顿几天，为的是等待各路同盟军在此会合，他们会师在黄河的渡口上，这个渡口便于渡过天险黄河，这个会合的渡口就是"盟津"，后来被误传为"孟津"。津，渡口。今天的大城市天津，得名于明朝。明朝开国皇帝朱元璋登基后，将他的儿子们分封为王，驻守在全国各地。其四子朱棣被封为燕王，驻守于北平，就是现在的北京。朱元璋去世后，传位给他的长孙朱允炆。朱棣为与朱允炆争夺皇位，发动了中国历史上的"靖难之役"。1399年，燕王朱棣率军南下，从天津三岔口渡河袭取沧州，于1402年攻入当时明朝首都南京，登上了天子宝座。朱棣登基后，对他争夺天下时经过的三岔河口十分赞赏，认为是块风水宝地，叫群臣献名。最后，朱棣选中"天津"二字，意为"天子渡河之地"，天津由此得名。其实，《史记》对殷纣王的记载也来源于传说，并不真实。他是一个有作为的国王（实际上是商部落的酋长），当时归附商部落的东夷人反叛，殷纣王派兵平叛，不料在商部落的西方周原（今陕西宝鸡一带）的周部落看到朝歌空虚，乘机联合其他部落攻陷了朝歌。也就是说殷朝灭亡并不是亡于纣王喜欢喝酒。商朝人善于做生意，在商朝被周灭掉后，商朝的遗老遗少，特别是那些王公贵族，他们过惯了养尊处优的日子，不会种地，也没有什么手艺，那么到了这个时候他们靠什么来养活自己呢？他们就捡起了老祖宗那个传统，靠经商做买卖度日。

商朝和周朝的人都喜欢喝酒。今天，只要到有青铜器的博物馆，都可以看到大量的青铜酒器，五花八门，种类繁多，大小不一，让人叹为观止。前文说过，杜康是夏朝天子少康酿造的名酒，而今天的西凤酒就是周部落发源地酿造的名酒。据说周部落崛起时，凤鸣岐山，凤凰集中在岐山上鸣叫，预示着周部落要崛起占有天下。周朝的天子也是很喜欢喝酒的，《诗经》里写到周幽王喝醉酒的醉态，可以说是丑态百出。《史记》从传说中的黄帝记载起，一直记载到汉武帝，其中多次写到诸侯、国王在外交活动中喝酒的场面，如著名的"渑池会"。战国（周部落在镐京统治时叫西周，周幽王烽火戏诸侯，镐京被犬戎攻陷，周平王东迁洛邑，就是今天洛阳，之后的周朝叫东周，东周前半部分叫"春秋"，后半部分叫"战国"）时赵惠文王得到了价值连城的和氏璧，秦昭襄王听说后想夺得和氏璧，他欺骗了赵惠文王，说愿意割让十五城给赵国来换取和氏璧。这就是"价值连城"的由来。秦昭襄王没料到赵惠文王派了一个非常有能力的蔺相如到了秦国，想用和氏璧来换取秦国的十五座城池，且不得罪虎狼之国的秦国。蔺相如到了秦国后见秦昭襄王拿到和氏璧后不再提十五城，他识破了秦昭王的骗局，就使用骗局使得"完璧归赵"。秦赵两国因此外交关系迅速恶化，秦王派使臣告诉赵王，打算与赵王和好，在西河外渑池相会。赵王害怕秦王，想不去。大将廉颇、文臣蔺相如商量说："大王不去，显得赵国既软弱又怯懦。"赵王于是动身赴会，蔺相如随行。廉颇送到边境，跟赵王辞别时说："大王这次出行，估计一路行程和会见的礼节完毕，直到回国，不会超过三十天。如果大王三十天没有回来，就请允许我立太子为王，以便断绝秦国要挟赵国的念头。"赵王同意廉颇的建议，就和秦王在渑池会见。秦王喝酒喝得高兴时说："我私下听说赵王喜好音乐，请赵王弹弹瑟吧！"赵王就弹起瑟来。秦国的史官走上前来写道："某年某月某日，秦王与赵王会盟饮酒，命令赵王弹瑟。"蔺相如发现赵王鼓瑟是秦国设置的陷阱，于是走上前去说："赵王私下听说秦王善于演奏秦地的乐曲，请允许我献缶给秦王，请秦王敲一敲，借此互相娱乐吧！"缶是一种瓦罐，敲击瓦罐来娱乐实在低俗至极，怎能比得上赵王鼓瑟高雅？秦王发怒，不肯敲缶。这时蔺相如走上前去献上一个瓦缶，趁势跪下请求秦王敲击。秦王不肯敲击瓦缶。蔺相如说："如大王不肯敲缶，在五步距离内，我能够把自己颈项里的血溅在大王身上！"秦王身边的侍从要用刀杀蔺相如，蔺相如瞪着眼睛呵斥他们，他们都被吓退了。于是秦王很不高兴，为赵王敲了一下瓦缶。蔺相如于是回头召唤赵国史官写道："某年某月某日，秦王为赵王击缶。"直到酒宴结束，秦王始终未能在外交上占赵国的上风。赵国又大量陈兵边境以防备秦国入侵，秦军也不敢轻举妄动。渑池会结束后，回到赵国，因为蔺相如功劳大，赵王任命他做上卿，位在廉颇之上。今天，河南渑池县出产的名酒"彩陶坊"原名"仰韶酒"，广告词就是渑池会上的酒。渑（miǎn）池，这个地名至少在战国时代就有了。史书记载：渑池，古名黾池，以池内注水生黾（miǎn，象形字，像蛙类之一种）而得名。《左传·昭公十二年》："有酒如渑，有肉如陵。"意思是有酒如渑水长流，有肉如堆成的小山冈，可见他们的贪欲。叫"渑水"的河流有几条，这里的渑水，据说在山东。

决定了汉立楚亡的"鸿门宴"上，酒也是非常重要的媒介。宴会前，项羽为对刘邦表示抚慰，在刘邦到鸿门解释误会后，留下刘邦一行饮宴。宴会上项羽的谋士范增多次举起玦（随身配饰玉器）暗示项羽下决心杀掉刘邦以绝后患，但是贵族出身的项羽不肯采用这样的下三烂手段诱杀对秦作战的战友。范增见状招来了项庄，项庄以舞剑为酒宴助兴为名，想借机杀掉刘邦，这就是"项庄舞剑意在沛公"。项庄舞剑，项羽一方被刘邦收买的内奸项伯也舞剑，保护着刘邦，主持宴会的项羽不明所以。这时刘邦的谋士张良出门招来了刘邦的护卫，也是连襟的勇士樊哙闯进宴会，项羽立刻警觉起来，手按着剑柄要站起来。张良赶紧向他说明樊哙的身份和来意，项羽见樊哙的勇武，就称赞樊哙"壮士"，并且下令赐酒。倒酒的侍者给樊哙倒了一"斗卮酒"，就是一大杯满满的酒，樊哙站起来一饮而尽，一点也不怯场。项羽又下令赐给樊哙下酒菜吃，侍者给了樊哙一条生猪腿肉，不料樊哙是屠狗的屠夫出身，用剑削切着生猪腿肉吃得津津有味。宴会到此，刘邦借着上厕所的名义溜出宴会厅大门，张良、樊哙也跟着溜出来，他们商量后决定不顾礼仪，不辞而别溜之大吉。刘邦把张良留下来向项羽做出名正言顺的解释，张良冒着被杀头的危险，等着刘邦一行跑回自己兵营后才进宴会厅，骗项羽说刘邦喝醉了，丑态百出，不能很讲究礼仪地向项羽辞别。项羽信以为真，杀掉刘邦永绝后患的机会就被一场酒会给弄丢了。项羽直至垓下战败、乌江自刎，也没有明白这场酒会对他的作用。

　　酒能误事，也能成事，还能借酒避祸。今天，我们说"那是一场灾祸"，其实是含糊不清的。词语"天灾人祸"说明自然界的灾难是"灾"，"灾"是雷电击中了古人的草庐引起了大火。"祸"是人为的一方加害另一方造成的。西晋初年有七个文人隐居在山阳县的竹林之中，能赋诗，能奏乐，被称为"竹林七贤"。"七贤"有嵇康、阮籍、刘伶、王戎、向秀、阮咸、山涛，其中大部分对司马氏夺取曹魏政权不满。表现不满情绪太明显的嵇康被司马氏借口杀掉了，临上刑场，嵇康演奏了千古绝唱《广陵散》。好友向秀慑于司马氏的淫威，但又不能压抑自己的不满和对好友嵇康的怀念，写了一篇含含糊糊的《思旧赋》来表达自己对嵇康的无限哀思。剩下的阮籍、刘伶、阮咸则借酒装醉，整日醉茫茫，保持与司马氏的不合作，又没有给司马氏留下把柄。阮籍饮酒必醉，醉后驾车出行，任凭马随便走，直走到穷途末路无法前行，醉倒在马车上的阮籍哭着自己无路可走而返回。司马氏总想要阮籍为官，每次去请阮籍时，阮籍就醉成一摊泥，不能正常应答，也没有向司马氏卑躬屈膝行礼。这样，阮籍保持了自己的气节，始终没有屈服司马氏，也因醉酒保住了性命。

李白《将进酒》里说："古来圣贤皆寂寞，惟有饮者留其名。"的确，大诗人曹操、陶渊明、李白、杜甫、苏轼、陆游等人都爱酒，饮酒，酒后赋诗，留下许多千古名篇。杜甫有《饮中八仙歌》，刻画了李白、贺知章、张旭等八个善饮的"酒中八仙人"，用诙谐幽默的语言将他们的特点生动传神地刻画了出来。其中写道："李白一斗诗百篇，长安市上酒家眠。天子呼来不上船，自称臣是酒中仙。"李白饮酒之后才思泉涌，赋诗作文才气十足，堪称"诗仙"加"酒仙"。传说李白醉酒后要唐玄宗最宠爱的妃子杨贵妃磨墨，要唐玄宗最宠信的宦官高力士脱靴，最终得罪这两个皇帝身边的红人而丢掉翰林学士的官职。古代的文士中有很多贪杯豪饮的人，"不胜杯构"者寥寥，女作家也不例外。李清照有词句"常记溪亭日暮，沉醉不知归路，兴尽晚回舟，误入藕花深处"，"三杯两盏淡酒，怎敌他、晚来风急"。他们不但喝酒，而且写酒、歌颂酒，好像酒以及有关酒的题材真的能够浇其胸中块垒、启其神妙的文思。酒几乎成了古代文学创作的永恒的主题。

古代作品中所描述的喝酒情况，有的很夸张。例如樊哙在鸿门宴上立饮斗卮酒，而且表示还能再喝；唐代的王绩号称斗酒博士，他能每天喝一斗酒；宋代的曹翰酒量更大，喝了好几斗酒后仍然十分清醒，"奏事上前（皇帝面前），数十条，皆默识（记住）不少差"。与这些人相比，李白斗酒诗百篇、武松过景阳冈之前一饮十八碗也就算不得什么了。其实古人之所以能喝这么多酒，奥秘在于古代的酒并不是烈性的，而是粮食酿造的酒。他们喝的酒一般都是黍、秫煮烂后加上酒母酿成的，成酒的过程很短，而且没有经过蒸馏，其所含酒精量远远不能跟"老窖""陈酿""二锅头"比。陶渊明"公田悉令吏种秫"，曰："吾常得醉于酒，足矣！"陶渊明做了彭泽县令后，得到了三顷公田。公田是古代供给官员俸禄的田地。他下令全部种为秫。秫（shú）是古代有黏性的谷物，可以用来酿酒。他非常高兴，还说我终于可以长醉不醒了，这太让人满足了！陶渊明是因为"家贫，耕植不足以自给"，才去做彭泽县令的，公田全部用来种植酿酒的原料，这种不顾家人生活的做法，自然遭到了妻子和儿子的坚决反对。萧统《陶渊明传》中记载："妻子固请种粳，乃使二顷五十亩种秫，五十亩种粳。"但最后，他们也只争得五十亩地种粳稻，六分之五的土地都用来种秫，以供陶渊明喝酒。陶渊明爱酒，用粮食酿酒，饮酒后写下了《饮酒二十首》。杜甫《羌村三首》中"赖知禾黍熟，已觉糟床注"，"莫辞酒味薄，黍地无人耕"这些诗句不但告诉了我们造酒的原料，而且还说明酒是诗人或农民自酿自饮的。

"泥"（ní）的小篆字形左边是"水"，表形旁，表示与水有关；右边的"尼"是"昵"（亲昵）的本字，表示亲近。意思是水和土混合而成即为"泥"。"泥"字的本义是"水和土的混合物",其本义沿用到现在,如泥坑、泥潭、泥巴。因为土和水之后不再具有直立性,所以说一个人喝醉酒了"烂醉如泥",像一摊泥瘫软在地上。宋朝和尚释普济《五灯会元》中道:"三脚驴儿跳上天;泥牛入海无踪迹。""泥牛入海",泥做的牛一到海里就会化掉,比喻一去不复返、石沉大海、杳无音信。宋朝另外一个和尚释道原《景德传灯录》中道:"主人勤拳;带累阇梨;拖泥涉水。""拖泥涉水"后来变成"拖泥带水",比喻办事不利落,不简洁,拖拖拉拉。宋朝大文豪苏轼《和子由渑池怀旧》:"人生到处知何以?应似飞鸿踏雪泥。泥上偶然留指爪;鸿飞那复计东西。"苏轼之弟苏辙(字子由)曾写了一首《渑池怀旧》,苏轼就以上面这首诗应和他,所以这首诗的题目叫作《和子由渑池怀旧》。渑池,即上文讲的"渑池会"的渑池,在洛阳之西,崤山之东。苏轼和苏辙兄弟俩,曾到过渑池,并曾在那儿的一所寺院里住宿过,寺院里的老和尚奉闲还殷勤地招待他们,他们也在寺内的壁上题过诗。当苏轼后来从苏辙的怀旧诗回忆起这些情景的时候,奉闲已经去世,题诗的墙壁也可能已经坏了,想想自己漂流不定的行踪,不由得感慨起来,便在和诗中对苏辙说:"人生在世,到这里、又到那里,偶然留下一些痕迹,你说像是什么?我看真像随处乱飞的鸿鹄,偶然在某处的雪地上落一落脚一样。它在这块雪地上留下一些爪印,正是偶然的事,因为鸿鹄的飞东飞西根本就没有一定……""雪泥鸿爪",鸿雁在雪地上留下的爪印很细小，很模糊，比喻往事遗留的痕迹。宋代理学家周敦颐在《爱莲说》中说："予独爱莲之出淤泥而不染，濯清涟而不妖……""出淤泥而不染"，从污泥中长出来而不沾染污泥，比喻在污浊的环境中生长，却能保持纯真的品质而不沾染坏习气，洁身自好。清朝文学家袁枚《随园诗话》第一卷："人称大才者，如万里黄河，与泥沙俱下。""泥沙俱下"，泥土和沙石一同被水冲下来，比喻好坏不同的人或事物都混杂在一起。

"泥"（ní）后来词义扩大，引申为像泥的东西，如印泥、枣泥、蒜泥。用作动词，读音变化为 nì，意思是"粘胶、涂抹"，如泥窗、泥墙。还假借作"固执、死板"，如拘泥（nì），因为对人或物、规则了解不够，很拘束，不能灵活运用，造成拘泥。拘，从手（扌），句声，今天常见组词"拘捕"，就是把手绑起来，比喻不灵活。汉字的词性发生变化，读音随之变化。

"溺"的甲骨文字形中，左边是一个人形，右边是个"水"，意思是人沉没于水中。"溺"字的本义是"沉没、淹没"，如溺水；"溺"在古代也指"小便"。现在，"溺"字引申为"沉迷不悟、无节制"，如沉溺、溺爱。今天我们阅读文言诗文，往往被很多不熟悉的字词吓退，很多人"绕着走"，其实是很难绕开的，因为历史从古代走到当代，古代很多文化都留在当代的文化里。如笔者曾见过这样四个字："长沮桀溺"，当时的反应是不敢去读，当然也不会深入理解、记忆了。原文是这样的：

长沮、桀溺耦而耕。孔子过之，使子路问津焉。长沮曰："夫执舆者为谁？"子路曰："为孔丘。"曰："是鲁孔丘与？"曰："是也。"曰："是知津矣！"问于桀溺。桀溺曰："子为谁？"曰："为仲由。"曰："是鲁孔丘之徒与？"对曰："然。"曰："滔滔者，天下皆是也，而谁以易之？且而与其从辟人之士也，岂若从辟世之士哉？"耰而不辍。子路行以告，夫子怃然曰："鸟兽不可与同群，吾非斯人之徒与而谁与？天下有道，丘不与易也。"

这段话是《论语》中的篇章。尽管不敢去识读"长沮桀溺"这四个字，但是笔者还是大致读懂了这段话的意思：孔子和他心爱的学生子路周游列国到了一条大河边，因为不知道渡口，孔子派子路去向"长沮、桀溺"询问渡口在哪里，结果渡口没有问到，反倒被这两个人羞辱了一番。子路把问询的结果告诉孔子，孔子也没有什么办法，渡口的事没下文了。理解到这个程度，笔者也因为"长沮桀溺"这四个字难于识读，就没有深究下去。后来笔者又碰上了这段文字，这一次是在读《史记·孔子世家》时，文字大致差不多：

去叶，反于蔡。长沮、桀溺耦而耕，孔子以为隐者，使子路问津焉。长沮曰："彼执舆者为谁？"子路曰："为孔丘。"曰："是鲁孔丘与？"曰："然。"曰："是知津矣。"桀溺谓子路曰："子为谁？"曰："为仲由。"曰："子，孔丘之徒与？"

曰："然。"桀溺曰："悠悠者天下皆是也，而谁以易之？且与其从辟人之士，岂若从辟世之士哉！"而不辍。子路以告孔子，孔子怃然曰："鸟兽不可与同群。天下有道，丘不与易也。"

他日，子路行，遇荷蓧丈人，曰："子见夫子乎？"丈人曰："四体不勤，五谷不分，孰为夫子！"植其杖而芸。子路以告，孔子曰："隐者也。"复往，则亡。

这一次，笔者正视这段记述，仔细思考。"长沮桀溺"这四个字我都认识，"沮"，就是"沮丧"的"沮"；"桀"，"桀纣"的"桀"；"溺"，"溺爱"的"溺"。"长沮桀溺"都认识，有什么可怕的？司马迁这段话来自《论语》，补充了一些，这对初学者太有帮助了。笔者的理解如下。

孔子和他的学生子路到"叶"这个地方，想去拜见叶公，和叶公探讨治国理政的方略。叶公是"叶"地的政治家、实干家，对于周游列国一直不得志、找上门来的乘着牛车的孔子师徒不以为然，并没有多理会他们。孔子师徒只好离开了叶，继续到蔡国去游说。在回蔡的路上，长沮、桀溺两人一起在田里耕作。耦（ǒu），形声字，从耒，禺（ǒu）声。耒（lěi）即耒耜，翻土工具。本义：二人并肩耕地。孔子看出了他们是隐居的高士，就叫子路前去向他们打听渡口在哪里。一条河那么长，只有水浅的地方才可以涉水通过。长沮说："那车上拉着缰绳的人是谁？"子路说："是孔丘。"长沮说："是鲁国的孔丘吗？"子路说："是的。"长沮说："那他该知道渡口在哪儿了。"看来长沮对孔子不感冒，就没有再说话了，没有告诉渡口在哪里。毫无疑问，这两个隐居在这里的高士熟悉当地情况，是知道渡口的。见子路一脸茫然，桀溺遂又问子路道："你是谁？"子路说："我是仲由。"桀溺说："那你就是孔丘的门徒啰！"子路说："是的。"桀溺说："天下哪儿都是一样的动荡啊，但是又有谁能改变这种局势？况且你与其跟着那逃避暴君乱臣的人到处奔波，还不如跟着我们这种避开整个乱世的人来得安逸自在呢！"说着，就不再搭理子路，只管去下种覆土了。子路把问路的情形报告了孔子，孔子怅然地说："人总该有社会责任的，怎可自顾隐居山林，终日与鸟兽生活在一起。天下如果清明太平的话，那我也用不着到处奔走想要改变这种局面了。"

有一天，子路一个人走着，遇上一位肩上挑着除草器具的老人。子路请问道："您可看见了我的老师？"老人看了看子路的打扮，说："你们这些人，手脚都不劳动，五谷也分不清楚，谁是你老师我怎么会知道？"说完只管挂着杖去除草。事后子路把经过告诉了孔子，孔子说："那是一位隐士。"叫子路回去看看，老人却已走了。

后世人多次续写这两个故事，当然，这里的"后世"是指司马迁之后了。笔者曾经到了陕南，见到"蔡伦纪念馆"，和中国造纸博物馆一并闹市旁一个偏僻的岔道里，像两个无儿无女、无人照顾的老人，冷冷清清蹲在犄角旮旯里，无人理会。一个对世界文明传播做出巨大贡献的人，竟然被遗忘了。试想如果不是"蔡侯"改进造纸术，人们还要用厚重的竹简来写字、传播文明。《史记》撰写了上至上古传说中的黄帝时代，下至汉武帝太初四年间共3000多年的历史，五十二万六千五百余字，要用多少竹简？司马迁是惜墨如金的。他记载孔子活了72岁，开始学习"六艺"，后来当官，再后来弃官，开门收徒普及平民教育，再后是周游列国宣传自己的政治主张，见过的诸侯很多很多，司马迁为什么要在"问渡口"处大书特书，花费这么多笔墨，多费那么多竹简呢？再说，不就是问个渡口嘛，"长沮桀溺"两位老者用得着那么刻薄吗？想说，指点一下就可以了；不想说，一句"不知"就行了。为什么还要在老师的学生面前那么讽刺、挖苦孔子呢？

大文豪司马迁是有深意的，这可以从《史记·陈涉世家》开头发现端倪：

陈胜者，阳城人也，字涉。吴广者，阳夏人也，字叔。陈涉少时，尝与人佣耕，辍耕之垄上，怅恨久之，曰："苟富贵，无相忘。"佣者笑而应曰："若为佣耕，何富贵也？"陈涉太息曰："嗟乎！燕雀安知鸿鹄之志哉！"

"陈王奋起挥黄钺"，有首唱大功，汉帝国就是在陈胜、吴广的"张楚"政权之上建立的。司马迁把这两个被征发的"闾左"（穷苦人家）的"戍卒"写进诸侯王的行列，给予极高的评价。写陈胜、吴广，仅仅写了他们的姓名和出生地，之后如椽大笔一挥，转而写"陈涉少时"的一件小事，但是我们明白司马迁通过这一件小事，表现了陈王少小有鸿鹄之志，有思想，有远大志向，不是浑浑噩噩之辈。他后来奋起揭竿斩木推翻暴秦统治，是有思想根源的。

同理，司马迁通过"长沮桀溺"和"荷蓧丈人"两件小事，阐述了孔子的政治理想、主张，以及旁人对他的看法。孔子是个大思想家，司马迁写这两则小事，抓住了中心，突出了主题。

孔子从"仁者爱人"的立场出发，想要拯救斯民于水火，这种为世而忧，为国而忧，为民而忧，为时而忧，身处逆境而心忧天下的胸襟抱负是很宝贵的，是儒家精神的精髓。派子路问津这个小故事表现了孔子四处碰壁而志向不改，走投无路却毫不懈怠的崇高精神境界，这种坚贞不移、锲而不舍的入世精神已经融入中国封建士大夫的人格。后世儒者"穷则独善其身，达则兼济天下"，而孔子，是在穷途末路上也要"济天下"的，是积极入世的。孔子的话表明，人是社会性的动物，不能离开社会而独自生活，要有社会责任感，否则就失去了作为一个人存在的价值。作为一个人，理应关心人、同情人，尽自己力量改造社会，把人类从动乱痛苦中解救出来。千年以后的陆游说"位卑未敢忘忧国"，更长时间以后顾炎武说"天下兴亡，匹夫有责"，都是对孔子的话的深入而准确地阐释。

显然，长沮、桀溺是隐士，他们不满于当时的黑暗现实，不与统治者合作，选择了避世隐居，以求洁身自好。这是消极

"出世"（逃避社会）的，与孔子信守自己的政治理想，积极入世，"知其不可为而为之"的人生态度正好背道而驰。正如孔子所说的，"道，不同，不相为谋"。对入世执着的孔子并没有感化隐士一道救世的意图，反倒是应该与世无争的隐士长沮、桀溺企图说服孔子的弟子改弦易辙，跟随他们一起隐居。俗话说，人各有志，不能相强，从这个角度说，长沮、桀溺的气度确实是有点儿小了。荷蓧丈人，一个老者拄着拐杖，背着除草工具，至垂老暮年还要下地除草，对"四体不勤、五谷不分"的孔子师徒更是瞧不上，但是孔子把他们看成隐士，对他们的讽刺挖苦深深理解，表现出宽厚容人的气度。

阅读古文，不可"以今推古"。长沮、桀溺，就是那两个高士的名字，这没有什么稀奇古怪的。《三国演义》中写到，那个"好谋无断""见利忘义"的袁绍却有一个很优秀的谋士叫"沮授"，看来他就姓沮，今天"沮丧"这个不良情绪是我们认识"沮"字的开始。"沮"是个形声字，从水，且（jū）声，原来是一条河的名字。在战场上专门用冷枪射杀敌人的神枪手叫"狙击手"，狙、沮、咀、龃、疽读音相同，你不会读错了。其实"且"字是个象形字，指"祖先的牌位"，后来假借读jū，表示发感叹，再后来假借读qiě，表示并且、而且等。

"沉"的甲骨文字形中，中间是牛头的形状，牛头周围的几个点表示水滴，整个字形表示在水中沉没了一头牛。金文的字形右边是个人形，人的脖子上系着一根绳索，左边是水，即"沈"，表示人沉在了水中。"沉"字的本义是"沉没"，后来引申为"重、分量大"，如铁比木头沉；进一步引申为"镇静、不慌张"，如沉着应战。此外，"沉"也表示"程度深"，如沉思、沉重。宋代词人柳永著名词作《雨霖铃》有"念去去，千里烟波，暮霭沉沉楚天阔"，很多版本上是"念去去，千里烟波，暮霭沈沈楚天阔"，当初笔者看到这一版本时，觉得"暮霭沈沈楚天阔"非常难以理解，原来"沈"通"沉"。今天，"沈"多作姓，沈姓是全国大姓，来源于春秋时期的沈国。西周分封文王之子季载于沈，古城在今河南平舆北，侯爵，公元前506年为蔡国所灭，子孙以国为氏。中国的姓氏很多来源于古代国家名称或者地方名称，沈姓就是这样。沈国这个国家境内有一条河叫"沈"，国家以此得名。

郭沫若是中国著名的文字学家，也是一个热爱家乡的诗人、剧作家，他生于四川，四川盆地里曾经诞生了司马相如、李白、苏轼等大诗人，郭沫若对他们崇拜至极。他本名郭开贞，"沫若"是他自己为自己起的名字。1919年，他在日本留学时，才取了"沫若"这个笔名。"郭沫若"是他常用的笔名，为什么取名"沫若"呢？"沫""若"，即沫水和若水。沫水，古水名，即今大渡河，是岷江最大的一条支流，四川省西部。若水，古水名，即雅砻江，是金沙江的一条支流，也在四川省西部。"沫水""若水"是流经郭沫若家乡的两条河流。郭沫若取此二水作为笔名，是表示他身在异邦、不忘家园的意思，也表现了他强烈的爱国主义思想。郭开贞于1919年9月11日在《时事新报·学灯》上发表早期诗作时首次用"沫若"

笔名，随着《女神》诗集的出版，"郭沫若"为人们所熟悉。郭沫若对黑暗势力，有"与之偕亡"的游侠、刺客精神。他曾经创作了历史剧《屈原》（主角屈原是楚国的大诗人，因为不能实现自己的政治抱负而跳江自杀）、《虎符》（如姬夫人在帮助魏公子无忌取得虎符后，伏剑自杀；朱亥槌杀晋鄙，帮助魏公子无忌搬动救兵救下了赵国）、《高渐离》（高渐离是刺客荆轲的好朋友，刺瞎双眼以筑刺杀秦始皇）等。一系列游侠、刺客中，成功的有聂政（《聂莹》）和曹沫。曹沫即曹刿，他在诸侯会盟时，以匕首要挟齐桓公，逼着桓公答应不攻打鲁国。郭沫若对曹刿是钦佩的，他的名字也有一个"沫"字。

《木兰诗》中有"可汗"这一名称，应该读作"可寒"。公元4世纪以后，北方游牧民族柔然、突厥、回鹘、吐谷浑、黠戛斯、蒙古等建立的汗国，其最高统治者皆称可汗，后流传到东欧的克里米亚汗国（在今天俄罗斯和乌克兰争夺的克里米亚半岛上）、喀山汗国（乌拉尔山脉西侧的东欧平原上的汗国，是成吉思汗后代建立的汗国）等突厥化国家。最初，"可汗"这个称呼是部落里一般部众对首领的尊称，在嘎仙洞遗址的《太平真君四年石刻祝文》中，称"可寒"，原意是"国王"，有别于匈奴的"单于"（chán yú）称号。具有突厥血统的唐太宗李世民，在对北方少数民族特别是突厥的战争中取得了一系列的胜利，被周边的少数民族称为"天可汗"。后来崛起于蒙古高原的铁木真建立蒙古政权后，称"成吉思汗"。"成吉思汗"是蒙古语，意思是"拥有四海、强大的可汗"。在"成吉思汗"这一称谓中，"可汗"这一词缩减为"汗"。这一现象是"汉化"的结果，"汗"就成了"国王"的意思。其实，"可汗"是一个音译词，也译作"可寒"，在"可寒"这个词中，"可""寒"只保留了读音，合在一起才是"国王"的意思，"可汗"也是这样。缩减为"汗"，建立的国家叫作"汗国"，都遵从了汉语的规律。

同样耐人寻味的还有"沙皇"一词。笔者少年时读书遇见"沙皇"一词，总在思考俄罗斯的皇帝和"沙"有什么关系，这个疑问曾困惑了笔者十几年。"沙"，会意字，金文字形左边是弯曲的水的形状，右边的四点表示沙粒。水边或水底的细小石子也可以称为"沙"。可见"沙"字的本义是"极细碎的石粒"。后来，"沙"也指像沙的东西，如豆沙、沙瓤。此外，"沙"还形容人的声音不清脆不响亮，如沙哑。

笔者上大学读的是汉语言文学专业，实际上学习中西方历史和中外文学，接触了莎士比亚的剧作《裘力斯·凯撒》《安东尼与克柳巴》，以及根据这两个剧作改编的电影剧本，再转过去读古罗马历史，知道了古罗马帝国原来是"共和国"，这个"共和国"是元老院的元老共同执政的，到了凯撒时，他破坏了共和制，凯撒独裁专制，是一个专制的皇帝。"凯撒"这个名字也就成"皇帝"的代名词。在后来的斯拉夫国家里，"凯撒"被译成"沙皇"。俄罗斯是东斯拉夫人建立的东正教国家，"独裁者凯撒"这一词语转译到俄罗斯，就成了"沙皇"一词。在"凯撒"一词（就是个名字）中，后来人赋予了"独裁者"的贬义。凯撒被罗马元老院元老刺死后，短暂的混乱之后，凯撒甥外孙屋大维继承了凯撒的宝座，他也没有叫"皇帝"，而是称"元首"。俄罗斯伊凡雷帝及其之后的俄罗斯最高统治者，则公开宣称自己就像凯撒一样独裁专制。在"沙皇"一词中，"沙"是"凯撒"的译音的缩减，而"皇"则来自东方秦帝国第一任皇帝的发明。可见"沙皇"是"东西合璧"的不伦不类的称谓，其中的"沙"和河里的沙石的"沙"读音一样、字形一样，意思大相径庭。

"冫"做部首时称为两点水或冰字旁。

两点水这一称呼，显然是与"冫"相关联的。但有人对此表示反对，认为冫与水无关，在金文中"冫"为实心圆点，两圆点是指铜饼一类金属。从"冫"所属汉字来看，大都因冷而凝固成固体，这与金属还是有一定关联的。还有比"氵"少一点传统意义，有人理解为因寒冷，比"氵"减去一点也能说得过去。

绝大部分在汉字左边，在汉字下方的很少，如冬、寒等。

综合分析，从冫汉字大致可分为四类：一是表冷，二是表声，三是由冫讹变，四是由二变形而来。

表冷，冫篆文写作"仌"（bīng），两块冰相累加，表示多块冰。

冰，从水，指水因冷凝固而成。《荀子·劝学》是一篇励志之作，很多学校把这篇文章刻、塑在广告墙上。开篇说："君子曰，学不可以已。青，取之于蓝，而胜于蓝；冰，水为之，而寒于水。"学生学习需要老师，但是学生往往要超过老师，这样社会科技文化才能进步。"青，取之于蓝，而胜于蓝"这道理谁都懂，古代染各种纺织物都要用颜料，这个颜料一般从植物中提取。"染"中的"木"就是指这种植物，"氵"表示把这种植物放在水里浸泡，"九"表示反复浸泡、提取和染色。中国古代封建社会的标准模式是男耕女织、自给自足，所以提取植物茎叶中的色素的劳动非常普遍和常见，任何一个人参与了这一反复的劳动，就能理解'染'的各个部分的含义，就不会把"九"误写成"丸"。今天，社会分工越来越细，一般人很少有机会见到染这种工作，不懂得提取植物颜色和反复浸染的劳动的重复单调，不知不觉中把字写错了。

《荀子·劝学》的作者荀况（荀卿，荀子）是一代儒家大师，也就是孔孟之门的著名学者，他还有两个名气很大的学生，一个是李斯，另一个是韩非。李斯和韩非都是战国末期著名的法家学派人物，按"诸子百家"去分，他俩和老师荀况不一样，他们不但继承了老师的思想，而且有很大的发展。儒家主张以文化人，就是教化人；法家主张以法治人，就是管理人。荀子教出了两个大思想家，这就是"青出于蓝而胜于蓝"的典型例子。"冰，水为之，而寒于水"和"青，取之于蓝，而胜于蓝"的道理是一样的，寓意也往往是一样的。冰冻三尺，非一日之寒，在中国东北的江河湖上，冬天结冰可以承受一辆汽车通过，可见冰的厚实坚硬，但是你看到这么强大的冰封是水忍受了数九寒天的封冻而成的，可谓坚冰结实来自忍受封冻。冻，是一个标准的形声字，它是冰形成的原因。你一定会说这样的严寒人会生病的，是的，连至柔至刚的水也生病了，不然它怎么叫"冰"呢？

凋，从冫，两块冰相累加，表示多块冰，本义为因寒冷树叶等脱落。这个字人们常常读错，其实没有比较，就没有深刻的印象，如果你稍加注意，草原上的汉子弯弓射雕，雕、凋读音相近，这次调查发现，原来凋、雕、调都是形声字。"凋"的"冫"表明它的意思和寒冷有关；"雕"的"隹"表明它是一只鸟；"调"的"讠"说明调查研究要广泛听取各方面的言论，做到"兼听则明"，避免"偏信则暗"。"调"是个多音字，读 tiáo 时表示调解、调教等意思。

"凇"从冫，读 sōng，雾凇，其实也是霜的一种，是由冰晶在温度低于冰点以下的物体上形成的白色不透明粒状结构沉积物。其形成过程是：当过冷水雾（温度低于零度）碰撞到同样低于冻结温度的物体时，便会形成雾凇。雾凇非冰非雪，而是由于雾中无数零度以下而尚未凝华的水蒸气随风在树枝等物体上不断积聚冻粘的结果，表现为白色不透明的粒状结构沉积物。雾凇形成需要气温很低，而且水汽又很充分，是寒冷带来的湿气在草木上的结晶。雾凇是北方秋冬季节一道亮丽的风景。和"雾凇"相近读音的有"吴淞"一词，吴淞是上海区域内的一条河的名字。"凇""淞"两个字，一点之差，最能代表两点水和三点水的区别所在。

"凝"读 níng，本义是因液体降到一定温度时结成固体，如凝固。引申为"固定不动"，如凝视、凝神。凝视，眼珠子一动不动，盯着一个不清楚的事物仔细看，有词语"凝神定气"，呼吸也不能影响凝视。"凝"中的"疑"标明了这一点，就是对一个事物不清楚，需要仔细审视。凝视，是你的眼睛穿透纷繁的现象，看到远处。把人的眼睛放出的光比喻成灯光较为合适，它能照亮前方的道路；但是如果要凝视，就要把这个灯光——投射向四面八方的光集中起来，集中成光束，像手电筒一样，投射到很远的地方去。所以凝视就是认准一个目标而不是见异思迁，不能目标太多而眼花缭乱。所以，解决疑难问题，就要凝视，就要心无旁骛。

冷、凉、凛、冽等均为形声字，都表冷。冷，形声字。从仌，令声。杜甫的草堂不像今天修缮后那么厚实，一阵秋风刮来，掀翻了屋顶上的茅草，秋冬季节苦雨下来，屋子里到处都漏水，加上"布衾多年冷似铁"，被子潮湿，棉絮很少，被窝里很凉，根本无法入睡。在这种境遇中的杜甫，还在忧国忧民，梦想着"安得广厦千万间，大庇天下寒士俱欢颜，风雨不动安如山"。如果是那样，"吾庐独破受冻死亦足"。古往今来，穷人的待遇不如富人的鸟兽。白居易在《鸟夜啼》中感慨道："画堂鹦鹉鸟，冷暖不相知。"鹦鹉鸟在富人雕梁画栋的温室中，感受到的是四季如春，比在寒风中奔走呼号、烈日下锄禾、暴雨中挣扎的穷苦人的境遇好多了。冷暖不相知，就是不知道冷暖。冷和暖是一对反义词。"冷"由自然气候、温度的"凉"变化为对别人冷淡、不热情。长期被冷淡对待的人，门前冷落，就是曾经红极一时的歌舞明星也有"门前冷落鞍马稀"（白居易《琵琶行》）的那一天。

笔者幼年时，精神生活极为贫乏，没有书，没有电视，往往跟着大人摸黑儿走十几里去看传说中的电影，传说的有真实的，也有白白跑大半夜的。偶然有盲人到村子里，在昏黄的煤油灯下，被劳动一天的村民围拢着说评书，说到北宋的奸臣乱党，往往在皇帝的后宫里有个后台，那就是皇帝的爱妃，而这个爱妃，一般是"西凉夏国人氏"。懵懂少年的我把这六个字的读音记到上中学时，才弄清楚是指西夏的女子。汉武帝时国力强盛，于是决定北击匈奴，解除强大的草原游牧民族对汉王朝的威胁，骠骑将军霍去病率领军队多次击败匈奴，夺取了祁连山北，今天称为"河西走廊"的广大区域，和张骞"凿空"的西域三十六国相连，从此"葡萄输汉家"。汉朝在此设置了"河西四郡"，即武威郡、张掖郡、酒泉郡、敦煌郡（四郡大致由东往西），大致包括今甘肃省西部的武威市、金昌市、张掖市、酒泉市、嘉峪关市、内蒙古自治区西部的阿拉善盟一带。武威，即武功军威之意，以显示汉帝国的武功和军威到达河西；张掖，断匈奴之臂，扩张汉朝之臂腋；酒泉，扼守河西走廊西北要冲，因城下有泉，当汉武帝派人把庆功酒送到霍去病的军帐里时，霍去病下令把皇帝的赐酒倒进泉水里，和千千万万出生入死的将士分享，脚下的土地得名"酒泉"；敦煌，即盛大辉煌之意。武威郡后来变称"凉州"，张掖郡后来变称"甘州"，酒泉郡后来变称"肃州"，敦煌郡后来变称"沙州"

（今天下辖瓜州县，从名字可以"闻"到这里茫茫的沙漠戈壁上有绿洲，瓜果飘香）。至此，我们可以明白甘肃省的名称由来。汉唐之际，凉州是中国西北地区仅次于长安的最大古城，东晋十六国时期的前凉、后凉、南凉、北凉，唐初的大凉都曾在此建都。它还是古代中原与西域经济、文化交流的枢纽，"丝绸之路"西段的要隘，中外商人云集的都会，并一度成为中国北方的佛教中心。著名的凉州词（曲）、西凉乐（大名鼎鼎的《霓裳羽衣曲》原来出自婆罗门音乐，但经过西凉的民间音乐家改编加工，又经过唐玄宗的加工润色而成）、西凉伎（舞蹈，例如著名的《霓裳羽衣舞》）都曾在这里形成和发展，对保存中国古代传统文化、传播西域文化起了很重要的作用。凉州，在中国艺术史上留下了浓墨重彩的一笔。

"京"左边加"冫"为"凉"，加"讠"为"谅"（原谅，谅解），加"日"为"晾"，据此我们可以推断"凉"是形声字，不再为"凉"不读"京"而疑惑了。这正如"江河"的"江"和"扛"都是形声字的道理一样。文字经过几千年的变化，字义、字形都发生了很大的变化，但读音的变化不大。学习汉字，应该勤于思考，找到规律和窍门，做到举一反三。

"凛""冽"常常在一起使用，一般指极为寒冷，严寒刺骨，常用于形容隆冬时的寒风。有时指态度严肃，令人敬畏。唐代诗人皮日休有著名诗句："自为方州来，清操称凛冽。"意思是那一群人自认为头顶着圆圆的蓝天，脚踏着方方正正的大地，应该正道直行、顶天立地，所以他们高尚的节操令人生畏。今天反腐败常常引用的明清时代忠贞之士的座右铭"公生明，廉生威"也是这个意思。一个方正贤良之士的节操是"凛冽"的，冷冰冰的，往往是令人生畏的，这也是他们不太受欢迎的原因所在。"冷"的小篆字形中，左边是"仌"，表示寒冷；右边是"令"，表声旁，表示"命令"，命令不能抗拒，整合在一起的意思是寒冷是难以抗拒的。一个正直的人，虽然未动怒，但他讲道理、遵守法则，仍具有威严的气质，身居高位者，如传说中的包拯，更是正气凛然，不怒自威，连皇帝也怕他。"冷"字的本义是"寒冷"，其本义沿用至今。现在，"冷"还有"寂静、不热闹"的意思，如冷落、冷寂，如前文引用的白居易的诗句"门前冷落鞍马稀"；进一步引申为"不受欢迎的"，如冷清。

"寒"的金文字形中，外面是一个房子（宀），屋子的中间是瑟瑟发抖的"人"，脚下踩着两块冰，意思是寒从脚起；人的四周都是草，表示在屋子内铺草御寒。"寒"字的本义是"寒冷"，其本义沿用至今且广泛使用，如寒风、寒流；后来引申为经济上的"贫穷"，如贫寒、寒碜；引申到人的地位上，表示地位卑微，如寒门子弟；引申到心理上，表示"心冷、害怕"，如寒心。"寒"还可以作为谦辞使用，如寒舍。《论语·子罕》中说："子曰：岁寒，然后知松柏之后凋也。"意思是只有在寒冷的冬天，才知道松柏是最后凋谢的。到了每年天气最冷的时候，其他植物多都凋零，只有松柏挺拔、不落。孔子并不是讲自然现象，这个思想家、语言大师要表达的是后世人说的"疾风知劲草，板荡识忠臣"的道理。九一八事变后，山河破碎、国土沦丧、人民流离失所，平时高喊着爱国、亲民的蒋介石，以"攘外必先安内"作掩饰，眼睁睁地看着东北沦陷、华北危急而不救国，专心致志"剿共"，屠杀共产党人；而何应钦则和日本侵略者签订《何梅协定》；汪精卫认为抗战必亡，卖身投靠日本，当了汉奸；很多国民党上层军官则带着"国民革命军"投降日本当了伪军。中国共产党人领导了抗日军民和日本鬼子鏖战在东北的白山黑水之间，拼杀在贫瘠的太行山下，像松柏一样不变色，不弯曲，不凋谢。假如没有日军侵华这个"岁寒"，蒋介石、汪精卫们自命为革命领袖孙中山的"信徒"，爱国的高调唱得比什么歌曲都好听。

以上所举的字的"冫"旁是冰的变形，还有一部分字的"冫"旁是由"氵"变来的。

"准"字从水（氵），隼（sǔn）声，后来讹变成"冫"，本义"水平"（像水面一样平），常常组成"水准"词。《说文解字》："準，平也，字亦俗作准。"清代著名文字学家段玉裁注："準，谓水之平也。天下莫平于水，水平谓之準。"由自然意义的"水平"发展为"公平"，如"放之四海而皆准"，也就是这个道理推广到"四海"都是公平的、可行的。由这个意思引申为"准确"，又引申为"标准"，动词变为"准许""批准"的意思。宋代大诗人陆游记载了这样一则故事：

田登作郡，自讳其名，触者必怒，吏卒多被榜笞。于是举州皆谓灯为火。上元放灯，许人入州治游观。吏人遂书榜揭于市曰："本州依例放火三日。"

这个故事的大意是：宋朝时，有个州官（州郡的太守即最高行政官员）名叫田登，自己忌讳自己的名字，不准其他人使用"登"字，连同音字也不许提，谁要是触犯必被重责，甚至连很多在郡府里当差的吏卒一不小心提到"登"字，也要被痛打四十大板。因为这个忌讳，当地老百姓都称"灯"为"火"，按照当时的规矩，元宵节晚上张灯结彩，这可难倒了写公告的衙役，想来想去，通告写成了"本州依例放火三日"。意思是本州按照老规矩放火三天，不懂的老百姓惊恐万分，害怕放火把自己的房屋烧掉了。懂的老百姓看见了都捧腹大笑。于是流传下来"只许州官放火，不准百姓点灯"这么一句谚语，形容统治者可以为所欲为、胡作非为，而人民的正当言行却受到种种限制；也泛指一个霸道的人自己任意而为，反而严格要求别人或不许他人有正当的权利。

笑话归笑话，但这则笑话绝不是陆游虚构的，在古代，"避讳"是一件非常严肃的事情，历朝历代都要"为尊者讳，为亲者讳，为贤者讳"。"为尊者讳"突出的例子就是历朝历代皇帝的名字不能提。唐代第二世皇帝李世民的父亲叫李渊，爷爷叫李虎，整个唐代三百年间不准用"渊""虎"二字。"渊"字用得少，还好避开，可"虎"字太常见，很难避开。首先，老虎是不能用了，改称"大虫"（《水浒传》中的老虎都叫

"大虫"，这里的"虫"是指毒蛇，在草丛里潜伏着，用毒液杀死人。老虎同样可以杀死人），而原来的"虎牢关"也变成了"武牢关"，之前的夜壶、马桶因为有老虎的造型，被称为"虎子"，从唐朝开始，被改称"马子"，并连同尿桶一起演变，改叫"马桶"。无论"马子"或"马桶"，和"马"没有任何关系。唐太宗名叫李世民，李世民当皇帝以后"世"被改称"代"，用"代"来代替。唐代之前东晋文学家陶渊明《桃花源记》中写道：桃花源中人"问今是何世，乃不知有汉，无论魏晋"，很多语文老师和辅导书理解为"（桃花源中人）问（渔人）今天是哪一朝代了，他们竟然不知道秦朝之后有西汉东汉，更不用说三国和晋朝了"，实际上这就是接受了用"代"代替"世"的避讳，把"世"理解为"世代"，又把"世代"误解为"朝代"。实际上桃花源中人"自云先世避秦时乱，率妻子邑人来此绝境，不复出焉"，他们的先辈人为了躲避秦朝的战乱，躲进深山，与世隔绝。他们的记忆还停留在秦朝时，以后的江山轮流、朝代更替是不知道的，他们要问的是秦始皇、秦二世之后轮到秦几世皇帝了。王安石《明妃曲》（二首）就是惋惜、同情明妃的，"明妃"就是汉代的王昭君，中国古代"四大美人"（西施、王昭君、貂蝉、杨玉环，其中西施和貂蝉是传说中的人物）之一，本是汉元帝的妃子，为了汉朝和匈奴的和亲远嫁匈奴。西晋皇帝司马昭之后，王昭君就不能再叫王昭君了，被改叫"王明君"（明，就是"昭"的意思）。司马昭的儿子司马炎当皇帝，把"昭阳县"改称为"邵阳县"。这些就是"为尊者讳"。"只许州官放火，不准百姓点灯"也是"为尊者讳"。南北朝时著名的文学家丘迟（"弃燕雀之小志，慕鸿鹄之高翔"就是他的名句）、元朝著名道士丘处机、清朝著名民族英雄丘逢甲、抗美援朝英雄邱少云、泰国前总理他信（汉语名字邱达新）英拉（邱英乐）兄妹都姓"丘"，但也曾经姓"邱"，因为孔子名丘，尊孔的统治者命令姓"丘"的人改姓"邱"，有的人改了，有的人没改，还有的改姓"邱"后又改回来姓"丘"。这就是"为贤者讳"。司马迁把《史记》中所有讳其父的"谈"字都去掉了，即"为亲者讳"。

不要认为"只许州官放火，不准百姓点灯"的是田登这样的欺压良善的浑官，连写出"接天莲叶无穷碧，映日荷花别样红"的南宋诗人杨万里也是"不准百姓点灯"的。杨万里做监司时，来到某郡。作为下级的郡守（和田登同一级别）开盛宴接待，用满桌子的山珍海味来巴结杨万里，还请了当红歌妓来歌舞助兴，杨万里对这样的待遇心安理得。这时刚好是初夏时节，宴中的歌妓就唱了叶梦得《贺新郎》一词（当时是走红歌曲），唱到词中"万里云帆何日到"这一句时，杨万里突然说："万里昨日到的。"一句话使得郡守大为惭愧，立刻把那个歌妓轰了下去，就这还嫌不够，又重责四十大板，以讨好杨万里。看来杨万里也是不准提"万里"的。

"凑"，本作"凑"，表示众多河流汇聚一起或人在水边相聚，这是凑（凑）的本义。现在"凑在一起"，保留了"河流汇集"的"汇集"，舍弃了"河流"的原义。"减"，本作"减"，本为水比原来的量少，后来把"冫"减掉一点，讹变的过程恰恰就体现了"减"的本义。

洗脸洗澡（沐浴）洗衣服都要用水（冫），洗干净了的"净"的"冫"是由"冫"讹变而来。这个完全可以理解：在甲骨、竹简、石壁上少刻、凿一笔当然省事多了。"净"本义就是用水冲洗干净。这个意思后来发展成为"清洁""使……清洁"的意思，例如"把地扫干净"。洗脸叫"净面"，大小便叫"净手"。大小便在汉代以后叫"更衣"或"净手"，汉代以后男女的衣服上衣叫"衣"，下衣叫"裳"。衣长，一般能遮掩着膝盖以下；裳短，掩藏在衣内，人体腰部用腰带外"束缚"着（腰带露在外边，为的是"裳"不掉下来，也突出了人体的美）。大小便时为了不弄脏长长的外衣，那就要解开外腰带甚至脱下外衣，这就是"更衣"，达官富人和贫苦老百姓都这样，也有叫"如厕"，"如"就是"入"，"厕"就是搭建在道路一侧简易的棚子（厂）。达官富人住所就配有厕所，"如厕"后由仆人端上一盆水把手洗干净（只要有条件的都这样做，不一定有仆人），因此大小便又有一个"干净"的叫法"净手"。为什么后来又叫"解手"呢？这源于历史上一次次暴力驱使下的百姓大迁移，原来经过多次战争，过去很多地方的人口急剧减少甚至"白骨露于野，千里无鸡鸣"，于是统治者为了增加赋税、徭役，就下令人口稠密的地方的百姓往这些地方移民。当然这些百姓是不愿意背井离乡到荒无人烟的地方去的，于是统治者就派军队等武装力量强行押解而去。一群群老百姓被"兵""卒""勇"用绳子捆住双手，再用绳子串起来，步履蹒跚地走在迁徙的路上。他们中有人要大小便，那就要请求押解者"解手"，得到同意后由"兵""卒""勇"解开要大小便的百姓的双手。于是"解手"就成了大小便的一个含蓄而高雅的叫法。

还有一个血腥的词语是"净身"，"净身"就是把男人阉割了。至少在战国时期就阉割男人，然后送进宫廷里担负各种体力活儿。看《二十四史》才知道"净身"是割掉包括阴囊的整个外生殖器。在那个没有麻醉药、没有任何消炎措施的社会里，为男人（男孩子）"净身"是多么可怕的事情，危及被"净身"者的生命是肯定的。

阉割一个小男孩或者一个刚成年的男子，然后送进宫廷里，这个男孩或者刚成年的男子再也不能传宗接代了，这无疑让他断子绝孙。中国古代阉割一个人就等于彻底侮辱了他。司马迁因李陵事件被处以宫刑（被阉割），他几乎要一死了之。他在给朋友写的信中说：像他自己这样的人，身躯已经亏残，即使才能像随侯珠、和氏璧那样稀有，品行像许由、伯夷那样高尚，终究不能把这些当作光荣，只不过足以被人耻笑而自取污辱，可以说是没有理由活在世上了。他还说：没有什么悲哀比伤创心灵更为可悲了，没有什么行为比使先人受辱这件事更丑恶了，没有什么耻辱比遭受宫刑更严重了。受过宫刑后获得余生的人，社会地位是最低贱的。自古以来，人们把与刑余之人相并列当作一种耻辱。司马迁受宫刑之时已经有后代了，受宫刑之后又官复原职，即使如此他还认为是奇耻大辱，如果不是为了完成"究天人之际，通古今之变，成一家之言"的《史记》大业，他会自杀的。在《史记·项羽本纪》中，他把项羽这个"生当作人杰，死亦为鬼雄"、战败自杀也不肯过江东招集江东子弟卷土重来的英雄本色描写得淋漓尽致，在他笔下项羽是一个顶天立地、有情有义，不肯背信弃义的贵族君子。项羽"无颜见江东父老"，"不肯过江东"，放弃了东山再起的机会，选择了轰轰烈烈地死。司马迁说，"人固有一死，或重于泰山，或轻于鸿毛"，项羽之死显然是重于泰山的。对于屈原、项羽这样的正人君子来说，苟活是一种耻辱，对于司马迁来说，一死了之是最轻松的，可以避免被奇耻大辱所折磨，活下去是很难的，天天要受奇耻大辱的煎熬，即使他还当他的太史令。试想，已经搜集了二十几年的史料，刚刚动手写《史记》的司马迁如果因为受宫刑而一死了之，他的死才轻如鸿毛呢。司马迁被处以宫刑成了"残余之人"而选择隐忍活着，和项羽一样是个大英雄，因为他们在面对痛苦时，都勇敢地选择了痛苦而放弃了轻松痛快。

被"净身"者被送进宫廷里干宫女们干不动的体力活，这些人充当皇帝家族的奴仆。笔者童年时在乡村里看的皮影戏里，宫廷里的宦官都叫"侍内臣"，是时时刻刻保护皇帝人身安全的重臣。但是这个重臣一般不是忠臣，历朝历代宦官专权、随意废立皇帝、危害政权的事例比比皆是。这样的"侍内臣"如秦国的嫪毐、秦朝的赵高、东汉的张让、唐玄宗的高力士、唐肃宗的鱼朝恩、唐肃宗唐代宗两代皇帝的李辅国、明英宗的王振、明朝中期的刘瑾、明朝末年的魏忠贤，一个个权倾一时、气焰张天、赫赫有名，比忠臣良将有名气多了。

秦国的嫪毐假"净身"进入宫廷里，和秦王嬴政的母亲赵太后生了两个孩子，还发动叛乱，想以这两个不能见天日的孩子取代嬴政。嫪毐的事件发生后，从东汉开始，只有被"净身"的男子才被允许送进宫廷里，他们主要负责宫廷杂事，不允许参加国家政务。被"净身"的人生理系统被彻底改变，心理发生了剧烈的扭曲。到了宫廷里受到皇室人员的任意打骂和年纪大的宦官的欺压，生命都没有保障。这些人终日与皇室成员相处，其中的一些野心家会想方设法地让皇帝关注并倚重自己，个别"聪明伶俐"的接近皇帝，成为皇帝最信任的"太监""少监"，实现从仆役到大臣的转换。"太监"或者"少监"忍受被阉割的无尽痛苦，终于换来和察举制、科举制被遴选的官员平起平坐的地位。皇帝表面上称孤道寡，实际上也是孤家寡人一个，对手中有权势的大臣既任用，又警惕。太监表面上是监督宫廷里的事务的最高官员，因为是皇帝的"私臣"，实际上往往成为皇帝打击、限制官僚集团的工具和监督官僚集团的特务。这时，一些太监回想起"一路走来不容易"，回想起那些曾经危害他们的所有的人，心中激起的是仇恨和"顺我者昌，逆我者亡"的报复，对那些损害自己利益的人施以各种手段进行打击报复：攻击、谗言、中伤、告密、诽谤那些正直的官员，甚至参与宫廷斗争、废立皇帝，从根本上动摇了封建王朝政权的基石。

由"氵"讹变的"冫"旁字还有冲、决、减、凑、冼、次、羡、盗等。

冲，指水涌动，从中表声，是衝的简化字。

"决"，从氵，后"氵"讹变为"冫"，指堤坝出现缺口水涌出，右半部分好似缺口的环，因而既表声又表义。大禹和他父亲鲧治水时"决渎"，就是排除堵塞物，把河道疏通。（见《韩非子·五蠹》）清代语言学家朱骏声《说文通训定声》注释："人导之而行曰决，水不循道而自行亦曰决。"这两句话前一句就是指"决"的本义，后一句话中讲"决"的引申义。孔子是当时最大的学问家，可谓博学多识，有一天东游，见到两个小孩子在那里为探索太阳什么时间距离地面近而辩论，一个小孩子说太阳初出时离地面近，因为初升的太阳又大又圆，而中午时就小了；另外一个小孩认为太阳初升时离地面远，因为那时气温低，说明太阳传到地面的热量少，中午时离地面近，气温高。两个孩子探索自然的结论截然相反，又都坚持认为自己是对的，问询与孔子，孔子"不能决"。俩孩子都很失望，质问道：谁说你博学多识呢？孔子不能决，也就如实回答，这印证了他教诲学生的话："知之为知之，不知为不知，是知也。"他的诚实使得他更显得谦虚可贵。

部分"冫"由"二"变形。

次，从二表义，从欠表示声音，"次"指排在第二位，稍差。《孙子》今天的名字叫《孙子兵法》，被人们认为是军事、商业甚至人生的经典，《孙子兵法》开篇第一句："孙子曰：兵者，国之大事，死生之地，存亡之道，不可不察也。"意思是说战争是国家的大事，它关系着人民的生死和宗庙社稷的存亡，是不可不认真考察、深入认识的。《谋攻》篇开篇第一句："凡用兵之法，全国为上，破国次之；全军为上，破军次之；全旅为上，破旅次之；全卒为上，破卒次之；全伍为上，破伍次之。是故百战百胜，非善之善者也；不战而屈人之兵，善之善者也。"也就是说，大凡用兵打仗，迫使敌人举国降服的为上策；通过交兵接仗而攻破敌国的次之……所以，百战百胜，还算不上高明的，不经交战就能使敌人屈服，才是高明中最高明的。即使是别无选择的用兵打仗，"故上兵伐谋，其次伐交，其次伐兵，其下攻城。攻城之法，为不得已"。今天的美国，国力强大，在全世界称王称霸，宣称世界上任何一个地方的政治变化都与美国利益息息相关，在全球推广"美国强权逻辑"，维护美国利益。单从战略上讲，美国战略显然是和《孙子兵法》相违背的，是战略"次品"。

汉字产生的时代是中国的奴隶社会，除了极少数奴隶主外，大部分的奴隶和平民缺吃少穿，挣扎在死亡线上。他们能吃饱就是一种奢望，根本谈不上吃美味。奴隶主阶级的美味以羊肉为最好吃，所以"美"是由"羊"和"大"组成。最好喝的汤当然是羊肉汤——羹。羹，羊羔肉烹制而成"味极鲜"，

"鲜"，鱼肉或者羊肉。这些美食让人垂涎三尺，心生羡慕。慕，形声字，上声下形，"心"字底（不是"小"多一点，而是"心"的变形，和"忄"同义），羡慕，就是看到别人吃上羊肉，闻到羊肉汤的香味，心想着哪一天自己也能吃上羊肉，喝上羊肉汤。羡，上半部分就是羊肉或者羊肉汤，下半部分"次"是"垂涎三尺"的"涎"，俗名"哈喇子"。"羡""慕"两个字都是会意字，是"因喜爱而想得到"的意思。"食色，性也。"意思是喜欢美食和美色，是人的本性、天性，人人喜欢吃羊肉喝羊肉汤，男人喜欢美女，女人喜欢帅哥，都是天性，见到美食美色，流哈喇子是正常的。奴隶见到器皿里的美食，流哈喇子之后就产生"盗"的念头，偷窃很难成功，那只有用武力抢夺了。"强盗"就是强有力的抢劫者，抢到美食，哈喇子流进装有美食的器皿里，然后是享用。

云腾致雨，露结为霜。讲"氵""冫"，自然应该讲"雨字头"的汉字。"雨字头"部首内汉字皆与雨水云雷有关。"雨字头"部首内的汉字多如"毛毛细雨"，现仅举几例说明。

雨（yǔ）是个象形字，上面"一"代表云层，雨是从云层里落下的。在夏天低沉的乌云中，人们看到"云腾致雨"的现象。"雨"本义是雨水，这个意思至今变化不大。中国自古以来是个农业国，食物来自种植，靠天吃饭，一年间雨水多少直接影响农作物的收成，对于人们的生产和生活有着十分重要的意义。当雨水缺少的时候，就形成旱灾，人们便要举行隆重的祈雨仪式，祈求天降甘霖，泽润苍生。人们斋戒沐浴，备好供品，到掌管雨水的龙王庙前敬香祈祷。女人们用柳条甩洒清水，家家门前都插柳条，放水缸，敲锣打鼓迎接雨水的到来。庄稼急需雨水滋润的时候，雨水就恰好降落下来了，人们把这样的雨水叫作"及时雨"。"及时雨"后来又被用来形容恰当其时的帮助。"及时雨"也叫"甘霖"，"甘"就是舌头上有甜味的食物（框代表舌头，框中短横代表食物），也就是说水是甜的；"霖"就是"好雨"，什么样的雨配称"好雨"，那就是大诗人杜甫的"好雨知时节，当春乃发生。随风潜入夜，润物细无声"。好雨就是当人们（生产生活）需要它时它就降临了。

雨，有时读作 yù，表示"下（雨、雪等）"，由一个名词变成一个动词。韩非子的寓言《智子疑邻》里说：宋有富人，天雨墙坏——下雨把墙给淋、泡倒塌了，恰恰这一家是一个富家，财产较多，墙倒了，财物可能被盗（盗窃）去，所以他的儿子提醒他要防范，他的邻居也这样提醒。夜里，富人的财物果然丢失很多。富人后悔没有听信他们的话，他认为自己儿子有先见之明，而怀疑一样提醒他的邻居就是小偷。李白的诗具有强烈的浪漫主义色彩，惯用夸张和比喻，他写雪，"燕山雪花大如席，片片吹落轩辕台"；他写恨，"黄河捧土尚可塞，北风雨雪恨难裁"，意思是：黄河虽深，尚捧土可塞，唯有此生离死别之恨，如同这凌厉的北风里下大雪一样铺天盖地，无边无垠。

文字是人类文明史上的最大发明，汉字是汉民族漫漫历史长夜中的第一缕烛光，照亮了祖先从远古洪荒的洞穴走到今天灯火辉煌的道路。所谓"文明"的"文"就是文字，"明"就

水（氵、水）部字

273

是照亮。笔者不敢想象汉字发明之前我们的祖先怎么交流、怎么记忆。《淮南子》记述："昔者仓颉作书，而天雨粟，鬼夜哭。"大概意思是：仓颉创造出文字的时候，突然间白天里天上就下起粟米雨，夜里鬼却在啼哭。对《淮南子》这样的记述，后世人们做了不同的诠释，可以说众说纷纭，莫衷一是。笔者详细斟酌，采信了以下的看法：仓颉创造文字，上天担心从此诈伪萌生、去本趋末、弃耕作而务锥刀、天下缺粮，于是降粟雨；鬼恐怕被书文所揭发，故夜哭。上天希望凡间百姓专心农业种粮食，这样总是祈求上天降下甘霖，好"五谷丰登"。"祈求"是要"上供"的，供桌上往往有"太牢"，肥牛、肥羊这些好吃的有的是，上天享用不尽，即使这样凡人还要感谢它。一旦凡间百姓识文断字，有文化，有知识，那就会改做其他行业，传播文明，让子孙后代认识到天神和鬼一样不可信，可以说什么也做不了，降雨也不是它的恩惠，阳光普照大地也不是它们的赏赐，而是自然现象，更用不着感恩它们，而是要感恩文化，因为文化可以记载自然规律，遵从自然规律就可以实现"风调雨顺"，上天的骗人把戏就没有观众、没有信徒了，上天在凡间百姓就没有市场了。所以它下一阵子粟米雨，显示它的威力，而不是一直下粟米雨。至于说鬼，它打着上天的旗号招摇撞骗、愚弄凡人的坏事干得太多了，也像上天一样骗吃骗喝，当仓颉发明了文字，知识得到了传承，凡人认识外界的能力越来越强，连上天都没有人相信了，何况小鬼呢？所以自古以来，统治阶级总是希望老百姓是"大耳朵百姓"，听到什么就相信什么，不用去看，更不用去想、去分析辨别，"民可使由之，不可使知之"。愚民政策是统治阶级的惯用法宝，他们怕老百姓一旦有文化、见多识广，就不当"顺民"了。他们希望老百姓一直愚昧无知。"昧"，就是不见天日，永远在黑暗中，永远可以欺骗和愚弄。

"霸"字，金文从月从雨从革。后来引申为蛮横霸道。"霸"假借为"伯"，即诸侯盟主。"伯"就是指老大。也就是说，"霸"就是老大，而不是霸道。"春秋五霸"中的"霸"，说的并非这个诸侯王凶狠霸道而称王称霸，而是说这个诸侯王的政治地位位居众诸侯国王中的老大。这个诸侯的政治地位是否位居众诸侯国中的老大，很大程度上取决于他的诸侯国的经济实力和军事实力，但并不能以之作为衡量的绝对标准。《白虎通》里又说："霸者，伯也。行方伯之职，会诸侯，朝天子，不失人臣之义。故圣人与之，非明王之张法。""方伯"一词，语出自《礼记·王制》中之"千里之外设方伯"，原指一方诸侯之长，而在春秋时期则指诸侯之长。

西周末年，周幽王为了讨好褒姒，采用了"烽火戏诸侯"的游戏博得美人一笑，结果随后遭遇了犬戎攻破镐京之祸（"灾祸"一词就是今天还在使用的词语"天灾人祸"，天灾指水灾、旱灾、地震等自然因素引起的灾难，而祸是人为的），后"国人暴动"，周王室的力量被大大削弱，为了避开西北少数游牧民族的快马铁蹄，周平王东迁。东迁后，周天子失去了对各个诸侯国的控制、管理权，地位一落千丈，众诸侯漫无统

水（氵、水）部字

纪，纷起争当老大，过一把"号令诸侯，匡护王室"的瘾，由此，王权陵替，霸业代兴。《史记·周本纪》因此说："平王之时，周室衰微，诸侯强并弱，齐、楚、秦、晋始大，政由方伯。"要成为"方伯"或者"霸主"，必须做到"会诸侯""朝天子""不失人臣之义"这三点。"会诸侯"，就是召集天下诸侯王，要有号令诸侯的能力。"朝天子"则是要匡护周王室，维护周王室对各诸侯国的分封权威。"不失人臣之义"，是在"尊王"的前提下，维持周朝礼制的运行，不但自己施行仁义，是施行仁义的典范，还以身作则，带领和约束其他诸侯履行仁义。齐桓公"九合诸侯，一匡天下"，甚至召集诸侯国在葵丘会盟时，周王室还派来了代表参加。晋文公做得也不赖，他在践土（今河南广武）与诸侯会盟时，周襄王亲自前来捧场，封他为"侯伯"，赐黑红两色弓箭，允许他有权代表周天子自由征伐，替天子教训那些不听话的诸侯。也就是说，春秋五霸，个个是维护周王室的权威的典范，是带头"遵守纪律"的诸侯王老大。到了秦末，陈胜、吴广起义后，天下云集响应，项羽、刘邦等农民起义军和秦军展开了一系列的战斗，这时原来的各个诸侯国王室纷纷"光复"自己原来的天下。在亡秦战争中，楚国出力最大，"楚虽三户，亡秦必楚"，灭掉秦王朝后，项羽自号"西楚霸王"，分封天下，自己封地包括楚国原有疆域，定都彭城（徐州）。韩、赵、魏、燕、齐的贵族也得以复国，原来在楚国"田无一分地无一垄"的刘邦也得到了汉水上游的封地，号"汉王"。项羽在秦朝灭亡后担任了分封天下的大任，然后返回彭城。可见"西楚霸王"中的"霸"，指的是项羽在裂天下而封王侯后，他这个"西楚霸王"是诸王中的老大。

后来的"霸"就剩下"霸道"的意思，指依仗权势或武力欺压他人的人或集团。当今学校里有学生学习很好，被旁人称为"学霸"，这个"学霸"不应该理解为学习上霸道、蛮横，与别人不合作，恰恰相反，是和同学合作学习、互相讨论才共同进步的。"学霸"的"霸"，应该是"老大""第一"的意思，很多学科独占鳌头，总成绩名列前茅。与之相反，当今世界美国是霸主，西方各个发达的资本主义国家都唯美国马首是瞻。美国的霸主地位是经过两次世界大战而取得的，维持这个霸主地位也要战争，所以美国一直以来在靠武力征服、侵略他国，霸凌全世界。

雨字头汉字中，"零"显得很"孤独"，很多人想不到"零"和雨有什么关系。可是我们根据已经掌握的汉字六书常识，可以断定"零"是个形声字，上形下声。"零"本义是徐徐降落的小雨，是润物细无声的和风细雨，而不是狂暴地击打着作物的狂风暴雨。"零"也是个会意字，"令"是"美好"的意思，如说一个人有"令名"，那就是"美好的名声"，"令尊"就是指对方的好父亲（尊称对方父亲），"令郎"就是"你的好儿子"，"令爱"就是"你的好女儿"。"令雨"就是飘飘洒洒、缓缓落下、丝丝入地、润物无声的小雨，当然是好雨。"令"由"缓缓落下"引申为"落下、凋落"，如说"树叶凋零"，说人被感动得"感激涕零"。"涕零"是"眼泪慢慢落下来"。因为不是瓢泼大雨，小雨显得零碎，"零"又引申为"零碎""细碎"的意思，如一个人爱吃"零食"，每个月要有好多"零花钱"。又由"零碎""细碎"引申为"孤单、孤独"的意思，如"孤零零"。文天祥《过零丁洋》里写到的"零丁洋"，是珠江口一片海洋，东靠香港、深圳，西靠珠海、澳门。零丁洋又叫"伶仃洋"，"伶仃"和"零丁"意思相同。"零"还表示数字之间有相差，如说"一百零八将"，还用来表示数字。